LICHTSCHLAG 41

AF547943

Amerikanische Originalausgabe:
THE BETRAYAL OF THE
AMERICAN RIGHT
© 2007 Ludwig von Mises Institute

LICHTSCHLAG 41
© Natalia Lichtschlag Buchverlag Grevenbroich 2017
Alle Rechte vorbehalten.
Übersetzt ins Deutsche von Axel B.C. Krauss
Umschlag: Lichtschlag Medien Düsseldorf
Printed in Germany.

ISBN: 978-3-939562-65-8

Murray N. Rothbard

Der Verrat an der amerikanischen Rechten

Aus der Geschichte der libertären Bewegung

Mit einer aktuellen Einführung

zur deutschen Übersetzung

von Robert Grözinger (2017)

und einer Einführung

zur amerikanischen Originalausgabe

von Thomas E. Woods, Jr. (2007)

Inhaltsverzeichnis

In Erinnerung an
Howard Homan Buffett,
Frank Chodorov
und die Alte Rechte

Einführung 2017

Das vorliegende Werk ist für den politisch wachen, heutigen deutschen Leser in zweierlei Hinsicht ein hochinteressantes Dokument. Zum einen füllt es eine weitverbreitete Wissenslücke über die jüngere Geschichte der USA, insbesondere im Hinblick auf die Antikriegsbewegung der 1930er bis 1960er Jahre. Zum anderen erkennt man in den hier beschriebenen damaligen Konfliktlinien in Amerika ein Vorgeplänkel der heutigen politischen Zerrüttung jenseits des Atlantiks: Die versprengte kleine Truppe von „Isolationisten“ und „Nichtinterventionisten“, deren Geschichte der Autor, Murray N. Rothbard (1926-1995) hier nachzeichnet, war ein nicht unwesentlicher geistiger Vorläufer und Wegbereiter der vielschichtigen Bewegung, die im Jahr 2016 Donald Trump zum 45. Präsidenten der USA kürte.

Zum ersten Punkt: In Deutschland sieht man die USA des Zweiten Weltkriegs weitgehend ziemlich unkritisch allein als Erlöser von der Nazi-Diktatur. Was ausgeblendet wird, sind die in den USA damals wie heute herrschenden Interessen von Großunternehmen und der staatlichen Bürokratie, die beide im Krieg eine Chance sahen, und weidlich nutzten, ihren Einfluss und ihre Macht auszuweiten. Rothbard beleuchtet hier diese dunkle Seite amerikanischer Kriegspolitik.

Der Trend zur Machtausweitung von Staat und Großunternehmen hatte schon vor dem Ersten Weltkrieg begonnen. Mit dem Spanisch-Amerikanischen Krieg von 1898, in dessen Verlauf die USA die Philippinen besetzten, setzte die bis heute bestehende außenpolitische interventionistische Phase der US-amerikanischen Geschichte ein, die einen bereits bestehenden innenpoltischen Interventionismus verstärkte. Nach dem Ersten Weltkrieg beschleunigte sich der Trend. Zunehmende staatliche Eingriffe in die US-Wirtschaft führten zu einer präzedenzlosen Störung ihres dynamischen Gleichgewichts. Sie befeuerten in den 1920er Jahren einen völlig aus dem Ruder laufenden Aufschwung. In der auf den Börsenkrach 1929 folgenden tiefen Krise intensivierten die Präsidenten Hoover und Roosevelt staatliche Interventionen noch weiter, wodurch eine Erholung behindert wurde. Das Ergebnis war eine „sehr vornehme, niedliche und angenehme Form des Faschismus", wie Rothbard das System ironisch beschreibt.

Gegen diesen Trend zur Machtausweitung im Inneren und zur Hegemonie nach außen wirkte eine kleine, lautstarke, aber schwächer werdende Minderheit. Sie nannten sich „Isolationisten" und beriefen sich auf die Verfassung sowie die eindringliche Empfehlung der US-Gründerväter George Washington und Thomas Jefferson, Verwicklungen mit ausländischen Mächten zu meiden und stattdessen „Frieden, Handel und ehrliche Freundschaft" anzustreben. Die Mitglieder dieser Minderheit empfanden sich als „rechts", weil der linke Isolationismus, der noch im Ersten Weltkrieg aktiv war, mit Ausbruch des Zweiten Weltkriegs sich in Luft auflöste und auch lange nach 1945 nicht wieder sichtbar war. Erst als Studenten während des Vietnamkrieges aufgrund der Wehrpflicht persönlich betroffen waren, regte sich in ihren Reihen wieder ein linker Antikriegsprotest.

In der Zwischenzeit protestierte nur die schwindende Truppe der „Alten Rechten" gegen den wuchernden „militärisch-industriellen Komplex" und dessen politische Anfeuerer der „Neuen Rechten". Trotz ihrer zahlenmäßigen Bedeutungslosigkeit schienen die Isolationisten dem Staat und seiner Klientel immer noch gefährlich genug. Sie wurden aus einem Medium nach dem anderen ausgeschlossen, bis sie unterhalb der Wahrnehmungsschwelle der politischen Debatte verschwanden – vor dem Internetzeitalter war das noch möglich. Stattdessen wurde mit der „National Review" ein neues Zentralorgan des angeblichen Konservatismus aus der Taufe gehoben, der diese „neue" Rechte auf Militarismus, Interventionismus und staatliche Eingriffe in die Wirtschaft einschwören sollte. Wie Rothbard überzeugend darstellte, stand mit hoher Wahrscheinlichkeit die CIA hinter diesem Blatt. Er distanzierte sich fortan von den „Rechten" und versuchte, ein Bündnis mit dem in den 60er Jahren entstehenden antimilitaristischen Flügel der Linken aufzubauen. Dieser Versuch scheiterte, weil auch die Linke, wie die Neue Rechte, im Zweifel immer ein Freund eines starken, interventionistischen Staates ist.

Schon vor diesem Annäherungsversuch an die Linken wurde Rothbard, die wichtigste Gründerpersönlichkeit des modernen Libertarismus weltweit, von den Neurechten oft als Kommunistenfreund beschimpft. Tatsächlich ging seine Antikriegsposition so weit, der Sowjetunion jegliche Expansionsgelüste abzusprechen; ein Standpunkt, der in Deutschland, der alten Nahtstelle des Ost-West-Konflikts, vielleicht gewöhnungsbedürftig ist. Nachvollziehbar wird diese Position, wenn man bedenkt, dass „Mr. Libertarian" ein Schüler von Ludwig von Mises war. Der 1940 aus Europa in die USA geflohene Ökonom der Österreichischen Denkschule hatte bereits 1920 dargestellt, dass der Sozialismus zwingend scheitern muss. Die Begründung: Der Sozialismus lässt keine freie Preisbildung zu, den zentralen Planern fehlen somit die zur Realisierung ihrer phantasmagorischen Projekte notwendigen Informationen. Daher wird Rothbard schon früh überzeugt gewesen sein, dass es gar nicht notwendig war, die Sowjetunion totzurüsten, da sie ohnehin irgendwann zusammenbrechen musste oder vorher den Sozialismus aufgeben würde. Dass das rote Reich erst 74 Jahre nach der Oktoberrevolution kollabierte und nicht viel früher, lag daran, dass der Westen den Osten immer wieder wirtschaftlich stützte. Die Qual der Menschen im Osten wurde verlängert, aber die Rüstungsindustrie im Westen gedieh.

Und nun zum zweiten Punkt, dem Bezug zur heutigen Zeit: Der historische Überblick in diesem Buch endet Anfang der 70er Jahre. Genau zu diesem Zeitpunkt fing ein neues Kapitel in der Geschichte der amerikanischen Libertären und Anti-Interventionisten an. Als 1971 Richard Nixon die Golddeckung des Dollars aufhob, empörte sich ein Frauenarzt in Texas darüber so sehr, dass er beschloss, in die Politik zu gehen. Sein Name war Ron Paul; er war zu dem Zeitpunkt bereits mit den Gedanken von Mises und Rothbard vertraut. Fünf Jahre später wurde er erstmals Abgeordneter der Republikaner im Repräsentantenhaus in Washington. In dieser Funktion diente er, mit Unterbrechungen, insgesamt knapp 23 Jahre, und erwarb sich dabei den Ruf höchster Integrität. Er hielt sich bei Abstimmungen immer strikt an die Verfassung. Das bedeutete, dass er fast alle neuen Gesetze ablehnte. Er war lange Zeit der einzige echte Anti-Interventionist im Kapitol. Im Verlauf seiner Versuche von 2008 und 2012, Präsidentschaftskandidat seiner Partei zu werden, gelang es ihm, die Idee des innen- wie außenpolitischen Nichtinterventionismus, der freien Marktwirtschaft und des freien Handels auf Basis einer goldgedeckten Währung in weiten Teilen der Bevölkerung bekannt und populär zu machen. Als intellektuelle Basis diente ihm das 1982 gegründete amerikanische Mises Institute, dessen Vizepräsident Rothbard bis zu seinem Tod war.

Der Libertäre Paul war es, der den Frust der Amerikaner über den Irakkrieg und die Finanzkrise am deutlichsten und konsistentesten zur Sprache brachte. Anhänger Pauls veranstalteten anlässlich seiner Kandidatur 2008 einen ersten Tea-Party-Protest in Erinnerung an den Auslöser des amerikanischen Unabhängigkeitskrieges im Jahr 1773. Ab 2010 war die Tea-Party-Bewegung ein Machtfaktor, wenn auch nicht mehr so einwandfrei libertär wie Paul. Einige Kongresskandidaten, die sich zu sicher im Sattel gefühlt hatten, wurden gestürzt. Andere siegten mit Hilfe der Tea Party überraschend – wie Rand Paul, Sohn von Ron und seit 2011 Senator in Washington.

Zweifellos der größte Überraschungssieger der jüngsten Zeit aber ist Donald Trump. Seinen Sieg im Präsidentschaftswahlkampf 2016 verdankt er unter anderem einer von den Erfolgen der Tea Party ermutigten Wählerschaft, die sich nicht länger von einer als arrogant und abgehoben empfundenen herrschenden Klasse indoktrinieren und ins Leben hineinpfuschen lassen will. Denn die Rezepte und somit der Ruf der Elite haben mit der – von Ron Paul und anderen Mises-Anhängern vorhergesagten – Finanzkrise von 2008 einen irreparablen Schaden erlitten. Bemerkenswert in diesem Zusammenhang ist auch, wie Trump im Wahlkampf stellenweise Ron Paul imitierte: Er bezeichnete den Irakkrieg als Fehler, und er kritisierte seinen Vorvorgänger George W. Bush dafür, den Terrorangriff vom 11. September 2001 nicht verhindert zu haben. Nun, nach seiner Wahl, strebt er Entspannung und Verständigung mit Russland an – sehr zur offenkundigen Bestürzung der immer noch herrschenden Klasse der USA.

Einer der ersten und konstantesten – wenn auch nur medialen – Unterstützer Trumps nach Verkündigung seiner Kandidatur war Llewellyn H. Rockwell Jr., der Gründer und Präsident des erwähnten Mises Institute, das das englische Original des vorliegenden Buches herausgab. Rockwell wird Trump auch deswegen unterstützt haben, weil sein Mentor Rothbard höchstwahrscheinlich genauso gehandelt hätte.

Rothbard war zwar ein Anarchist, oder besser gesagt Anarchokapitalist. Er war sich aber immer der absoluten Minderheitenposition bewusst, in der er und seine ideologischen Wegbegleiter sich befanden. Daher suchte er ständig nach Verbündeten, auch in der Politik, mit denen seine Vorstellung einer besseren Welt ein Stück weit realisiert werden könnte. Das vorliegende Buch erzählt einen großen Teil seiner diesbezüglichen Aktivitäten. Erfolge blieben zunächst aus. Auch heute kann man noch nicht wirklich von Erfolgen reden. Der moderne Staat findet immer mehr „Aufgaben", die angeblich nur er bewältigen kann; und Großunternehmen sind nur allzu bereit, ihm dabei, gegen Steuergeld selbstverständlich, zu helfen. Aber immerhin wurde mit Trump erstmals seit weit über 100 Jahren ein Präsident gewählt, nicht obwohl, sondern gerade weil er sich einigermaßen „isolationistisch" gab – und immerhin außenpolitisch weniger interventionistisch zu sein versprach als sämtliche seiner Vorgänger mindestens seit dem Zweiten Weltkrieg.

In Deutschland, das derzeit mitten in multiplen und sich intensivierenden politischen Krisen steckt, keimt der Nichtinterventionismus interessanterweise sowohl rechts als auch links im politischen Spektrum auf. Allerdings bei den Linken, wenn überhaupt, nur außenpolitisch; innenpolitisch sehen sie alle in verstärkter Umverteilung und Zwangs-Multikultur das Heil. Sie werden in Rothbard, der stets und unverrückbar für Voluntarismus warb, nie einen der ihren sehen. Auf der Rechten sieht man nicht nur internationale Eingriffe, sondern auch „Verwicklungen“, wie mit der EU, zunehmend kritisch. Man will den Superstaat nicht. Stattdessen will man die Rolle der Nation stärken, die immerhin eine kleinere politische Einheit ist. Außerdem gibt es rechts Strömungen, die auch innen- und wirtschaftspolitisch für Rothbards Gedanken zumindest ein offenes Ohr haben. Ihre Berufung dürfte es sein, jene Kräfte zu stärken, die intellektuell und zahlenmäßig am ehesten in der Lage sind, einen spürbaren Rückbau staatlicher Aufgaben zu vollziehen.

Trotz der vielen im folgenden beschriebenen Rückschläge blieb Rothbard immer optimistisch, dass seine anti-interventionistischen Ideen eines Tages breiteres Gehör fänden. Dass sie heute anfangen, eine spürbare Wirkung zu entfalten, nicht nur in den USA, sondern auch in vielen anderen Ländern, auch in Deutschland, ist eine Genugtuung für seine Anhänger weltweit. Und ein Ansporn, sein Erbe aufzugreifen und ihm beim prinzipienfesten, „starken, langsamen Bohren harter Bretter mit Leidenschaft und Augenmaß zugleich“ (Max Weber über Politik) nachzueifern. Möge ihnen dabei „Der Verrat an der amerikanischen Rechten“ Inspiration und Leitfaden zugleich sein.

Robert Grözinger
Bath, England, Januar 2017

Einführung 2007

Ein publizistisches Klischee besagt, ein Jahre nach seiner Erstveröffentlichung noch einmal aufgelegtes Buch sei wichtiger denn je. Es fällt allerdings schwer, sich vorzustellen, wie der „Betrug an der amerikanischen Rechten" anders beschrieben werden könnte. Murray N. Rothbard zeichnet darin die Chronik des Aufkommens einer amerikanischen Rechten, die sich mit Lippenbekenntnissen für freimarktwirtschaftliche Prinzipien und limitierte Regierungsmacht einsetzte, deren oberste Priorität, für die sie alles andere zu opfern bereit war, allerdings in militärischem Interventionismus rund um den Globus bestand. Das klingt sicher vertraut, aber wie Rothbard zeigt, ist es weder neu noch unnormal. Es reicht zurück zu den Anfängen der organisierten konservativen Bewegung in den 1950ern.

Da dieses Buch wahrscheinlich über Rothbards traditionelle Leserschaft hinausreicht, sind einige einleitende Worte über den Autor angebracht. Murray N. Rothbard war ein Wissenschaftler und Universalgelehrter von beinahe unglaublich erscheinender, außerordentlicher Produktivität. Sein „Man, Economy and State", eine 1.000-seitige Abhandlung über ökonomische Prinzipien, war einer der großen Beiträge zur sogenannten Österreichischen Schule der Nationalökonomie. „Für eine neue Freiheit" wurde zum maßgebenden libertären Manifest. In „Die Ethik der Freiheit" behandelte Rothbard die philosophischen Implikationen der Idee des Selbsteigentums. Er erzählte die Geschichte des kolonialen Amerika in seinem vierbändigen „Conceived in Liberty". Sein „America's Great Depression", mittlerweile in fünfter Auflage, nutzte das mächtige Erklärungsinstrumentarium der Österreichischen Theorie der Konjunkturzyklen, um zu zeigen, dass monetärer Interventionismus, nicht „Kapitalismus", zu dieser Katastrophe führte. Er schrieb außerdem viele bahnbrechende Artikel. Um nur zwei zu nennen: „Toward a

Reconstruction of Utility and Welfare Economics“ („Für eine Rekonstruktion der Versorgungs- und Wohlfahrtsökonomie“, Anm. d. Ü.) ging mit dezidiert „österreichischem“ Ansatz an das umstrittene Gebiet der Wohlfahrtsökonomie heran, und „Law, Property Rights and Air Pollution“ („Gesetz, Eigentumsrechte und Luftverschmutzung“, Anm. d. Ü.) ist der wohl beste österreichische Beitrag zur Untersuchung von Recht und Ökonomie in Kurzform. Zusätzlich zu seinen 25 Büchern und 3.000 Artikeln, die mehrere Fachrichtungen umspannten, lehrte Rothbard außerdem Ökonomie, gab zwei akademische Fachzeitschriften heraus und mehrere beliebte Periodika, schrieb Filmkritiken und führte bergeweise Korrespondenz mit einem breiten Spektrum amerikanischer Intellektueller.

Selbst dieser Überblick kann seiner legendären Produktivität nicht gerecht werden. Wir können aber eine Menge über Murray N. Rothbard aus dem simplen Umstand lernen, dass seit seinem Tod mehr Bücher aus seiner Feder erschienen, als die meisten College-Professoren in ihrem ganzen Leben veröffentlichen. Zwei Bände von „An Austrian Perspective on the History of Economic Thought“ („Die Geschichte ökonomischen Denkens aus österreichischer Perspektive“, Anm. d Ü.), an denen Rothbard kurz vor seinem Tod gearbeitet hatte, wurden 1995 publiziert. „The Logic of Action“ („Die Logik des Handelns“, Anm. d. Ü.) bestand aus 1.000 Seiten wissenschaftlicher Artikel Rothbards, die nun der Öffentlichkeit bequem zugänglich sind. „A History of Money and Banking in the United States“ („Eine Geschichte des Geldes und Bankwesens in den Vereinigten Staaten“, Anm. d. Ü.), erschienen 2002, versammelte viele wichtige Arbeiten Rothbards über die Geschichte des Geldes, die davor nur in Fachzeitschriften oder in Kapiteln von Büchern erhältlich waren, die schon lange nicht mehr aufgelegt wurden. Es hätte ebensogut ein brandneues Rothbard-Buch sein können.

Es war nicht nur Rothbards wissenschaftliche Arbeit, die in Form handlicher Ausgaben dem allgemeinen Bedarf zugänglich gemacht wurde; auch seine populären Schriften erschienen nun in gesammelter Form. „Making Economic Sense“

(„Ökonomisch sinnvoll argumentieren“) von 1995 vereinigte 100 von Rothbards kürzeren Artikeln über Ökonomie in einem Buch, das sowohl Einsteiger als auch Spezialisten zu instruieren und unterhalten weiß. Ein Artikel aus 20.000 Worten, den Rothbard für einen Investment-Newsletter kleinerer Auflage geschrieben hatte, wurde 1995 zur Monographie „Wall Street, Banks, and American Foreign Policy“ für das Center for Libertarian Studies. „The Irrepressible Rothbard“ (2000) versammelte einige von Rothbards Beiträgen zum Rothbard-Rockwell-Report aus den 1990er Jahren, in denen wir den Meister in seinen witzigsten und teilweise vernichtendsten Momenten erleben.

Das vorliegende Buch hingegen besteht aus Material, das der Öffentlichkeit zum ersten Mal zugänglich gemacht wird. Das Manuskript wurde, worauf Rothbard im Vorwort hinweist, in den 1970ern geschrieben und unterlief periodische Bearbeitungen sowie Erweiterungen über die Jahre, in denen sich Gelegenheiten zur Veröffentlichung ergaben. Jedes Mal traten allerdings unvorhersehbare Umstände ein, die eine Publikation des Buches verhinderten, und so erscheint es erst heute, verlegt vom Mises-Institut.

Zur Klarstellung sei erwähnt, dass von Rothbard verfasste Artikel zur „Alten Rechten“ bereits veröffentlicht wurden: in der Zeitschrift „Journal of Libertarian Studies, Continuum“, dem Rothbard-Rockwell-Report sowie andernorts. Aber hier erzählt er die ganze Geschichte – aus der Perspektive eines Menschen, der nicht nur Zeuge dieser Ereignisse war, sondern auch wichtiger Teilnehmer.

Aber was war diese „Alte Rechte“ eigentlich? Rothbard beschreibt sie als eine breit gefächerte Gruppe von Gegnern des „New Deal“ daheim sowie des Interventionismus in Übersee. Mehr eine lose Koalition als eine selbstbewusste „Bewegung“, zog die Alte Rechte Inspiration von Kalibern wie H.L. Menkken und Albert Jay Nock und bestand aus Autoren, Denkern und Journalisten wie Isabel Paterson, Rose Wilder Lane, John T. Flynn, Garet Garrett, Felix Morley und Colone Robert McCormick von der „Chicago Tribune“. Sie beschrieben und dachten sich selbst nicht als Konservative: Sie wollten widerrufen und umstürzen, nicht bewahren.

Eine 1992 erschienene Retrospektive Rothbards bezüglich der Alten Rechten skizzierte ihre Prinzipien:

> „Da wir nun wissen, wogegen die Alte Rechte war, *wofür* war sie dann? Allgemein gesprochen setzte sie sich für eine Wiederherstellung der Freiheit der alten Republik ein, für eine Regierung, die sich strikt auf die Verteidigung der Rechte des Privateigentums beschränkt. Wie bei jeder breiten Koalition üblich, gab es im Konkreten Meinungsverschiedenheiten innerhalb des allgemeineren Rahmens. Wir können diese Differenzen aber auf folgende Frage eindampfen: Wieviel von der bereits bestehenden Regierung würden Sie ablehnen? Wie weit würden Sie sie zurückschneiden?
>
> Das Minimum, auf das sich fast alle „Old Rightists“ einigten und was die Alte Rechte buchstäblich ausmachte, war die völlige Abschaffung des New Deal, den ganzen wohlfahrtsstaatlichen Kram, den Wagner Act, das Sozialversicherungsgesetz, die Jagd auf Gold 1933 und den ganzen Rest. Dahinter bestanden charmante Unstimmigkeiten. Einige wollten vor dem New Deal haltmachen. Andere wiederum wollten darauf drängen, bis hin zur Abschaffung von Woodrow Wilsons New Freedom, inklusive des Federal-Reserve-Systems und besonders dieses mächtigen tyrannischen Werkzeugs der Einkommenssteuer sowie der Einkommenssteuerbehörde. Wieder andere, darunter auch Extremisten wie meine Wenigkeit, wollten nicht locker lassen, bis wir den Federal Judiciary Act von 1789 demontiert hätten, ja, vielleicht würden wir sogar das Undenkbare wagen und die guten alten Artikel der Konföderation wieder in Kraft setzen.“[1]

Dieses Buch ist aber nicht nur eine geschichtliche Abhandlung über die Alte Rechte, sondern zugleich das einer Autobiographie am nächsten kommende Zeugnis dieses außergewöhnlichen Mannes, das Leser erwarten können. Es zeichnet nicht nur die Geschichte der Alten Rechten oder der anti-interventionistischen Tradition Amerikas. Es ist die Geschichte – zumindest teilweise – von Rothbards eigener politischer und intellektueller Entwicklung: die Bücher, die er las, die Leute, die er traf, die Freunde, die er sich machte, die Organisationen, denen er beitrat und so vieles mehr.

Rothbards Diskussion seiner intellektuellen Evolution beginnt mit den Tagen, als er ein kleiner Junge war, bis hin zu seiner Zeit am New Yorker Seminar des Ludwig-von-Mises-Instituts (dem so viele wichtige libertäre Denker entspringen sollten), seiner frühen Karriere als Autor und seinem libertären Aktivismus – den ganzen Weg bis zu seinen Interaktionen mit der Neuen Linken in den 1960ern. Wir begleiten Rothbard, wenn er entdeckt, dass er nicht mehr minimalstaatlicher Libertärer beziehungsweise Minarchist sein kann, und wir erfahren in allen Einzelheiten, was ihn zum Anarchismus brachte. Er beschreibt seine Herleitung von Frieden und Noninterventionismus als libertäre Prinzipien (basierend auf dem Nichtaggressions-Prinzip), die im Lichte seines resoluten Noninterventionismus entstehenden politischen Allianzen in den 1950ern sowie seine Hingezogenheit zum verbotenen Thema einer revisionistischen Betrachtung des Kalten Krieges.

Doch können wir die Wichtigkeit dieses Buches als historische Arbeit nicht übersehen oder unterschätzen. Rothbard schließt eine entscheidende Lücke sowohl in der Geschichte amerikanischer Außenpolitik als auch des US-Konservatismus und Libertarismus. Wir können sogar noch weiter gehen: „Der Betrug an der amerikanischen Rechten" ist ein wichtiges, fehlendes Kapitel in der allgemein rezipierten Geschichte Amerikas. Es ist von Bedeutung, dass längst vergessene Denker, Autoren und Aktivisten auf diesen Seiten wieder zum Leben erwachen. Jede beliebige Zahl wissenschaftlicher Arbeiten und sogar ausgewachsener Bücher könnte den Themen entspringen, die Rothbard hier anspricht.

Man darf getrost behaupten, dass nur sehr wenige Amerikaner inklusive Konservativer – ja, *vor allem* Konservative – wissen, dass einige der konsequentesten und entschiedensten Gegner von Harry Trumans frühen Maßnahmen im Rahmen des Kalten Krieges budgetbewusste Republikaner waren, die internationalen Kreuzzügen aus ideologischen Gründen ablehnend gegenüberstanden. So war zum Beispiel Senator Robert A. Taft einer der prominentesten, wenn auch vielleicht am wenigsten konsequenten der republikanischen Non-Interventionisten, der Harry Trumans früher Politik im Kalten Krieg mit Skepsis begegnete. Taft sah die Truman-Doktrin, den Marshall-Plan und die NATO kritisch, die er als entweder unnötig provokant oder ruinös teuer betrachtete. Zusammen mit weniger bekannten Köpfen aus dem Repräsentantenhaus sowie dem Senat wie George Bender, Howard Buffett und Kenneth Wherry bildete Taft den politischen Arm der Alten Rechten.

Im Gegensatz zum falschen Eindruck vom Linksliberalismus als anti-kriegerisch und friedensliebend, übernahmen Stimmen des Mainstream-Liberalismus die übliche interventionistische Linie gegenüber dem „isolationistischen" Häretiker: Taft, schrieb der bekannte liberale Kolumnist Richard Rowere, sei für das Jahr 1948 als Präsidentschaftskandidat ungeeignet, da der nächste Präsident ein „Führer der menschlichen Rasse sein sollte ... der mutig die Freiheit favorisieren wird, vor der Welt und für die Welt ... wozu Taft schlicht unfähig wäre". In ähnlicher Weise nannte „The Nation" Taft und seine Verbündeten im Kongress „Super-Appeaser", deren Politik „im Kreml die Glocken läuten lassen dürfte".[2]

Natürlich wurde auch Rothbard selbst wegen seiner Bemühungen von Mitgliedern der Rechten hin und wieder der rote Haken verpasst. Dass seine anti-kommunistischen Referenzen so kugelsicher waren wie nur irgend vorstellbar, schien keine Rolle zu spielen: Er widersprach dem globalen anti-kommunistischen Kreuzzug, und allein das war schon genug. Ironischerweise war es gerade Rothbards Verachtung für den Kommunismus, die ihn davon überzeugte, eine dauerhafte militärische

Kampagne gegen ihn, eine, die gewiss schreckliche kurz- und langfristige Konsequenzen für die amerikanische Gesellschaft und Regierung zeitigen würde (ganz zu schweigen von den dadurch in Übersee entstehenden Missstimmungen), sei eigentlich unnötig: Ludwig von Mises hatte bereits die unüberwindlichen Hindernisse aufgezeigt, vor denen echte sozialistische Ökonomien stehen; und die sowjetische Aneignung einer Reihe von Satellitenstaaten, deren jeder wirtschaftlich ein hoffnungsloser, subventionierungsbedürftiger Fall war, erschien nicht als sonderlich bedrohliche imperialistische Strategie.

Mitglieder der Alten Rechten im Kongress wie Howard Buffett argumentierten zu Rothbards Gunsten, die Sache der Freiheit in der Welt sollte durch die Kraft des amerikanischen Beispiels gefördert werden statt durch Waffengewalt, und dass amerikanischer Interventionismus der sowjetischen Propaganda in die Hände spielen würde, die Amerika als nur an sich selbst interessierten Imperialismus darstellte statt als neutralen Fürsprecher der Menschheit. Dies war die traditionelle libertäre Position, den größten Staatsmännern des 19. Jahrhunderts entlehnt, der Ära des klassischen Liberalismus. Dementsprechend sagte einst Richard Cobden, der große britische klassische Liberale:

> „Indem England seine ungeteilte Aufmerksamkeit in besonnener Weise der Reinigung seiner eigenen internen Institutionen widmet, um seinen Handel voranzutreiben ... würde es, so wie es bisher als Leuchtfeuer für andere Nationen diente, die Sache des politischen Fortschritts auf dem gesamten Kontinent effektiver befördern als durch Verstrickung in europäische Kriege.“[3]

Ebenso fasste Henry Clay, selbst kein klassischer Liberaler, die praktisch einhellige Meinung Amerikas in der Mitte des 19. Jahrhunderts zusammen:

> „Durch die Politik, an die wir uns seit den Tagen Washingtons hielten ... haben wir für die Sache der Freiheit mehr getan, als Waffen es jemals vermöchten; wir haben anderen Nationen den Weg zu Größe und Glück aufgezeigt ... es ist für uns weitaus besser, auch

> für Ungarn und die Sache der Freiheit, wenn wir durch Treue zu unserem pazifistischen System sowie Vermeidung der entfernten Kriege in Europa unser Licht an dieser westlichen Küste weiterbrennen lassen, als Licht für alle Länder, statt seine völlige Auslöschung zwischen den Ruinen gefallener und fallender europäischer Republiken zu riskieren."[4]

Das war das Prinzip, an das Rothbard auch weiter glaubte.

Was wir heute lachhafterweise als „konservative Bewegung" bezeichnen, dürfte Menschen nur sehr schwach an die Interventionismus-Skeptiker unter den konservativen Republikanern der Truman-Ära erinnern. Auf den Seiten dieses Buches führt Rothbard den überzeugenden Nachweis, dass die Position des globalen Interventionismus, wie sie von der Rechten eingenommen wurde, nicht unausweichlich war, sondern das Resultat zufälliger Faktoren: des Todes von Schlüsselfiguren der Alten Rechten zu ungünstigen Zeiten, der organisatorischen Fähigkeiten der Opposition sowie interner Probleme in den Institutionen der Alten Rechten.

Es ist aber nicht nur der moderne Konservatismus, der Schuld am Verschwinden der Alten Rechten in einem Orwellschen Erinnerungsloch trägt. Auch Libertäre müssen das in einigen Fällen auf ihre Kappe nehmen. In den späten 1970ern war Rothbard persönlich verantwortlich für die Einführung der non-interventionistischen Planke in das Schiff der Libertären Partei – zu einer Zeit, da – zu seiner Verwunderung – Außenpolitik unter Libertären nur relativ wenig Interesse zu wecken schien. Der Irakkrieg von 2003 wurde legitimiert auf Basis einer Propaganda, die der alten „Prawda" würdig gewesen wäre; dass Menschen, die diese Hülse der Regierung geschluckt haben – obwohl doch gerade von ihnen erwartet wird, einen geschärften Blick für Regierungspropaganda zu haben – sich libertär nennen, lässt erahnen, dass dieses Problem nicht gänzlich verschwunden ist. (Man kann nur erahnen, was Mencken, einer von Rothbards Helden, zu diesem Krieg wohl zu sagen gehabt hätte, zu seinen Architekten sowie einer amerikanischen Bevölkerung, die weiterhin an die widerlegten Behauptungen über die Massenvernichtungswaffen auch dann noch glaubte, als alle, auf jeder Seite, ihre Falschheit übereinstimmend anerkannt hatten.)

Rothbards Kooperation mit der Neuen Linken in den 1960ern hat viel Interesse und einige Kritik geweckt. Da die non-interventionistische Rechte im Prinzip ausgestorben war und kein institutioneller oder publizistischer Arm existierte, der Interesse an Non-Interventionismus und Laissez-faire hatte, begann Rothbard, sich anderswo nach Verbündeten für den Kampf gegen den Krieg umzusehen, der als fundamentalster aller Streitpunkte in sein Blickfeld rückte. („Ich bin mehr und mehr davon überzeugt, dass die Frage von Krieg und Frieden den Schlüssel der gesamten libertären Sache darstellt", notierte Rothbard 1956 privat.[5]) Der Mainstream-Liberalismus kam natürlich nicht in Frage, da er schon lange die Konturen des Interventionismus des Kalten Krieges angenommen hatte; es waren Liberale, die, wie wir gesehen haben, den konservativen Taft für seine Skepsis gegenüber Auslandseinsätzen verdammten. In diesem Augenblick intellektueller Isolation blickte Rothbard interessiert und mit Sympathie auf das Erscheinen der Neuen Linken und die libertären Instinkte, die er dort vorfand – besonders ihr Interesse an Dezentralisierung und freier Meinungsäußerung – und von denen er hoffte, dass sie genährt werden könnten.

Rothbard lernte die Arbeit William Appleman Williams', eines Historikers der Neuen Linken, zu schätzen, und freundete sich mit einigen seiner Studenten an (darunter auch Ronald Radosh, mit dem Rothbard später „A New History of Leviathan" herausgab, eine wichtige Sammlung von Essays über den korporatistischen Staat). Bei Williams fand Rothbard nicht nur kongeniale Analysen von Außenpolitik vor, sondern auch wichtige Hinweise für eine Opposition gegen einen Zentralstaat bezüglich innerer Angelegenheiten. „Die radikalen Kernideen und -werte von Gemeinschaft, Gleichheit, Demokratie und Menschlichkeit", so Rothbard, Williams zitierend,

> „können in Zukunft nicht verwirklicht und aufrecht erhalten werden – und das sollten sie auch nicht – durch

zunehmende Zentralisierung und Konsolidierung. Diesen radikalen Werten lässt sich durch Dezentralisierung sowie durch die Schaffung vieler wahrhaft menschlicher Gemeinschaften am nächsten kommen. Sollte jemand das Bedürfnis verspüren, auf Ahnentauchgang in die amerikanische Geschichte zu gehen und eine Tradition hochzuhalten, die für unser gegenwärtiges Dilemma von Relevanz ist, findet sich der Hauptgewinn in den Konföderationsartikeln."[6]

Obwohl sie selbst isoliert und vielleicht entmutigt sind, gibt es heute noch einige Stimmen in der Linken, die daran erinnern, was Rothbard in der Neuen Linken zu kultivieren versuchte. Kirkpatrick Sales Worte aus dem Jahre 2006 könnten ebenso gut als Postskriptum der Worte William Appleman Williams' über die Konföderationsartikel fungieren:

> „Ich bin, ob Sie es glauben oder nicht, davon überzeugt, dass Sezession – entweder staatenweise dort, wo der Staat eine Einheit bildet (das Modell liefert Vermont, wo die sezessionistische Bewegung die Zweite Republik von Vermont darstellt), oder regional dort, wo das mehr Sinn macht (Südkalifornien oder Cascadia wären hier als Vorbilder zu nennen) – die fruchtbarste Aufgabe unserer politischen Zukunft ist. Friedliche, geordnete, volkstümliche, demokratische und legale Sezession würde eine große Bandbreite an Regierungen ermöglichen, empfänglich für alle Schattierungen des antiautoritären Spektrums, etablierbar in einem modernen politischen Kontext. Solch eine Bandbreite, dass Sie, so wie ich das sehe, immer einen Ort finden könnten, an dem Sie sich wohl fühlen, falls Ihr bisheriger Ihnen nicht mehr gefällt."[7]

Eine Zeitlang wurde Rothbards Optimismus für die Allianz erwidert. „In gutem Sinne sind die Alte Rechte und die Neue Linke moralisch und politisch aufeinander abgestimmt", schrieb Carl Oglesby der Vereinigung „Students for a Democratic Society", SDS [„Studenten für eine demokratische Gesellschaft",

Anm. d. Ü.] im Jahre 1967.[8] Was dabei schiefging – der Zusammenbruch der SDS und Rothbards Bruch mit der gesamten Bewegung – ist Thema des letzten Kapitels dieses Buches.

Hier begegnet uns ein weiterer liebenswerter Aspekt des „Betruges an der amerikanischen Rechten“: Rothbards Bereitschaft, Fehler zuzugeben, oder Fälle, wenn Dinge unglückliche Wendungen nahmen, die er nicht vorhersah – Seltenheiten im Genre der Memoiren. „Zurückblickend auf das Experiment der Allianz mit der Neuen Linken“, erinnerte sich Rothbard,

> „wurde auch klar, dass die Folgen für Libertäre in vielen Fällen desaströs waren; denn zusätzlich zur Isoliertheit und Verstreutheit dieser jungen Libertären sollten sich die Clarks und die Milchmans sowie einige aus der Glaser-Kansas-Gruppe bald zu *echten* Linken entwickeln, vor allem zu solchen, die ihre Zuneigung zum Individualismus, zu Eigentumsrechten und zur freien Marktwirtschaft fallen ließen, die sie überhaupt erst zum Libertarismus und zur Allianz der Neuen Linken gebracht hatte.“[9]

Er beschließt damit,

> „dass ein unorganisierter Kader ohne nachhaltiges Programm ‚interner Erziehung‘ und Verstärkung in Laufe der Arbeit mit viel stärkeren Verbündeten abzufallen und dahinzuschmelzen droht.“[10]

Dieser Kader wurde bereits vor langer Zeit errichtet – zum großen Teil auch dank Rothbards eigenen Taten.

In der Einführung zu seinem Buch spricht Rothbard von einem letzten Kapitel des Manuskripts, das die Erzählung bis zum Ende des Kalten Krieges und den intellektuellen und strategischen Neuausrichtungen fortführte, die von dieser günstigen Gelegenheit ermöglicht wurden. Dieses Kapitel wurde unglücklicherweise nicht gefunden, weshalb die Geschichte, die Rothbard hier erzählt, bis zu einem bestimmten Grad unvollständig bleiben muss. Mit dem Wiederauftauchen einer non-interventionistischen Rechten nach dem Ende des Kalten Krieges spiegelte die Rhetorik Rothbards dieser Zeit ein unübersehbares Gefühl der Heimkehr. Mit der Verwitterung alter Frontlinien begannen sich mehr Gelegenheiten als jemals zuvor für ideologisch übergreifende Kooperationen zwischen Kriegsgegnern zu bieten. Fragen, die in einigen intellektuellen Quartieren seit Jahrzehnten nicht gestellt wurden – zur angemessenen Rolle der Vereinigten Staaten in der Welt sowie moralischen und materiellen Gefahren von Auslandseinsätzen – wurden wieder hörbar, und einige der vernichtendsten Angriffe auf die US-Außenpolitik kamen von altmodischen Konservativen. „Die Alte Rechte ist plötzlich zurück!“, erklärte ein darob erfreuter Rothbard im Jahre 1992.

Die Früchte dieser Zusammenarbeit erwiesen sich letztendlich als enttäuschend, auch wenn Rothbard einige wertvolle und gefeierte Freundschaften mit vielen Leuten schmiedete, die ihn auch heute noch bewundern und von ihm lernen. Heutzutage scheinen formelle Allianzen dieser Art, auch wenn sie nach wie vor strategisch nützlich sind, noch weniger wichtig zu sein als noch vor 15 Jahren. Wenn es nur eine Handvoll Publikationen und Plattformen gibt, die Sympathien für libertäre Ideen hegen, gibt es ein natürliches Bedürfnis, ein Bündnis zwischen Libertären und solchen Kanälen herstellen zu wollen. Aber im Zeitalter des Internet, in dem eine Vielzahl an Organen existiert, in denen jemand publizieren und sehr viele Menschen erreichen, ja, in dem jeder seine eigene Webseite und seinen eigenen Blog betreiben kann, können Libertäre ihren Stimmen großes Gewicht verschaffen, ohne irgendwelche Allianzen mit anderen Gruppen bilden zu müssen.

Auf gewisse Art mag es Zufall sein, dass „Der Betrug an der amerikanischen Rechten“ erst jetzt erscheint statt vor 20 Jahren. Die Torheit des Irakkrieges und die Propagandakampagne, die ihn vom Stapel ließ, lassen selbst Leute, die in dieser Hinsicht in ihren Ansichten festgelegt waren, innehalten und nachdenken. Angesichts der Propaganda der Bush-Regierung können sie nicht anders, als sich zu wundern, ob sie sich während des Kalten Krieges genauso anhörten. Und selbst wenn sie Rothbards Analysen des Kalten Krieges nicht teilen, werden viele Menschen von heute, die mit Schrecken die endlosen US-Kriege vorausahnen, die sich für die Zukunft anzukündigen scheinen, vielleicht bereit sein, wenigstens ein wichtiges Argument gegen den Interventionismus des Kalten Krieges zu bedenken: Er nährte einen vom Zweiten Weltkrieg geborenen militärisch-industriellen Komplex, der augenscheinlich nie wieder abgebaut werden kann. Milton Friedmans Diktum, es gebe nichts Dauerhafteres als ein „vorübergehendes" Regierungsprogramm, wurde nie treffender bestätigt als im amerikanischen „Verteidigungs"-Sektor, der immer eine Begründung für höhere Rüstungsausgaben und mehr Interventionismus zu finden scheint.

Kurz, mehr Menschen als je zuvor sind bezüglich offizieller Darstellungen der Regierung wozu auch immer skeptisch und alten Fragen gegenüber offen. Wie üblich ist Rothbard bereit, solche Fragen zu stellen – und den Antworten zu folgen, wohin sie ihn auch führen.

Thomas E. Woods, Jr.
Auburn, Alabama
Mai 2007

Vorwort zur überarbeiteten Fassung von 1991

Der größte Teil des Manuskripts dieses Buches, „Der Betrug an der amerikanischen Rechten“, wurde 1971 verfasst und 1973 überarbeitet. An diesem Originaltext wurde hier nur wenig geändert. In einem tiefgründigen Sinn ist es heute zeitgemäßer als zum Zeitpunkt seiner ersten Niederschrift. Das Buch war ein Schrei in der Wildnis gegen etwas, das ich als Betrug an der von mir hier so genannten „Alten Rechten“ betrachtete. Wir nennen sie auch – um die Verwirrung hinsichtlich der vielen „Alten“ und „Neuen“ etwas zu mildern – die „Originäre Rechte“. Die Alte Rechte entstand während der 1930er Jahre als Reaktion auf den „Großen Sprung vorwärts“ (oder rückwärts) in den Kollektivismus, den der New Deal darstellte. Diese Alte Rechte blühte auf während der 1940er und dauerte bis ungefähr zur Mitte der 1950er. Die Alte Rechte opponierte standhaft gegen „Big Government“ und den New Deal daheim und in Übersee: also gegen beide Facetten des Wohlfahrts-Kriegsfahrts-Staates. Sie kämpfte gegen US-Einmischungen in die Angelegenheiten anderer sowie Kriege im Ausland ebenso leidenschaftlich wie gegen Interventionismus daheim.

Gegenwärtig müssen viele Konservative feststellen, dass der alte, angriffslustige anti-etatistische Geist der Konservativen abgeschliffen und irgendwie in sein etatistisches Gegenteil umgewandelt wurde. Es ist verführerisch und, soweit man das sagen kann, sicher auch korrekt, die Schuld dafür dem Anschluss der Rechten an die Truman-Humphrey-Liberalen des Kalten Krieges in den 1970ern zu geben, die sich selbst „Neokonservative“ nannten, und dass sie diesen Ex-Trotzkisten und Ex-Menschewiki nicht nur Einlass gewährte, sondern auch erlaubte, die Show zu übernehmen. Aber die These dieses Buches lautet, dass diejenigen, die sich darüber wundern, was der guten, alten

Sache widerfuhr, nicht bei den Neocons haltmachen dürfen: Der Fäulnisprozess begann viel früher mit Gründung des Magazins „National Review" im Jahre 1955 und seinem schnellen Aufstieg zur Dominanz über die konservative Bewegung. Es war die „National Review", die ganz gezielt und clever die Substanz der Alten Rechten in etwas Gegenteiliges verkehrte, während sie die alten Formen und Rituale beibehielt, wie zum Beispiel Lippenbekenntnisse für den freien Markt und die Verfassung der Vereinigten Staaten. Es war, wie der große Garet Garrett über den New Deal im amerikanischen Staatswesen sagte, eine „Revolution innerhalb der Form". Wie dieses Buch zeigt, war die Rechte zu diesem Zeitpunkt anfällig für Übernahmen; die alten Anführer waren kürzlich verstorben oder pensioniert. Auch wenn diese Aussage jüngere oder Yuppie-Konservative verwirren dürfte, waren die guten alten Tage der Alten Rechten in der Politik nicht die der Goldwater-Kampagne, sondern derjenigen Robert A. Tafts.

Dieses Buch beschäftigt sich mit der Alten Rechten, beschreibt im Detail die Übernahme durch die „National Review" und behandelt die Odysee meiner Wenigkeit sowie geistesverwandter Libertärer aus unserer ehemals honorigen Position als „extremer" Flügel der Alten Rechten, die mit dem Konservatismus der „National Review" brachen und danach trachteten, ein Zuhause für libertäre Ideen und Aktivitäten ausfindig zu machen. Das Buch wurde nach Beendigung unserer Allianz mit der Neuen Linken geschrieben, die zu Beginn und Mitte der 1960er Jahre vielversprechend begann, aber in der ebenso verrückten wie kurzen Orgie von Gewalt und Zerstörung gegen Ende der Dekade aufhörte. Das Manuskript endet mit dem Aufkommen der libertären Bewegung als separate, selbstbewusste ideologische und auch politische Entität in den Vereinigten Staaten, darauf zielend, eine eigenständige oder dritte Kraft in Amerika zu sein, die sich aus wesensverwandten Elementen sowohl der Linken als auch der Rechten speiste.

Der letzte Abschnitt, Kapitel 14, der gegenwärtig geschrieben wird, erläutert die Geschichte der libertären Bewegung sowie der Rechten der letzten zwei Jahrzehnte und erklärt, wie brandneue Umstände, vor allem der erstaunliche Tod des Kalten Krieges in Kombination mit dem Kollaps der konservativen Bewegung sowie Veränderungen unter Libertären, für diese neue Herausforderungen und fruchtbare Allianzen gebaren.[11]

Die Inspiration für dieses Manuskript kam von Bob Kephart, damals Herausgeber der „Libertarian Review", der beabsichtigte, Bücher im „Libertarian Review Press"-Verlag zu veröffentlichen. Zu dieser Zeit veröffentlichte der Verlag eine Sammlung meiner Essays.[12] Ramparts Press packte einen Werbezettel für dieses Buch in ihren Katalog von 1971, jedoch verlangten sie umfangreiche Änderungen, die ich ablehnte.[13] Seit den frühen 60er Jahren hatte ich versucht, meine Geschichte des Betrugs an der Alten Rechten in Druck zu geben, aber kein Periodikum hatte ein offenes Ohr für diese Botschaft. Besonders erzürnt von der Goldwater-Kampagne 1964, die erste, die von der Rechten der „National Review" beherrscht wurde, konnte ich meinen Ansichten nur in der einzigen existierenden libertären Zeitschrift Luft machen, einem Newsletter aus Los Angeles namens „The Innovator"; nach einem Outlet für einen längeren Beitrag suchend, konnte ich nur das obskure, quartalsweise erscheinende friedenskatholische „Continuum" finden.[14]

Danach erschienen meine politischen Sichtweisen hauptsächlich in meinen eigenen Periodika: „Left and Right", 1965-1968, herausgegeben von Leonard Liggio und mir selbst, einem Vehikel für eine Allianz mit der Neuen Linken; dem wöchentlich, später monatlich erscheinenden „Libertarian Forum", 1969-1984, Ausdruck einer selbstbewussten libertären Bewegung; sowie, für etwas wissenschaftlichere Artikel, dem „Journal of Libertarian Studies", gegründet 1977 als publizistischer Arm des Center for Libertarian Studies, das heute noch existiert. Ein Teil der Analyse des vorliegenden Manuskripts erschien als mein „The Foreign Policy of the Old Right" („Die Außenpolitik der Alten Rechten", Anm. d. Ü.).[15]

Um dieselbe Zeit, da der „Betrug" verfasst wurde, erschien auch ein meisterhafter Essay mit ähnlichem Inhalt aus der Feder des jungen libertären Historikers Joseph R. Stromberg.[16] Unter den seitdem erschienenen akademischen Arbeiten ist die Studie Charles Hamiltons über Frank Chodorov eine der wertvollsten zur Alten Rechten.[17] Auch sehr wertvoll ist Justus Doeneckes Studie[18] über die Reaktion von Isolationisten aus der Zeit des Zweiten Weltkriegs auf den Beginn des Kalten Krieges bis 1954, sowie Felix Morleys Autobiographie, vor allem die letzten beiden Kapitel, die seine Erfahrungen mit „Human Events" beschreiben.[19]

Seit den 1970ern schlummerte „Der Betrug der amerikanischen Rechten" vor sich hin, obwohl Kopien, einige kaum leserlich, auf Samisdat-Art unter jungen libertären Gelehrten zirkulierten.

Schließlich weckte der dramatische Zusammenbruch des Kommunismus und des Kalten Krieges im Jahre 1989 sowie das darauffolgende Umdenken unter Konservativen und Libertären neues Interesse am „Betrug". Nachforschungen Tom Flemings, Herausgeber der „Chronicles", über die Alte Rechte brachten mich dazu, das Manuskript hervorzuholen; der enthusiastische Vorschlag Justin Raimondos, Herausgeber des „Libertarian Republican", inspirierte mich, den „Betrug" zu aktualisieren und führte zur vorliegenden Publikation. Wie immer bin ich Burt Blumert und Lew Rockwell für ihre Begeisterung und ihre Hilfe über die Jahre sowie für diese Veröffentlichung äußerst dankbar.

Murray N. Rothbard
Las Vegas, 1991

1. Zwei Rechte, alt und neu

Im Frühling des Jahres 1971 brach ein neuer politischer Begriff – „Die Schutzhelme“ [„The Hard Hats“, Anm. d. Ü.] – ins amerikanische Bewusstsein. Als die behelmten Bauarbeiter sich ihren Weg um das Gebiet der Wall Street bahnten, College-Schüler und Friedensdemonstranten verprügelten und dafür die Bewunderung des rechten Flügels ernteten sowie eine Erwähnung von Präsident Nixon, fasste eines der Banner, die sie in die Luft hielten, in einer einzigen Phrase zusammen, wie auffallend sich der rechte Flügel über die letzten zwei Jahrzehnte gewandelt hatte. Denn auf dem Transparent stand lediglich: „Gott schütze das Establishment“. Mit dieser einzelnen Formulierung, die so typisch ist für den gegenwärtigen rechten Flügel, drückten die „Schutzhelme“ die uralte politische Philosophie des Konservatismus aus, diejenige Philosophie, die den inneren Kern des „Konservatismus“ im Europa des frühen 19. Jahrhunderts formte. Tatsächlich ist es diejenige Philosophie, die genuin konservatives Denken unabhängig von der Etikettierung auszeichnet – und das seit den uralten Tagen des orientalischen Despotismus: eine allumfassende Verehrung von „Thron und Altar“, für jeden auf welche Weise auch immer göttlich sanktionierten Staatsapparat, der gerade existierte. In der einen oder anderen Form standen Rufe wie „Gott schütze das Establishment“ schon immer im Dienste staatlicher Macht.

Aber wievielen Amerikanern ist eigentlich bewusst, dass noch vor gar nicht allzu langer Zeit der rechte Flügel Amerikas beinahe das genaue Gegenteil dessen war, als was wir ihn heute kennen? Ja, wieviele wissen eigentlich, dass der Begriff „Establishment“ selbst, der heute fast ausschließlich als eine Schimpfvokabel von der Linken verwendet wird, nicht von C. Wright Mills oder anderen linken Soziologen in Amerika eingeführt wurde, sondern von einem Theoretiker der „National Review" namens Frank S. Meyer – und zwar in den frühen Tagen dieses Zentralorgans der amerikanischen Rechten? Mitte der 50er Jahre nahm Meyer einen Begriff, der zuvor ausschließlich – und eher in schmeichelnder Weise – zur Beschreibung der herrschenden Institutionen Großbritanniens verwendet wurde, um ihn dann mit angemessener Säuernis auf die amerikanische Bühne zu holen. Breiter und subtiler als „herrschende Klasse", dauerhafter und normativer als eine „Machtelite", wurde „Das Establishment" ein geflügeltes Wort. Aber der ironische und entscheidende Punkt ist, dass Meyer und die „National Review" den Begriff zu dieser Zeit als bitterböse Kritik verstanden wissen wollten: der Geist des rechten Flügels lief damals und vor allem davor eher auf ein „Gott verdamme" als „Gott beschütze" des Establishments hinaus.[20] Der Unterschied zwischen den beiden rechten Flügeln – „alt" und „neu" – und wie der eine in den anderen verwandelt wurde, ist das Kernthema dieses Buches.

Die Alte Rechte, die den rechten Flügel Amerikas ungefähr von 1935 bis 1955 bildete, war nicht zuletzt eine Oppositionsbewegung. Feindseligkeit gegenüber dem Establishment war ihr Kennzeichen, ja ihr Lebenselixier. Als in den 1950ern der monatliche Newsletter „RIGHT" versuchte, seine Leser mit Nachrichten über den rechten Flügel zu versorgen, musste er natürlich erst einmal die Bewegung definieren, über die er schrieb – wobei sich herausstellte, dass er sie nur in negativen Begriffen schildern konnte: als totale Opposition zu dem, was er als vorherrschende Trends des Lebens in Amerika wahrnahm. Kurz, die Alte Rechte wurde geboren und lebte als Oppositionsbewegung gegen den New Deal, mithin gegen alles, wofür er in puncto Außen- und Innenpolitik stand: für expandierenden Etatismus daheim, und später, in den 30ern, als Motor des globalen amerikanischen Interventionismus im Ausland. Da die Essenz der Alten Rechten aus einer Reaktion auf zügelloses „Big Government" daheim und in Übersee bestand, war sie notwendigerweise, wenn auch nicht immer bewusst, mehr libertär als etatistisch, eher „radikal" als – im traditionellen konservativen Sinne – apologetisch hinsichtlich der herrschenden Ordnung.

2. Ursprünge der Alten Rechten I: Früher Individualismus

Individualismus und seine ökonomische Begleiterscheinung, Laissez-faire-Liberalismus, hatten nicht immer eine konservative Färbung und fungierten nicht immer, so wie sie das heute oft tun, als Fürsprecher des Status quo. Im Gegenteil, die Revolution moderner Zeiten war ursprünglich und über einen langen Zeitraum eine laissez-faire-individualistische. Ihr Zweck lag in der Befreiung des Individuums von den Restriktionen und Fußfesseln, den verkrusteten Kastenprivilegien und ausbeuterischen Kriegen der feudalen und merkantilistischen Systeme, des Ancien Régime der Torys. Tom Paine, Thomas Jefferson, die Militanten der amerikanischen Revolution, die Jackson-Bewegung, Emerson und Thoreau, William Lloyd Garrison und die radikalen Abolitionisten – sie alle waren im wesentlichen Laissez-faire-Individualisten, die den uralten Kampf für die Freiheit und gegen alle Formen staatlicher Privilegien fortführten. Ebenso wie die französischen Revolutionäre – nicht nur die Girondisten, sondern auch die viel geschmähten Jakobiner, die sich der Verteidigung der Revolution gegen die gekrönten Häupter Europas verschrieben hatten. Alle saßen eigentlich im selben Boot. Die individualistische Erbschaft geht tatsächlich auf die ersten modernen Radikalen des 17. Jahrhunderts zurück – zu den Levellers in England, zu Roger Williams und Anne Hutchinson in den amerikanischen Kolonien.

Die konventionelle historische Lehre behauptet, die radikalen Strömungen in Amerika seien vor dem Bürgerkrieg laissez-faire-individualistisch geprägt gewesen, während sie danach konservativ geworden seien; zudem sei der radikale Mantel an Gruppen gefallen, die mehr der modernen Linken ähneln: den

Sozialisten und Populisten. Aber das ist eine Verzerrung der Wahrheit. Denn es waren ältere Brahmanen aus Neu-England, Laissez-faire-Händler und Industrialisten wie Edward Atkinson, die John Browns Überfall auf Harper's Ferry finanzierten und die dazwischensprangen, um sich dem US-Imperialismus des Spanisch-Amerikanischen Krieges mit all ihrer Kraft entgegenzustellen. Kein Widerstand gegen diesen Krieg war kompromissloser als der des Laissez-faire-Ökonomen und Soziologen William Graham Sumner oder derjenige Atkinsons, der, als Kopf der „Anti-Imperialist League", Antikriegs-Pamphlete an amerikanische Truppen schickte, die damals für die Eroberung der Philippinen kämpften. Atkinsons Pamphlete ließen unsere Truppen meutern, weshalb sie von den US-Postbehörden konfisziert wurden.

Indem sie diese Position einnahmen, waren Sumner und seine Kollegen nicht einfach nur „Haudegen"; sie zollten einer antibellizistischen, anti-imperialistischen Tradition, so alt wie der klassische Liberalismus selbst. Das war die Tradition von Price, Priestley sowie der britischen Radikalen aus dem späten 18. Jahrhundert, für die sie von der britischen Kriegsmaschine mehrfach inhaftiert wurden; von Richard Cobden, John Bright und der Laissez-faire-Schule aus Manchester in der Mitte des 19. Jahrhunderts. Vor allem Cobden hatte jeden Krieg und jedes imperiale Manöver des britischen Regimes furchtlos bloßgestellt. Wir sind heute so sehr daran gewöhnt, Opposition zum Imperialismus als Marxismus zu denken, dass uns diese Art von Bewegung beinahe unvorstellbar erscheint.[21]

Mit dem Ausbruch des Ersten Weltkrieges und nach dem Tod der älteren Laissez-faire-Generation fiel die Führerschaft des Widerstandes gegen Amerikas imperiale Kriege in die Hände der sozialistischen Partei. Allerdings schlossen sich andere, mehr individualistisch gesinnte Männer der Opposition an, derer viele später den Kern der isolationistischen Alten Rechten in den späten 1930ern bilden sollten. Deshalb gehörten auch der Individualist und Senator Robert LaFollette aus Wisconsin oder Laissez-faire-Liberale wie die Senatoren William E. Borah

(Republikaner) aus Idaho und James A. Reed (Demokraten) aus Missouri zu den konsequent antibellizistischen Führern. Außerdem Charles A. Lindbergh, Sr., Vater des „Einsamen Adlers“, Kongressabgeordneter aus Minnesota.

Fast alle amerikanischen Intellektuellen verschrieben sich dem Kriegsfieber des Ersten Weltkrieges. Eine führende Ausnahme war der beeindruckende Laissez-faire-Individualist Oswald Garrison Villard, Herausgeber der „Nation“, Enkel von William Lloyd Garrison und ehemaliges Mitglied der „Anti-Imperialist League“. Zwei weitere prominente Ausnahmen waren Freunde und Partner Villards, die später die Speerspitze des libertären Denkens in Amerika bildeten: Francis Neilson und vor allem Albert Jay Nock. Neilson war der letzte der englischen Laissez-faire-Liberalen, der in die USA emigrierte; Nock diente unter Villard während des Krieges, und es war sein Editorial in der „Nation“, das aufgrund seiner Verurteilung der Pro-Regierungs-Aktivitäten eines Samuel Gompers für die Beschlagnahmung dieser Ausgabe durch das US-Post Office sorgte. Und es war Neilson, der das erste revisionistische Buch über die Ursprünge des Ersten Weltkrieges schrieb: „How Diplomats Make War“ [„Wie Diplomaten Kriege beginnen“, Anm. d. Ü.], erschienen 1915. Das erste revisionistische Buch eines Amerikaners war tatsächlich Nocks „Myth of a Guilty Nation“ (1922) [„Der Mythos einer schuldigen Nation“, Anm. d. Ü.], das als Serie in „LaFollette‘s Magazine“ erschien.

Der Weltkrieg war ein fürchterliches Trauma für sämtliche Individuen und Gruppen, die diesen Konflikt ablehnten. Die totale Mobilisierung, die rigide Unterdrückung von Widerständlern, das Schlachten und der globale US-Interventionismus von beispielloser Dimension – all das polarisierte eine Menge unterschiedlicher Leute. Der Schock und die schier überwältigende Tatsache des Krieges zog zwangsläufig die verschiedenen Antikriegs-Gruppen zu einer losen, informellen und oppositionellen, vereinigten Front zusammen – einer Front von einer neuen Art fundamentalen Widerstands gegen das amerikanische System und einen Großteil der amerikanischen Gesellschaft. Die zügige

Transformation des brillanten, jungen Intellektuellen Randolph Bourne vom optimistischen Pragmatisten in einen radikalpessimistischen Anarchisten war, wenn auch in herausstechend intensiver Form, typisch für diese neu entstandene Opposition. Unter dem Ruf „Krieg ist das Heil des Staates“ erklärte Bourne:

> „Land ist ein Konzept des Friedens, der Balance, von leben und leben lassen. Aber Staat ist essentiell ein Machtkonzept ... und wir haben das Pech, nicht nur in einem Land geboren zu werden, sondern auch in einem Staat ... Der Staat ist das Land, als politische Einheit auftretend, er ist die Gruppe, als Treuhänder der Gewalt fungierend ... Internationale Politik ist ‚Machtpolitik‘, weil sie Beziehungen zwischen Staaten spiegelt, und das ist es, was Staaten zweifellos und unheilvollerweise sind: riesige Anhäufungen menschlicher und industrieller Kraft, die man im Krieg aufeinanderhetzen kann. Wenn ein Land als ganzes in Beziehung zu einem anderen tritt, oder wenn es seinen Bewohnern Gesetze auferlegt, oder Individuen oder Minoritäten zwingt und bestraft, tritt es als Staat auf. Die Geschichte Amerikas als Land ist eine ganz andere als diejenige Amerikas als Staat. Im ersten Fall handelt es sich um das Drama der pionierhaften Eroberung des Landes, des Wachstums von Wohlstand und der Arten und Weisen seiner Verwendung ... sowie der Verwirklichung spiritueller Ideale ... Aber als Staat besteht seine Geschichte darin, eine Rolle in der Welt zu spielen, Krieg zu führen, internationalen Handel zu behindern ... solche Bürger zu bestrafen, die als offensiv zu bezeichnen die Gesellschaft übereinkommt, und Geld einzutreiben, um all das zu bezahlen.“[22]

Auch wenn die Opposition durch den Krieg polarisiert und zusammengezwungen wurde, hörte die Polarisierung mit Ende des Krieges nicht auf. Zum einen ließen die Schockwellen des Krieges und seiner Begleiterscheinungen wie Repression und Militarismus die Opposition tiefgehend und kritisch über das amerikanische System per se nachdenken; zum anderen gefror das vom Krieg ermöglichte internationale System zum Status quo der Nachkriegsära. Denn es war offensichtlich, was der Vertrag von Versailles bedeutete: Britischer und französischer Imperialismus hatten Deutschland tranchiert und gedemütigt, um dann die „League of Nations“ als globalen Garanten für den kürzlich auferlegten Status quo zu nutzen. Versailles und der Völkerbund bedeuteten, dass Amerika den Krieg nicht vergessen konnte; die Reihen der Opposition füllten sich mit Massen desillusionierter Wilson-Jünger, denen die Wirklichkeit der von Wilson geschaffenen Welt klar vor Augen stand.

Die Opposition der Kriegs- und Nachkriegszeit schloss sich in einer Koalition mit Sozialisten und Progressiven sowie Individualisten jeder Couleur zusammen. Da sie und die Koalition klar anti-militaristisch und anti-„patriotisch“ eingestellt und in ihrem Anti-Etatismus zunehmend radikaler wurden, etikettierte man die Individualisten allgemein als „Linke“; tatsächlich erhielt die Opposition, nachdem die Sozialistische Partei sich in der Nachkriegszeit aufgespalten hatte und weitestgehend verblasste, in den 1920er Jahren einen zunehmend individualistischen Guss. Teile des Widerstands waren außerdem kulturell motiviert: eine Revolte gegen engstirnige viktorianische Sitten und Literatur. Einen Teil dieser kulturellen Revolte verkörperten die weithin bekannten Aussteiger der „Verlorenen Generation“ junger amerikanischer Schriftsteller, Autoren, die ihre intensive Desillusionierung angesichts des „Idealismus“ der Kriegszeit ausdrückten sowie die Wirklichkeit, die Militarismus und Krieg über Amerika enthüllt hatten. Eine weitere Phase dieser Revolte wurde von der neuen sozialen Freiheit der Jazz- und Flapper-Zeiten abgebildet, der Blüte des individuellen Ausdrucks unter wachsenden Zahlen junger Männer und Frauen.

3. Ursprünge der Alten Rechten II: Der Tory-Anarchismus von Mencken und Nock

Führer des Kulturkampfes in Amerika war H.L. Mencken, zweifellos der einflussreichste Intellektuelle der 20er; Mencken, ein bemerkenswerter Individualist und Libertärer, zog mit unverwechselbarer Verve und Geist in den Kampf; er stellte die trübselige Kultur und „Babbitterei" von Geschäftsleuten bloß und forderte unbegrenzte Freiheit für das Individuum. Auch für Mencken waren es das Trauma des Ersten Weltkrieges und seine in- sowie ausländischen Übel, die seine Beschäftigung mit Politik mobilisierten und intensivierten – ein Interesse, das vom Despotismus der Prohibition noch verschärft wurde, bei dem es sich gewiss um den schlimmsten Akt von Tyrannei handelte, unter dem Amerika je zu leiden hatte.

Heutzutage, da die Prohibition als Bewegung der „Rechten" aufgefasst wird, gerät in Vergessenheit, dass jede reformatorische Bewegung des 19. Jahrhunderts – jede moralistische Gruppe, die den „Aufstieg" Amerikas qua Gesetz erzwingen wollte – die Prohibition als eines ihrer gefeiertsten Programme einschloss. Für Mencken war der Kampf gegen die Prohibition lediglich einer gegen die augenfälligste unter den tyrannischen und etatistischen „Reformen", die gegen die amerikanische Öffentlichkeit geplant wurden.

So öffnete Menckens äußerst einflussreiches, monatlich erscheinendes Magazin „The American Mercury", gegründet 1924, seine Seiten für Autoren aus allen Teilen der Opposition – vor allem für Attacken auf amerikanische Kultur und Sitten, für Angriffe auf Zensur und für die Verteidigung bürgerlicher

Freiheiten sowie für revisionistische Betrachtungen des Krieges. Deshalb schrieben auch zwei der prominentesten Revisionisten des Ersten Weltkrieges für „Mercury“: Harry Elmer Barnes sowie Barnes’ Schüler C. Hartley Grattan, dessen ergötzliche, im Magazin erschienene Serie „Wenn Historiker losschlagen“ die Kriegspropaganda von Amerikas führenden Geschichtswissenschaftlern säuberlich in Säure auflöste. Menckens kulturelle Verachtung der amerikanischen „Booboisie“ wurde in seiner berühmten „Americana“-Kolumne am deutlichsten, in der einfach Nachrichten über die Idiotie amerikanischen Lebens ohne redaktionellen Kommentar abgedruckt wurden.

Der ernorme Umfang von Menckens Interessen – in Verbindung mit seinem funkelnden Geist und Stil (Joseph Wood Krutch bezeichnete Mencken als den „größten Prosastilisten des 20. Jahrhunderts“) – ließ die bemerkenswerte Konsistenz seines Denkens für die jungen Anhänger und Bewunderer seiner Generation obskur erscheinen. Als Mencken Jahrzehnte nach seiner einstmaligen Berühmtheit die besten seiner alten Schriften unter dem Titel „A Mencken Chrestomathy“ (1948) bündelte, wurde das Buch vom angesehenen Literaturkritiker Samuel Putnam im Magazin „New Leader“ rezensiert. Putnam reagierte sichtlich überrascht; sich an den jungen Mencken als schlagfertigen Zyniker erinnernd, stellte Putnam zu seiner bewundernden Verwunderung fest, dass H.L.M. immer ein „Tory-Anarchist“ gewesen war – ein passendes Plädoyer für den intellektuellen Spitzenreiter der 1920er.

Aber H.L. Mencken war nicht der einzige Herausgeber, der den neuen Aufschwung individualistischer Opposition während der 20er Jahre anführte. Aus einer ähnlichen, wenn auch moderateren Position diente die „Nation“ seines Freundes Oswald Garrison Villard als herausragende Stimme für Frieden, Weltkriegsrevisionismus und Widerstand gegen den in Versailles auferlegten imperialistischen Status quo. Villard räumte am Ende des Krieges ein, dieser habe ihn weit nach links gerückt, nicht im Sinne einer Befürwortung des Sozialismus, aber einer gründlichen Ablehnung „der gegenwärtigen politischen Ordnung“.

Von Konservativen als Pazifist verurteilt, pro-deutsch und „Bolschewist“, sah Villard sich zu einer politischen und journalistischen Allianz mit Sozialisten und Progressiven gezwungen, die seine Feindschaft gegenüber der bestehenden amerikanischen und globalen Ordnung teilten.[23]

Aus noch radikalerer und individualistischerer Perspektive gab Menckens Freund und gleichgesinnter „Tory-anarchistischer“ Gefolgsmann Albert Jay Nock den von ihm zusammen mit Francis Neilson mitgegründeten „Freeman“ von 1920 bis 1924 heraus. Auch der „Freeman“ hatte ein offenes Ohr für alle links gesinnten Oppositionellen des politischen Systems. Mit Nock als laissez-faire-individualistischem Hauptherausgeber bildete der „Freeman“ ein Zentrum radikalen Denkens und Ausdrucks unter oppositionellen Intellektuellen. Den Willkommensgruß der „Nation“ an den „Freeman“ als kameradschaftlich liberales wöchentliches Periodikum zurückweisend, stellte Nock klar, er sei Radikaler, kein Liberaler. „Wir sollten nicht vergessen“, schrieb Nock verbittert, „dass dies ein Krieg der Liberalen war, ein Frieden der Liberalen, und dass der gegenwärtige Stand der Dinge die Vollendung eines ziemlich langen, ziemlich ausgedehnten und extrem kostspieligen Experiments mit dem Liberalismus als politischer Kraft darstellt“.[24] Für Nock bedeutete Radikalismus, den Staat als antisoziale Institution anzusehen, weniger als typisch liberales Instrument sozialer Reformen. Und wie Mencken öffnete Nock sein Magazin für alle radikalen, gegen das Establishment gerichteten Meinungen, inklusive derjenigen Van Wyck Brooks‘, Bertrand Russells, Louis Untermeyers, Lewis Mumfords, John Dos Passos‘, William C. Bullitts und Charles A. Beards.

Speziell begrüßte Nock, obwohl Individualist und Libertärer, die sowjetische Revolution als erfolgreichen Umsturz eines gefrorenen und reaktionären Staatsapparates. Über alledem lehnte Nock, in Verbindung mit seinem Widerstand gegen die Abmachungen nach dem Krieg, die amerikanischen und alliierten Interventionen in den [russischen] Bürgerkrieg ab. Nock und Neilson war klar, dass das amerikanische Eingreifen fortwährender und dauerhafter Aufnötigung amerikanischer Macht in weltweitem Maßstab die Bühne bereiten würde. Nach Einstellung des „Freeman“ im Jahre 1924 blieb Nock in den führenden Magazinen als ausgezeichneter Essayist präsent, inklusive seines berühmten „Anarchist‘s Progress“.[25]

Die meisten aus dieser losen Koalition individualistischer Radikaler waren vom politischen Prozess völlig desillusioniert, aber soweit sie zwischen bestehenden Parteien unterschieden, war die Republikanische Partei ihr Hauptfeind. Ewige Hamiltonsche Befürworter von „Big Government“ und seiner innigen Partnerschaft mit „Big Business“ über Zölle, Subventionen und Verträge, außerdem Langzeit-Schwinger des imperialistischen Schlagstocks, krönten die Republikaner ihre antilibertären Sünden dadurch, diejenige Partei zu sein, die sich der Tyrannei der Prohibition am hingebungsvollsten widmete – ein Übel, das vor allem H.L.Mencken zur Weißglut brachte. Ein Großteil der Opposition (zum Beispiel Mencken, Villard) unterstützte die kurzlebige progressive Bewegung von LaFollette im Jahre 1924; der progressive Senator William E. Borah (R-Idaho) war ein Held des Widerstandes gegen den Krieg und den Völkerbund, der sich außerdem für die Anerkennung Sowjetrusslands stark machte. Einer politischen Heimat am nächsten kam jedoch der konservative Bourbon-, Anti-Wilson- oder „Cleveland“-Flügel der Demokratischen Partei, ein Flügel, der zumindest etwas „weicher“ zu sein schien, außerdem gegen Krieg und Auslands-Interventionismus war und Freihandel sowie grundsätzlich den Minimalstaat favorisierte. Mencken, der Politischste der Gruppe, fühlte sich in politischer Hinsicht Gouverneur Albert Ritchie am nächsten, dem staatsrechtlichen Demokraten aus Maryland, sowie Senator James Reed, einem Demokraten aus Missouri, der ein entschiedener „Isolationist“ und Gegner von Einmischungen in die Affären anderer Länder war, außerdem pro-laissez-faire daheim.

Es war dieser konservative Flügel der Demokratischen Partei, angeführt von Charles Michelson, Jouett Shouse und John J. Rakosh, der in den späten 1920ern zum entschlossenen Angriff auf Herbert Hoover wegen dessen Festhaltens an der Prohibition und „Big Government" im Allgemeinen blies. Es war dieser Flügel, der später für den Aufstieg der vielgescholtenen „Liberty League" sorgte.

Für Mencken und Nock verkörperte Herbert Hoover – der bellizistische Wilsonist und Interventionist, der „Nahrungsmittelzar" des Krieges, der Trompeter für „Big Government", für hohe Zölle und Handelskartelle, der fromme Moralist und Verfechter der Prohibition – so ziemlich alles, was sie am politischen Leben Amerikas verabscheuten. Sie waren dezidiert individualistische Opponenten von Hoovers konservativem Etatismus.

Da beide – jeder in seinem ganz eigenen Stil – Führer des libertären Denkens im Amerika der 1920er Jahre waren, verdienen Mencken und Nock eine nähere Betrachtung.

Die Essenz von Menckens bemerkenswert stimmigem „Tory-Anarchismus" zeigte sich in seiner Erörterung über Regierungen, die er später für seine „Chrestomathie" auswählen sollte:

> „Jede Regierung ist im wesentlichen eine Verschwörung gegen den herausragenden Menschen: Ihr dauerhaftes Ziel ist es, ihn zu unterdrücken und zu verkrüppeln. Ist ihre Organisationsform aristokratisch, wird sie den, der nur laut Gesetz überlegen ist, gegen den tatsächlich Überlegenen schützen; ist sie demokratisch, wird sie den in jeder Hinsicht Unterlegenen gegen beide schützen. Eine ihrer wichtigsten Funktionen besteht darin, Menschen durch Gewalt zu regieren, sie so weit wie möglich gleich zu machen ... Originalität unter ihnen ausfindig zu machen und zu bekämpfen. In einer eigenständigen Idee erblickt sie nicht mehr als potentielle Veränderung und somit eine Bedrohung ihrer Vorrechte. Der gefährlichste Mensch für jede Regierung ist derjenige, der selber denkt, ohne Rücksicht auf vorherrschenden Aberglauben und existierende Tabus. Fast zwangsläufig wird er zum Schluss kommen, dass die Regierung,

unter deren Herrschaft er lebt, geisteskrank und unerträglich ist, sodass er, sollte er romantisch veranlagt sein, versuchen wird, sie auszuwechseln. Und selbst wenn er persönlich kein Romantiker ist [was man von Mencken gewiss nicht sagen kann], ist er sehr geeignet, Unzufriedenheiten unter denen zu streuen, die es sind ...

Die ideale Regierung aller nachdenkenden Menschen, angefangen von Aristoteles, ist die, die das Individuum in Ruhe lässt – also eine, die haarscharf an ihrer Nichtexistenz vorbeischrammt. Ich glaube, dass dieses Ideal 20 oder 30 Jahre nach Wahrnehmung meiner öffentlichen Pflichten in der Hölle weltweit verwirklicht werden wird."[26]

Noch einmal Mencken über die dem Staat innewohnende Ausbeutung:

„Der durchschnittliche Mensch, welche Fehler er sonst auch immer haben mag, sieht letztlich klar, dass eine Regierung etwas ist, das außerhalb seiner selbst liegt, außerhalb der Gesamtheit seiner Mitmenschen – dass es sich um eine separate, unabhängige und oft feindselige Macht handelt, die sich nur teilweise unter seiner Kontrolle befindet und ihm großen Schaden zufügen kann ... ist es keine Tatsache von besonderer Bedeutung, dass Raub an der Regierung überall als geringeres Verbrechen angesehen wird als Raub am Individuum, oder an einem Unternehmen? ...

Ich glaube, hinter alledem liegt ein tiefer Sinn für den fundamentalen Gegensatz zwischen der Regierung und den von ihr Regierten. Sie wird nicht verstanden als ein Komitee ausgewählter Bürger zur Wahrnehmung der kommunalen Angelegenheiten der Gesamtbevölkerung, sondern als eigenständige und autonome Körperschaft, die sich hauptsächlich der Ausbeutung der Bevölkerung zum Wohle ihrer eigenen Mitglieder widmet. Sie zu berauben, stellt somit einen Akt fast bar jeder Schande dar ... wenn ein Privatbürger ausgeraubt wird, werden einem würdigen Menschen die Früchte seines Handwerks und seiner Sparsamkeit entzogen; wenn die Regierung beraubt wird, haben gewisse Spitzbuben und Gammler schlimmstenfalls weniger Geld zum Spielen als vorher. Die Vorstellung, sie hätten dieses Geld verdient, wird nie bemüht; sie erschiene den meisten Menschen bei Trost wohl auch haarsträubend. Es handelt sich ganz einfach um Lausbuben, die aufgrund des Unfalls namens Gesetz ein irgendwie dubioses Recht haben sollen, an den Einkünften ihrer Mitmenschen beteiligt zu werden. Wird dieser Anteil durch privates Unternehmertum gemindert, ist das Geschäft als Ganzes weitaus lobenswerter als umgekehrt.

Zahlt der intelligente Mensch Steuern, glaubt er gewiss nicht, er investiere sein Geld vernünftig und produktiv; im Gegenteil, er wird sich eher so fühlen, als zahle er eine Geldstrafe exzessiven Umfangs für Dienste, die ihm im wesentlichen abträglich sind ... er sieht sogar im essentiellsten dieser Dienste eine Agentur, es den Ausbeutern, die diese Regierung stellen, das Ausrauben seiner Person zu erleichtern. In die Ausbeuter selbst setzt er nicht das geringste Vertrauen. Er betrachtet sie als raubtierhaft und nutzlos ... sie formen eine Macht, die ständig über ihm steht, stets wachsam auf neue Chancen wartend, ihn auszuquetschen. Könnten sie das risikolos tun, würden sie ihm noch die Haut abziehen. Wenn sie ihm überhaupt irgendetwas lassen, dann nur aus Vorsicht, so wie ein Bauer dem Huhn ein paar seiner Eier lässt.

Diese Bande ist beinahe immun gegen Strafe ... seit den ersten Tagen der Republik wurde weniger als ein Dutzend Regierungsmitglieder angeklagt, und nur ein paar wenige obskure, niedere Knallchargen wurden ins Gefängnis geworfen. Die Zahl der Menschen, die in Atlanta und Leavenworth dafür einsitzen, gegen die Erpressungen der Regierung revoltiert zu haben, ist zehnmal so hoch wie die Zahl an Regierungsbeamten, die wegen Unterdrückung der Steuerzahler zum eigenen Vorteil verurteilt wurden. Die Regierung von heute ist zu stark geworden, als dass man sie noch als sicher bezeichnen könnte. Es gibt keine Bürger mehr in der Welt; nur noch Subjekte. Sie arbeiten tagtäglich für ihre Herrscher; sie stehen auf Abruf bereit, für ihre Meister zu sterben ... irgendeines strahlenden Tages, eine oder zwei geologische Epochen in der Zukunft, werden sie ans Ende ihrer Geduld kommen."[27]

In Briefen an seine Freunde betonte Mencken wiederholt individuelle Freiheit. Einmal schrieb er, er glaube an absolute menschliche Freiheit „bis zur Grenze des Unerträglichen und sogar darüber hinaus". Gegenüber seinem alten Freund Hamilton Owens erklärt er:

„Ich glaube nur an eine Sache, und das ist die menschliche Freiheit. Will ein Mensch jemals etwas wie Würde erlangen, wird dies nur gelingen, wenn überlegenen Menschen absolute Freiheit gewährt wird, zu denken, was sie denken wollen, und zu sagen, was sie sagen wollen ... ein überlegener Mensch kann sich der Freiheit nur dann sicher sein, wenn sie allen Menschen gewährt wird."[28]

Und in einem privaten „Addendum on Aims" [„Nachtrag zu den Zielen", Anm. d. Ü.] schrieb Mencken:

„Ich bin ein extremer Libertärer, und ich glaube an die absolute Freiheit der Rede ... ich bin dagegen, Menschen für ihre Meinungen einzusperren, oder in dieser Hinsicht wegen sonst irgendetwas."[29]

Ein Teil von Menckens Antipathie gegenüber Reformen leitete sich aus seiner oft wiederholten Überzeugung ab, dass „jede Regierung böse ist und der Versuch, sie zu verbessern, weitestgehend Zeitverschwendung darstellt". Mencken betonte dieses Motiv im noblen und bewegenden Schlusswort seines Credos, das er für eine Serie mit dem Titel „What I believe" („Was ich glaube") in einem führenden Magazin verfasst hatte:

„Ich glaube, dass jede Regierung böse ist dahingehend, der Freiheit notwendigerweise den Krieg erklären zu müssen, und dass die demokratische Form ebenso schlecht ist wie alle anderen ...

Ich glaube an die völlige Freiheit der Gedanken und der Rede sowohl für den einfachsten als auch für den mächtigsten Menschen, an die größtmögliche Freiheit des Handelns, die sich mit dem Leben in einer organisierten Gesellschaft vereinbaren lässt.

Ich glaube an die Fähigkeit des Menschen, seine Welt zu erobern, herauszufinden, woraus sie besteht und wie sie gelenkt wird.

Ich glaube an die Wirklichkeit des Fortschritts. Ich ...

Aber die ganze Sache lässt sich vermutlich viel einfacher ausdrücken. Ich glaube, dass es besser ist, die Wahrheit zu sagen, als zu lügen. Ich glaube, es ist besser, frei zu sein, als ein Sklave. Und ich glaube, dass es besser ist, zu wissen, als ignorant zu sein."[30]

Soweit er an wirtschaftlichen Themen interessiert war, glaubte Mencken – als konsequente Begleiterscheinung seiner libertären Ansichten – unerschütterlich an den Kapitalismus. Er preiste Sir Ernest Benns Lobgesang auf die freie Marktwirtschaft und erklärte, dass wir dem Kapitalismus „fast alles verdanken, das man heute im allgemeinen als Zivilisation bezeichnen kann". Er stimmte Benn zu, dass „nichts, was die Regierung tut, jemals so billig und effizient getan wird, wie es unter den Bedingungen privaten Unternehmertums geleistet würde".[31]

Seinen individualistischen und libertären Überzeugungen folgend, verstand Mencken Kapitalismus allerdings als freien Markt, nicht als monopolistischen Etatismus, den er im Amerika der 1920er Jahre vorherrschen sah. Deshalb war er – ebenso wie jeder Sozialist – bereit, mit dem Finger auf die Verantwortung von „Big Business" für das Anwachsen des Etatismus zu zeigen. So schrieb Mencken in seiner Analyse des Präsidentschaftswahlkampfs von 1924:

„Das Großkapital scheint Coolidge zu favorisieren ... das allein sollte genügen, um Vernünftige dazu zu bringen, ihn skeptisch zu beäugen. Denn das Big Business ist in Amerika tagtäglich profithungrig ... Big Business sprach sich für die Prohibition aus, weil es glaubte, ein nüchterner Arbeiter gäbe einen besseren Sklaven ab als einer, der ein paar Drinks intus hat. Es sprach sich für all die ekelhaften Räubereien und Erpressungen während des Krieges aus und profitierte davon. Es bevorzugte all die groben Einschränkungen der Redefreiheit, die damals im Namen des Patriotismus auferlegt wurden, und tut dies immer noch.“[32]

Was John W. Davis betrifft, den Kandidaten der Demokraten, notierte Mencken, dass er als guter Anwalt galt – für Mencken keine vorteilhafte Empfehlung, denn Anwälte

„sind verantwortlich für neun Zehntel der nutzlosen und bösartigen Gesetze, die heute die Gesetzesbücher füllen, sowie für alle Bösartigkeiten, die mit dem vergeblichen Versuch ihrer Durchsetzung einhergehen. Jeder Bundesrichter ist Anwalt. So auch die meisten Kongressabgeordneten. Hinter jedem Eingriff in die einfachen Rechte des Bürgers steht ein Anwalt. Würden alle Anwälte morgen gehängt, wären wir alle freier und sicherer, und unsere Steuerlast würde fast um die Hälfte reduziert.“

Des weiteren

„ist Dr. Davis ein Anwalt, der sein Leben dem Schutz der großen Unternehmungen des Big Business verschrieb. Er arbeitete für J. Pierpont Morgan, und er hat selbst gesagt, er sei stolz darauf. Herr Morgan ist ein internationaler Bankier, der Nationen ausquetscht, die in Geldnöten und Schwierigkeiten stecken. Seine Operationen werden abgesichert durch die menschliche Arbeitskraft der Vereinigten Staaten. Er war einer der Hauptgewinnler des ausgehenden Krieges, aus dem er Millionen schlug. Die Regierungshospitäler sind voll

> von einbeinigen Soldaten, die seine Investments damals tapfer schützten, und die öffentlichen Schulen sind voller Knaben, die seine Finanzinteressen auch morgen schützen werden.“[33]

Die folgende, kurze Analyse der Vereinbarungen der Nachkriegszeit kombiniert Menckens Einschätzung des maßgeblichen Einflusses des Großkapitals mit der Bitterkeit aller Individualisten am Ende des Krieges und in seinem Gefolge:

> „Als er im Senat saß, war Dr. Harding auch als „Senator Standard Oil“ bekannt – und Standard Oil sprach sich, wie jeder weiß, im wesentlichen deshalb entschieden gegen den Völkerbund aus, weil England den Bund anführen und damit in eine Position gelangen würde, Amerikaner aus den neuentdeckten Ölfeldern des Nahen Ostens herauszuhalten. Die Morgans und ihre pfandleiherischen Verbündeten waren natürlich stark für einen Eintritt, da ein Einzug Onkel Sams unter das englische Dach materiellen Schutz für ihre englischen sowie anderen ausländischen Investments bedeutet hätte. Somit wurde die Sache bereinigt, und am Dienstag nach dem ersten Montag des Jahres 1920 bezogen die Morgans nach sechs Jahren superben Geschäfts unter dem anglomanischen Woodrow böse Prügel.“[34]

Im Ergebnis aber, so Mencken weiter, entschieden sich die Morgans, das Kriegsbeil mit dem Feind zu begraben, und auf der Konferenz in Lausanne von 1922/23 „stimmten die Engländer zu, Standard Oil Zugang zu den Ölfeldern der Levante zu gewähren“, und J.P. Morgan besuchte Harding im Weißen Haus, woraufhin „Dr. Harding eine Stimme aus einem brennenden Busch zu hören begann, die ihn dahingehend beriet, die Vorurteile der Wähler außer acht zu lassen, die ihn gewählt hatten, und die Vereinigten Staaten in einen Internationalen Gerichtshof zu drängen“.[35]

Obwohl lange nicht so bekannt wie Mencken, lieferte Albert Nock mehr als jeder andere dem Libertarismus des 20. Jahrhunderts eine positive, systematische Theorie. In einer Reihe von

Essays von 1923 im „Freeman" namens „Der Staat" baute Nock auf Herbert Spencer sowie dem großen deutschen Soziologen und Anhänger Henry Georges, Franz Oppenheimer, auf, dessen brillanter kleiner Klassiker „Der Staat"[36] gerade neu aufgelegt worden war. Oppenheimer hatte aufgezeigt, dass Menschen bestrebt sind, Wohlstand auf einfachstmöglichem Wege zu bilden, und dass es zwei sich gegenseitig ausschließende Arten der Akkumulation gebe. Einer war der friedliche Weg, etwas herzustellen, um dieses Produkt freiwillig gegen dasjenige eines anderen zu tauschen; diesen Produktionsweg bezeichnete Oppenheimer als „ökonomisches Mittel". Die andere Straße zu Wohlstand führe über Zwangsenteignung: die Beschlagnahmung jemandes Produkts durch den Gebrauch von Gewalt. Oppenheimer sprach hier vom „politischen Mittel". Ausgehend von seiner historischen Studie über die Genese von Staaten definierte Oppenheimer diese als „Organisationen der politischen Mittel". Daraus folgerte Nock, der Staat sei an sich böse und ein sicherer Weg, über den verschiedene Gruppen sich staatlicher Macht bedienen könnten, um eine ausbeutende, oder herrschende Klasse zu bilden – auf Kosten der übrigen Beherrschten oder der Bevölkerung aus Untertanen. Nock definierte den Staat deshalb als diejenige Institution, die über ein bestimmtes Gebiet „ein Monopol des Verbrechens beansprucht und ausübt"; „er verbietet privaten Mord, organisiert aber selber Mord in kolossalem Maßstab. Er bestraft privaten Diebstahl, legt aber selber an alles, was er haben will, skrupellos Hand an."[37]

In seinem Magnum Opus, „Unser Feind, der Staat", arbeitete Nock seine Theorie weiter aus und übertrug sie auf die Geschichte Amerikas, vor allem die Entstehung der US-Verfassung. Im Unterschied zu den traditionellen konservativen Verfassungsjüngern wandte Nock Charles A. Beards These auf die Geschichte der Vereinigten Staaten an, indem er sie als Abfolge von Kastenherrschaft durch verschiedene Gruppen privilegierter Geschäftsleute betrachtete, und die Verfassung als starke Nationalregierung, die eingesetzt wurde, um solche Privilegien zu erschaffen und auszudehnen. Die Verfassung, schrieb Nock,

> „ermöglichte eine stets zunehmende Zentralisierung von Kontrolle über die politischen Mittel. Zum Beispiel ... erkannte so mancher der zahlreichen Industriellen den großen Vorteil, der sich daraus ergab, in der Lage zu sein, seine Gelegenheiten zur Ausbeutung einer von einem allgemeinen Schutzzoll landesweit eingemauerten Freihandelszone zu nutzen. ... Jeder Spekulant, der mit im Wert gefallenen öffentlichen Aktien handelt, würde sich entschieden für ein System aussprechen, das ihm die Anwendung der politischen Mittel zum Einstreichen des Nennwertes ermöglicht. Jeder Schiffseigentümer oder Auslandshändler würde schnell erkennen, dass sein Brot von einem Nationalstaat gebuttert wird, der ihm, sofern geschickt umschmeichelt, den Einsatz der politischen Mittel mittels Subventionen gestattet, oder der bereit wäre, irgendeine profitable, aber dubiose freibeuterische Unternehmung mittels ‚diplomatischer Vertretungen' oder Vergeltungsmaßnahmen zu stützen."

Nock zog die Schlussfolgerung, dass diese ökonomischen Interessen, im Gegensatz zur Masse der Farmer des Landes, „einen Coup d'Etat planten und ausführten, indem sie die Artikel der Konföderation einfach in den Papierkorb warfen".[38]

Obwohl die Nock-Oppenheimersche Klassenanalyse oberflächlich derjenigen von Marx ähnelt und eine Nocksche, ähnlich der Leninschen, jede staatliche Handlung in Begriffen von „Wer? Wessen?" betrachten würde (Wer profitiert auf wessen Kosten?), ist es wichtig, die entscheidenden Differenzen im Blick zu behalten. Denn obwohl Nock und Marx hinsichtlich der Definition der Privilegien über die Beherrschten für die Zeiträume der orientalisch-despotischen und feudalistischen Perioden übereinstimmen würden, gäbe es in ihren Analysen der Unternehmer auf dem freien Markt gewiss Unterschiede. Denn für Nock können antagonistische Klassen – Herrscher und Beherrschte – nur geschaffen werden durch Zugang zu Staatsprivilegien; es ist der Gebrauch des Staatsinstruments, der diese entgegengesetzten Klassen gebiert. Marx würde mit Blick auf präkapitalistische Zeiten zwar zustimmen, schlussfolgerte allerdings, Unternehmer und Arbeiter stünden sich auch in einem freien Markt antagonistisch gegenüber, in dem erstere letztere ausbeuten. Für Nockianer befinden sich Unternehmer und Arbeiter in einem freien Markt und einer freien Gesellschaft – so wie alle anderen auch – in einer harmonischen Beziehung; nur durch staatliche Intervention entstünden antagonistische Klassen.[39]

Für Nock bestehen die beiden grundlegenden Klassen zu jeder Zeit aus denen, die den Staat lenken, und denen, die von ihm gelenkt werden: oder, wie sich der populistische Wortführer Sockless Jerry Simpson einst ausdrückte, „den Räubern und Beraubten". Deshalb prägte Nock die Konzepte „staatliche Macht" und „soziale Macht". „Soziale Macht" war diejenige, die von freien Menschen in freiwilligen wirtschaftlichen und gesellschaftlichen Beziehungen über die Natur ausgeübt wird; soziale Macht stellte den Fortschritt der Zivilisation, ihren Lernprozess, ihre Technologie, ihre Struktur der Kapitalanlage. „Staatliche Macht" war die erzwungene und parasitäre Enteignung sozialer Macht zugunsten der Herrscher: die Nutzung der „politischen Mittel" als Weg zu Wohlstand. Die menschliche Geschichte könnte dann als ewiges Rennen zwischen sozialer und staatlicher Macht gesehen werden, wobei die Gesellschaft neuen Wohlstand erschafft und entwickelt, der später vom Staat beschlagnahmt, kontrolliert und ausgebeutet wird.

Nock war mit der Rolle des Großkapitals im Marsch des 20. Jahrhunderts Richtung Etatismus ebenso unglücklich wie Menken. Wir haben diese gallebittere Beardsche Betrachtungsweise bereits hinsichtlich der Übernahme der Verfassung gesehen. Als der New Deal auf den Plan trat, konnte Nock nur verächtlich schnauben angesichts des unechten Gejammers über den Kollektivismus, wie es in verschiedenen Geschäftskreisen zu hören war:

> „Es gehört zu den wenigen amüsanten Dingen in unserer eher trübseligen Welt, dass diejenigen, die heute wegen des Kollektivismus und der roten Bedrohung ein

fürchterliches Gezeter veranstalten, genau dieselben sind, die den Staat umschmeichelten, bestachen, ihm den Bauch pinselten und ihn behexten, jeden einzelnen aus der Reihe der Schritte zu unternehmen, die direkt in den Kollektivismus führt ... wer schüchterte den Staat ein, ins Reedereigeschäft einzusteigen, wer plusterte sich auf, einen entsprechenden Ausschuss einzurichten? Wer drangsalierte ihn, die Interstate Commerce Commission und das Federal Farm Board ins Leben zu rufen? Wer brachte den Staat dazu, ins Transportgeschäft der inländischen Wasserwege zu gehen? Wer empfiehlt dem Staat ständig, dies und jenes zu „regulieren" sowie die anderen Routineprozesse finanzieller, industrieller und geschäftlicher Unternehmungen? Wer zog sich den Mantel aus, krempelte die Ärmel hoch und schwitzte stündlich Blut, um dem Staat beim Aufsetzen der Vorschriften des spät lamentierten National Recovery Acts zu helfen? Niemand geringerer als derselbe Peter Schlemihl, der nun wegen des heraufdämmernden Gespenstes des Kollektivismus den Verstand verliert."[40]

Oder, wie Nock zusammenfasste:

> „Die simple Wahrheit ist, dass unsere Unternehmer keine Regierung wollen, die das Unternehmertum in Ruhe lässt. Sie wollen eine Regierung, die sie nutzen können. Bietet man ihnen eine an, die auf Spencers Modell basiert, würden sie lieber das Land in die Luft gejagt sehen, als sie zu akzeptieren."[41]

4. Der New Deal und der Auftritt der Alten Rechten

Während der 1920er wurden die aufkommenden Individualisten und Libertären – die Menckens, die Nocks, die Villards und ihre Anhänger – im allgemeinen also als Männer der Linken angesehen; wie die Linke opponierten sie verbittert dem Aufstieg des „Big Government“ im Amerika des 20. Jahrhunderts, einer mit dem Großkapital in einem Netzwerk spezieller Privilegien verbrüderten Regierung, einer Regierung, die den Bürgern die persönlichen Trinkgewohnheiten diktiert und bürgerliche Freiheiten unterdrückt, einer Regierung, die sich als Juniorpartner dem britischen Imperialismus verschrieb, um Nationen rund um den Globus herumzuschubsen. Die Individualisten standen diesem Anwachsen des Staatsmonopols feindselig gegenüber, dem Imperialismus, Militarismus und den Kriegen im Ausland, dem vom Westen auferlegten Vertrag von Versailles und dem Völkerbund, und in diesem Widerstand waren sie weitestgehend alliiert mit Sozialisten und Progressiven.

Das alles änderte sich, und zwar drastisch, mit der Ankunft des New Deal. Denn die Individualisten sahen den New Deal sehr klar als bloß logische Fortsetzung des Hooverismus sowie des Ersten Weltkriegs: Eine faschistische Regierung wurde Wirtschaft und Gesellschaft aufgepropft – von einer Größenordnung, die noch viel schlimmer war, als Theodore Roosevelt (oder „Roosevelt I“, wie Mencken ihn nannte), Wilson oder Hoover jemals zu erreichen imstande waren. Der New Deal und sein aufkeimender korporatistischer Staat, geführt vom Großkapital und großen Gewerkschaften als Juniorpartner, verbündet mit korporatistischen liberalen Intellektuellen unter Verwen dung von Wohlfahrts-Rhetorik, wurden von diesen Libertären als Einzug des Faschismus in Amerika angesehen. So war ihre Verwunderung und Bitterkeit groß, als sie entdeckten, dass ihre früheren – und angeblich sachkundigen – Verbündeten, die Sozialisten und Progressiven, statt sich ihnen in dieser Einsicht anzuschließen, dem New Deal nicht nur um den Hals fielen, sondern ihn förmlich vergötterten und die Avantgarde seiner intellektuellen Apologeten formten. Diese Umarmung durch die Linke wurde schnell einhellig, als die Kommunistische Partei und ihre Bundesgenossen mit Ankunft der „Popular Front" im Jahre 1935 in die Parade mit einschwenkten. Und die jüngere Generation von Intellektuellen, derer viele Anhänger Menkkens oder Villards waren, legten ihren Individualismus ab, um der „Arbeiterklasse" beizutreten und eine Rolle als Vordenker und Planer des scheinbar neuen Utopia einzunehmen, das sich in Amerika abzeichnete. Der Geist technokratischer Kommandantur über den amerikanischen Bürger fand seinen wohl besten Ausdruck im berühmten Gedicht Rex Tugwells, dessen Worte sich mit Horror in alle „rechtsgerichteten" Herzen des Landes eingravieren sollten:

> „Ich sammelte meine Werkzeuge und Karten, meine Pläne sind fertig und praktisch. Ich sollte meine Ärmel hochkrempeln – mach Amerika neu."

Nur die wenigen Laissez-faire-Liberalen sahen die direkte Abstammung zwischen Hoovers kartellwesenhaftem Programm und der faschistischen Kartellbildung, die durch NRA und AAA des New Deal aufgedrückt wurden, und nur wenigen war klar, dass der Ursprung dieser Programme spezifisch in kollektivistischen Plänen des Großkapitals wie zum Beispiel dem berühmten Swope-Plan lag – entworfen von Gerard Swope, Kopf von General Electric gegen Ende 1931 –, der im darauffolgenden Jahr von den meisten großunternehmerischen Gruppierungen übernommen wurde. Als Hoover sich weigerte, so weit zu gehen und den Plan als „Faschismus" brandmarkte, obwohl er selbst über Jahre in diese Richtung tendierte, war es tatsächlich Henry I. Harriman, Leiter der US-Handelskammer, der Hoover warnte, das Großkapital würde sein Gewicht dann für Roosevelt in den

Ring werfen, der zugestimmt hatte, den Plan auszuführen – und sich an seine Vereinbarung dann ja auch hielt. Swope selbst, Harriman sowie ihr mächtiger Mentor, der Finanzier Bernard M. Baruch, waren tatsächlich tief involviert in Formulierung und Verabschiedung von NRA und AAA.[42]

Die Individualisten und Laissez-faire-Liberalen waren fassungslos und verbittert, nicht nur wegen der massenhaften Fahnenflucht ihrer früheren Verbündeten, sondern auch der Beleidigungen, die ihnen diese Kampfgenossen nun angedeihen ließen: Man nannte sie „Reaktionäre", „Faschisten" und „Neanderthaler". Über Jahrzehnte Männer der Linken, fanden sich die Individualisten, ohne ihre Position oder ihre Ansichten auch nur ein Jota geändert zu haben, als bevorzugte Zielscheibe ihrer vormaligen Partner wieder, als umnachtete „extreme Rechte". Deshalb schrieb Nock im Dezember 1933 verärgert an Canon Bernard Iddings Bell: „Ich sehe schon, ich werde jetzt als Tory eingestuft. Das sind Sie doch auch – oder nicht? Was muss FDR für ein ignoranter Quatschkopf sein! Man hat uns beide übel verunglimpft, aber das ist die Krönung." Nocks Biograph fügte hinzu, dass es „Nock seltsam vorkam, wenn ein erklärter Radikaler, Anarchist, Individualist, Single-Tax-Befürworter und Apostel Spencers konservativ genannt wird".[43]

Einstmals der führende Intellektuelle seiner Zeit, wurde Mencken von seiner Leserschaft nun schnell als reaktionär und passé zur Seite gelegt, zur Bewältigung der Depressionszeit nicht gut genüg gerüstet. Sich vom „Mercury" verabschiedend, und somit eines landesweiten Forums beraubt, konnte Mencken nur noch dabei zusehen, wie seine Schöpfung in die Hände von New-Deal-Liberalen fiel. Nock, dem einst von den Monatsperiodika und Rundschauen zugeprostet wurde, wurde beinahe unsichtbar. Villard fiel den Verlockungen des New Deal anheim; jedenfalls zog er sich von der Herausgeberschaft der „Nation" 1933 zurück, womit auch diese Zeitschrift in festen New-Deal-liberalen Händen landete. Es verblieben nur Einzelfälle: So kritisierte John T. Flynn, ein sensationsheischender Wirtschaftsjournalist, der für „Harper's" und die „New Republic" schrieb, die Ursprünge solch wichtiger Maßnahmen des New Deal wie der RFC [„Reconstruction Finance Corporation", Anm. d. Ü.] oder der NRA [„National Recovery Administration", Anm. d. Ü.] in den monopolistischen Machinationen des Großkapitals.

Isoliert und missbraucht, von der Neuen Befreiung als Männer der Rechten behandelt, hatten die Individualisten keine Alternative, als tatsächlich Rechte zu *werden* und sich mit den Konservativen, Monopolisten, Hooveristen etcetera zu verbünden, die sie vormals verachtet hatten.

So entstand der moderne rechte Flügel, oder in unserer Terminologie die „Alte Rechte": als in Zorn und Verzweiflung geschmiedete Koalition gegen das durch den New Deal enorm beschleunigte „Big Government". Der faszinierende Punkt ist, dass die einzige Rhetorik und das einzige Gedankengut, das den weitaus größeren und respektierteren konservativen Gruppen für den Kampf gegen den New Deal zur Verfügung stand, aus genau denjenigen libertären und individualistischen Ansichten bestand, die sie zuvor verdammt oder ignoriert hatten. Dies erklärt den plötzlichen, wenn auch höchst oberflächlichen Beitritt dieser konservativen Republikaner und Demokraten zu den Reihen der Libertären.

Somit gab es Herbert Hoover und die konservativen Republikaner, ausgerechnet sie, die in den 20ern und davor soviel dafür getan hatten, dem Korporatismus des New Deal den Weg zu ebnen, die nun aber lautstark dagegen protestierten, ihn ganz zu gehen. Herbert Hoover selbst sprang mit seinem 1934 erschienenen Buch „Challenge to Liberty" („Herausforderung für die Freiheit", Anm. d. Ü.] plötzlich auf den libertären Zug, was einen darob sichtlich amüsierten und verwunderten Nock dazu brachte, auszurufen: „Stellen Sie sich ein Buch über ein solches Thema vor – aus der Feder eines solchen Mannes!" Ein vorausahnender Nock schrieb:

> „Von jedem, der in den nächsten zwei Jahren den Freiheitsbegriff in den Mund nimmt, wird man wohl annehmen, er gehöre irgendwie zur Republikanischen Partei, so wie jeder, der ihn seit 1917 verwendete, angeblich

> ein Sprachrohr der Schnapsbrenner und Bierbrauer war.“[44]

Konservative Demokraten wie die früheren Anti-Prohibitionisten Jouett Shouse, John W. Davis und Duponts John J. Raskob schmiedeten die „American Liberty League“ als gegen den New Deal gerichtete Organisation, aber das war nur wenig geschmackloser. Als Nock in seiner Zeitschrift über sein Misstrauen gegenüber den unehrlichen Ursprüngen der League schrieb, zeigte er bereits Bereitschaft, ein Bündnis in Erwägung zu ziehen:

> „Die Sache mag mitunter eine Tür für etwas öffnen ... ein bisschen intelligenter und objektiver als der ermüdende Strom an Propaganda-Ausflüssen ... ich sollte mal einen Blick hineinwerfen ... und sollte sich eine gute Chance bieten, sollte ich eine Hand reichen.“[45]

Tatsächlich steckten die Individualisten angesichts dieser plötzlichen Neuerwerbung alter Feinde als Verbündete in einer Klemme. In positiver Lesart bedeutete sie eine schnelle Zunahme libertärer Rhetorik auf Seiten zahlreicher einflussreicher Politiker. Außerdem waren keine anderen vorstellbaren politischen Verbündeten verfügbar. In negativer Lesart war die Akzeptanz libertärer Ideen durch einen Hoover, die Liberty League und andere. ganz klar eine oberflächliche und eben auch nur dem Reich der Rhetorik zuzuordnen; vor dem Hintergrund ihrer wahren Einstellungen hätte nicht einer von ihnen das Spencersche Laissez-faire-Modell für Amerika akzeptiert. Dies bedeutete, dass der Libertarismus, verbreitet durchs ganze Land, auf einem seichten und phrasendrescherischen Niveau verbleiben würde; nicht zuletzt würde alle Libertären in den Augen von Intellektuellen förmlich teeren und federn – unter dem Vorwurf der Doppelzüngigkeit, des Ausnahmefürsprachetums.

Jedenfalls hatten die Individualisten keinen anderen Anlaufpunkt, als eine Allianz mit den konservativen Gegnern des New Deal einzugehen. Und so schrieb H.L. Mencken, vormals die meistgehasste Person unter den Rechten und Linken der 1920er, nun für das konservative „Liberty“-Magazin und konzentrierte seine Energien darauf, dem New Deal Widerstand zu leisten sowie auf Agitation für das Landon-Ticket in dessen 1936er-Kampagne. Und als der junge Libertäre Paul Palmer die Herausgeberschaft des „American Mercury" im Jahre 1936 übernahm, schrieben sich Mencken und Nock begeistert als reguläre Kolumnisten in Gegnerschaft zum New Deal ein, praktisch mit Nock als Koherausgeber. Direkt nach der Veröffentlichung von „Our Enemy, the State" zeigte Nock in seinem ersten Kolumnenbeitrag für den neuen „Mercury" sehr scharfsinnig auf, dass der New Deal eine Fortsetzung genau derjenigen beiden Dinge war, die die gesamte Linke am Etatismus der 1920er gehasst hatte: Prohibition und Regierungshilfen für das Unternehmertum. Wie Prohibition wirkte er, weil in beiden Fällen eine zielstrebige Minorität von Menschen „Amerika etwas zu seinem eigenen Besten anzutun wünschte", und „beide auf Zwang zur Erreichung ihrer Ziele bauten"; er war in ökonomischer Hinsicht wie die 1920er, weil

> „Coolidge sein Bestes tat, um die Regierung als Unternehmenshilfe zu nutzen, und Roosevelt genauso vorging ... Mit anderen Worten wollten die meisten Amerikaner, dass die Regierung nur ihnen hilft; das war die ‚amerikanische Tradition' des robusten Individualismus."[46]

Aber der Versuch war hoffnungslos; in den Augen des Großteils der Intellektuellen und der allgemeinen Öffentlichkeit waren Nock, Mencken und die Individualisten einfach „Konservative" sowie „extreme Rechte", und das Etikett blieb haften. In einem bestimmten Sinne war dieses Etikett für Nock und Mencken korrekt, so wie es für alle Individualisten gilt, nämlich in demjenigen, dass ein Individualist an menschliche Unterschiede und somit Ungleichheiten glaubt. Diese sind, um es klarzustellen, „natürliche" Ungleichheiten, die, im Sinne Jeffersons, aus einer freien Gesellschaft als „natürlicher Aristokratie" resultieren; sie stehen in scharfem Kontrast zu den „künstlichen" Ungleichheiten, die der Gesellschaft von etatistischen Politiken der Kasten- und Sonderprivilegien aufgestempelt werden. Der Individualist aber muss immer anti-egalitär eingestellt sein. Mencken war in diesem Sinne immer ein offener und freudiger „Elitist", der einer demokratisch-egalitären Regierung ebenso stark opponierte wie allen anderen Regierungsformen. Allerdings betonte Menkken, dass auf einem freien Markt „eine Aristokratie kontinuierlich ihre Existenz rechtfertigen muss. Mit anderen Worten darf es keine Umwandlung ihrer gegenwärtigen Stärke in dauerhafte Rechte geben."[47] Nock kam mit den Jahren allmählich zu diesem Elitismus, der seine volle Blüte in den späten 20ern erreichte. Aus dieser entwickelten Position heraus entstand Nocks brillante und prophetische Schrift „Theory of Education in the United States"[48] [„Theorie der Erziehung in den Vereinigten Staaten", Anm. d. Ü.], die aus im Jahre 1931 gehaltenen Reden an der Universität von Virginia bestand.

Als Befürworter der älteren, klassischen Erziehung schalt Nock die typisch konservativen Nörgler an John Deweys progressiven erzieherischen Innovationen dafür, den entscheidenden Punkt verpasst zu haben. Diese Konservativen griffen die moderne Erziehung an, weil sie Deweys Ansichten bezüglich der Verschiebung weg von der klassischen Erziehung hin zum wuchernden Küchenmist beruflicher und heute sogenannter „relevanter" Kurse folgten, Kurse in Fahrerziehung, Körbeflechten und so weiter. Nock stellte heraus, dass das Problem nicht in Berufskursen per se lag, sondern der zunehmenden Hingabe Amerikas an das Konzept der Massenerziehung. Die klassische Erziehung beschränkte sich auf eine kleine Minderheit, eine Elite innerhalb der Jugend. Und nur eine kleine Minderheit, so Nock, sei wirklich „erziehbar" und somit für solche Curriculae geeignet. Die Verbreitung der Vorstellung aber, jeder benötige eine höhere Erziehung, brächte große Massen unerziehbarer Jugendlicher in die Schulen, wodurch die Schulen notwendigerweise auch Korbeflechten und Fahrkurse anbieten müssten, mithin sich dem bloßen beruflichen Training statt echter Erziehung zuwenden müssten. Nock war sichtlich davon überzeugt, dass die vorgeschriebenen Anwesenheitsregeln, ebenso wie der große neue Mythos, jeder müsse eine High School oder das College absolvieren, das Leben der meisten Jugendlichen ruinieren und sie in Jobs und Berufe zwingen würden, für die sie nicht geeignet seien und die sie nicht mögen, wodurch außerdem das Erziehungssystem zerstört würde.

Vom gleichermaßen libertären Standpunkt aus gesehen (wenngleich eher einem „rechts-" als linksanarchistischen) war klar, dass Nock eine ganz ähnliche Position vorwegnahm, wie sie 30 und 40 Jahre später ein Paul Goodman beziehen sollte. Obwohl in egalitäre Rhetorik gekleidet, verurteilte Goodman das gegenwärtige System – inklusive der verpflichtenden Anwesenheitsregeln – genauso dafür, Massen von Kindern in die Schule zu zwingen, auch dann, auch wenn sie in nützlichen und relevanten Jobs besser aufgehoben wären.

Einer der überzeugendsten Aspekte der sich entwickelnden Ideologie der Rechten lag im Fokus auf die Gefahren der wachsenden Tyrannei der Exekutive, vor allem des Präsidenten, auf Kosten eines Machtverlustes überall sonst in der Gesellschaft: im Kongress und der Judikative, in den Bundesstaaten sowie in der Bevölkerung. Mehr und mehr Macht wurde im Amt des Präsidenten und dem exekutiven Zweig zentriert; der Kongress wurde zum Briefmarkenstempler exekutiver Erlasse reduziert, die Staaten zu Dienern bundesstaatlicher Gnädigkeit. Behördenbüros ließen ihre eigenen willkürlichen Erlasse, oder auch „Verwaltungsrechte", durch den normalen, unparteiischen Prozess der Gerichte vertreten. Wieder und wieder trommelten die Liberty League und andere Rechte gegen den enormen Zuwachs exekutiver Macht. Es war diese Besorgnis, die zum Sturm führte – und zur Niederlage der Administration – wegen des berühmten Plans im Jahre 1937, den Obersten Gerichtshof „einzusacken", eine Niederlage, die von verängstigten Liberalen eingefädelt wurde, die zuvor mit jedem Gesetz des New Deal einverstanden waren.

Gabriel Kolko arbeitete in seinem brillanten „Triumph of Conservatism" den groben Fehler in der Geschichtsschreibung der Liberalen und Alten Linken hinsichtlich der angeblich „reaktionären" Rolle des Obersten Gerichtshofs in der Niederschlagung regulativer Gesetzgebung im späten 19. und frühen 20. Jahrhundert heraus. Das Gericht sei immer behandelt worden wie ein Fürsprecher der Interessen des Großkapitals, es habe sich fortschrittlichen Maßnahmen in den Weg gestellt; in Wahrheit waren seine Richter aufrichtig vom Laissez-faire überzeugt und versuchten, vom Großkapital ausgeheckte etatistische Maßnahmen zu blockieren. Dasselbe könnte eines Tages über die „reaktionären" neun alten Männer zu hören sein, die die Gesetzgebung des New Deal in den 1930ern abwiesen.

Einer der sprühendsten und einflussreichsten Angriffe auf den New Deal wurde im Jahre 1938 vom weithin bekannten Schriftsteller und Herausgeber Garet Garrett geschrieben. Garrett begann sein Pamphlet „The Revolution Was" mit einer aufschreckend scharfsinnigen Bemerkung: Konservative, schrieb er, würden mobil machen im Versuch, eine durch den New Deal erzwungene etatistische Revolution abzuwenden; diese Revolution habe in Wahrheit jedoch längst stattgefunden, wie Garrett in seinen einleitenden Sätzen so wundervoll formulierte:

> „Da gibt es welche, die immer noch glauben, sie hielten den Pass gegen eine Revolution, die den Weg hinaufkommen könnte. Aber sie blicken in die falsche Richtung. Die Revolution liegt hinter ihnen. Sie ging in der Nacht der Depression vorüber, der Freiheit Lieder singend."[49]

Der New Deal, klagte Garrett an, war eine systematische, „Form wahrende Revolution" amerikanischer Gesetze und Gepflogenheiten. Der New Deal war keine, wie er bei oberflächlicher Betrachtung erschien, widersprüchliche und unberechenbare Masse pragmatischer Fehler.

> „In einer revolutionären Situation sind Fehler und Versäumnisse nicht das, was sie zu sein scheinen. Sie sind Rüstungen. Irrtum wird nicht aufgehoben. Er wird hergestellt durch ein größeres Gesetz, durch mehr Erlasse und Regulatorien, durch noch mehr Erweiterungen der administrativen Hand. Wie deLawd in ‚The Green Pastures' sagte: Wenn du ein Wunder vollbracht hast, wirst

> du ein weiteres vollbringen müssen, um dich des ersten anzunehmen, und so war es auch beim New Deal. Jedes Wunder, das er verabschiedete, ob es nun richtig oder falsch lief, hatte eine Folge. Exekutive Macht über das soziale und wirtschaftliche Leben der Nation nahm zu. Zeichne eine Kurve, um den Anstieg exekutiver Macht abzubilden, und suche dort nach Fehlern. Du wirst keine finden. Die Kurve verläuft gleichmäßig."[50]

Der New Deal und Unternehmer verwendeten Wörter in zwei unterschiedlichen Bedeutungen, fügte Garrett hinzu, wenn sie davon sprachen, das „amerikanische System freien Privatunternehmertums" zu bewahren. Bei Unternehmern standen diese Wörter für „eine Welt, die in Gefahr schwebt und verteidigt werden muss". Aber im New Deal „stehen sie für eine eroberte Provinz", und der New Deal hatte die richtige Interpretation, denn die „ultimative Kraft der Intiative" wechselte vom privaten Unternehmertum zur Regierung. Geführt von einer revolutionären Elite aus Intellektuellen zentralisierte der New Deal politische und ökonomische Macht in der Exekutive, und Garrett verfolgte diesen Prozess Schritt für Schritt. Als Konsequenz ging die „ultimative Kraft der Initiative" vom Privatsektor an die Regierung über, die „der große Kapitalist und Unternehmer wurde. Unbewusst bestätigt der Handel diese Tatsache, wenn er von einer gemischten Ökonomie spricht, ja, er akzeptiert sie sogar als unvermeidlich."[51]

5. Isolationismus und der ausländische New Deal

Während des Ersten Weltkrieges und der 20er Jahre wurde „Isolationismus“ – also Opposition zu amerikanischen Kriegen und Interventionen im Ausland – als linkes Phänomen betrachtet, weshalb auch die Laissez-faire-Isolationisten und Revisionisten als „Linke“ galten. Widerstand gegen das Versailler System der Nachkriegszeit in Europa erachtete man als liberal oder radikal; „Konservative“ hingegen waren die Fürsprecher von US-Kriegen, Expansionismus sowie des Vertrages von Versailles. Nesta Webster – die englische Dame, die als Dekan anti-semitischer Geschichtsschreibung im 20. Jahrhundert fungierte – verschmolz Widerstand gegen die Kriegsanstrengungen der Alliierten mit Sozialismus und Kommunismus als den schlimmsten Übeln der Zeit. In ähnlicher Weise war in der Mitte der 30er Jahre Pazifismus für die rechte Elizabeth Dilling ein „rotes“ Übel an sich. Nicht nur galten lebenslange Pazifisten wie Kirby Page, Dorothy Detzer und Norman Thomas als „Rote“; Dilling züchtigte auch General Smedley D. Butler, vormals Kopf des Marine Corps und für die Linke ein „Faschist“, dafür, es gewagt zu haben, sich über die Interventionen des Corps in Lateinamerika als „Wall-Street-Schwindel“ beklagt zu haben. Nicht nur das Nye-Komitee der Mitte der 30er, das Munitionshersteller und amerikanische Außenpolitik während des Ersten Weltkrieges unter die Lupe nahm, sondern auch alte Progressive wie zum Beispiel Senator Burton K. Wheeler und besonders der Laissez-faire-Anhänger William E. Borah wurden als wichtige Akteure des sich ausbreitenden, kommunistischen „Roten Netzwerks“ verdammt.[52]

Und doch durchlief das Ansehen des Isolationismus in nur wenigen Jahren einen plötzlichen und dramatischen Wechsel im ideologischen Spektrum. In den späten 1930ern bewegte sich die Regierung Roosevelt schnell auf einen Krieg in Europa und dem Fernen Osten zu. Als dies geschah, vor allem aber nach Ausbruch des Krieges im September 1939, legte die große Masse der Liberalen und Linken den „Kippschalter" behende zugunsten von Krieg und Auslandseinsätzen um. Die Einsichten der Alten Linken bezüglich der Übel des Versailler Vertrages, der alliierten Verstümmelung Deutschlands und der Notwendigkeit einer Überarbeitung des Vertrages verschwanden spurlos, ebenso der alte Widerstand gegen amerikanischen Militarismus sowie amerikanischen und britischen Imperialismus. Nicht nur das; für die Liberalen und Linken wurde der bevorstehende Krieg gegen Deutschland und auch Japan zum großen moralischen Kreuzzug, ein „Krieg der Völker für die Demokratie" und gegen „Faschismus" – wobei dieselben Liberalen genau diejenigen Wilsonschen Rechtfertigungen für den Ersten Weltkrieg ausstachen, die sie über zwei Jahrzehnte abgelehnt hatten. Der Präsident, der die Nation widerwillig in den Krieg gezogen hatte, wurde nun von der Linken gelobt und beinahe vergöttert, so wie in der Retrospektive alle starken (das heißt, diktatorischen) Präsidenten quer durch die amerikanische Geschichte. Für Liberale und Linke bestand die Götterwelt Amerikas nun in beinahe endloser Litanei aus Jackson-Lincoln-Wilson-FDR.

Noch schlimmer war die Einstellung dieser neuen Interventionisten gegenüber einstmaligen Freunden und Verbündeten, die an ihren alten Überzeugungen festhielten; diese wurden nun täglich als „Reaktionäre", „Faschisten", „Antisemiten" und „Anhänger der Goebbels-Linie" mit extremer Bitterkeit und Giftigkeit gezüchtigt und verleugnet.[53] Die Kommunistische Partei und ihre Verbündeten schlossen sich dieser Schmierenkampagne unter großem Enthusiasmus an, angefangen bei der Kampagne der Sowjetunion für „Kollektive Sicherheit" in den spätern 1930ern und nach dem Nazi-Angriff auf Russland am 22. Juni 1941. Vor und während des Krieges waren die Kommunisten hocherfreut, in ihre Rolle als amerikanische Superpatrioten zu schlüpfen, wobei sie verkündeten, der Kommunismus sei der

„Amerikanismus des 20. Jahrhunderts", und jede Kampagne für soziale Gerechtigkeit in Amerika habe hinter dem heiligen Ziel zurückzustehen, den Krieg zu gewinnen. Die einzige Ausnahme in dieser Rolle der Kommunisten bildete ihre „isolationistische Periode" – die, darin wieder den Bedürfnissen der Sowjetunion dienend, von der Zeit des Stalin-Hitler-Paktes vom August 1939 bis zum Angriff auf Russland zwei Jahre später dauerte.

Der Druck, der auf Liberalen und Progressiven lastete, die dem kommenden Krieg auch weiter ablehnend gegenüberstanden, war unglaublich verbittert und intensiv. Folge waren viele persönliche Tragödien. Charles A. Beard, ausgezeichneter Historiker und einer der herausragendsten Revisionisten, wurde von den Liberalen gnadenlos gegeißelt, viele von ihnen frühere Studenten und Schüler. Dr. Harry Elmer Barnes, der liberale Dekan der Revisionisten des Ersten (und später Zweiten) Weltkrieges, dessen Kolumne „The Liberal Viewpoint" im New Yorker „World Telegram" die Berühmtheit eines Walter Lippmann erreichte, wurde auf Druck von Pro-Kriegs-Trompetern ohne Umschweife aus seiner Tätigkeit gekickt.[54]

Typisch für die Behandlung derjenigen, die an ihren Prinzipien festhielten, war die Säuberung in den Reihen des liberalen Journalismus eines John T. Flynn und Oswald Garrison Villard. In seiner regulären Kolumne in der „Nation" leistete Villard Roosevelts „abscheulichem Militarismus" und dessen Kriegstreiberei auch weiterhin Widerstand. Als kleines Dankeschön wurde Villard aus dem Magazin geworfen, dem er lange als hervorragender Redakteur gedient hatte. In seiner „Abschiedsrede" in der Ausgabe vom 22. Juni 1940 erklärte Villard, sein „Ausscheiden" sei „von der Aufgabe der standhaften Opposition gegenüber allen Kriegsvorbereitungen seitens der Herausgeber herbeigeführt" worden, die „meiner Meinung nach den großen Ruhm und die ehrwürdige Vergangenheit" des Blattes begründet hatte. In einem Brief an die Herausgeberin, Freda Kirchwey, wunderte sich Villard, wie es sein könne, dass

> „Freda Kirchwey, während des letzten Krieges Pazifistin, scharfsinnig Schwindeleien und Heuchelei durch-

> schauend, sich militant für die Rechte von Minoritäten und Niedergedrückten einsetzend, nun den Handschlag mit Kräften der Reaktion führte, gegen die ‚Nation' doch so vehement gekämpft hatte."

Kirchweys Erwiderung als Herausgeberin war charakteristisch: Schriften wie diejenigen Villards seien beängstigend und „eine realere Gefahr als der Faschismus", denn Villards Politik sei „genau die Politik für Amerika, die von der Nazi-Propaganda in diesem Land unterstützt wird".[55]

John T. Flynn wiederum verlor seine Kolumne „Other People's Money" im November 1940; sie erschien im „New Republic" seit Mai 1933 regelmäßig. Und wieder konnten die nun ganz pro Krieg eingestellten Herausgeber Flynns ständige Attacken auf die Kriegsvorbereitungen und den durch die Rüstungsausgaben erzeugten künstlichen Boom nicht tolerieren.

Den alten libertären Vordenkern erging es nicht viel besser. Als der Libertäre und Isolationist Paul Palmer seine Herausgeberschaft des „American Mercury" 1939 verlor, ging auch H.L. Mencken und Albert Jay Nock die monatliche Gelegenheit zum Abwatschen des New Deal verlustig. Da er nun seine nationale Plattform verloren hatte, zog sich Mencken aus der Politik zurück und beschäftigte sich mit seiner Autobiographie sowie seinen Studien der amerikanischen Sprache. Abgesehen von einigen wenigen Essays im „Atlantic Monthly" konnte Nock nur im isolationistischen „Scribner's Commentator" ein Sprachrohr finden, das nach Pearl Harbor wegbrach und Nock keine einzige Gelegenheit mehr übrig ließ, Gehör zu finden. Unterdessen erlitten Nocks private Schüler, die den libertären Flügel der Henry-George-Bewegung gestellt hatten, einen schweren Schlag, als deren hervorstechender Eleve, Frank Chodorov, als Direktor der Henry-George-Schule in New York wegen fortgesetzten Widerstandes gegen den amerikanischen Kriegseintritt gefeuert wurde.

Aber Nock war es gelungen, einige Zeit vor dem Wachwechsel im „Mercury" einen Fuß in die Tür zu bekommen. Er warnte davor, dass der bevorstehende Krieg in Europa die alte

Geschichte miteinander wetteifernder Imperialismen forterzählte – mit Spalier stehenden Liberalen, die wieder einmal ideologisches Deckungsfeuer durch Wilsonsche Slogans wie „Macht die Welt sicherer für Demokratie" boten. Nock kommentierte zornig, dass „Macht die Welt sicher für US-Investments, -Privilegien und -Märkte" die wahre Absicht der kommenden Intervention weitaus besser ausdrücke. Die amerikanischen Liberalen, die „vor 20 Jahren einen traurigen Anblick boten", stünden einmal mehr bereit, „uns vor dem Horror des Krieges und des Militarismus dadurch zu schützen, uns in Krieg und Militarismus zu stürzen". Seiner Verachtung über die sich entwickelnde Hysterie wegen des Feindes im Ausland Ausdruck gebend, nagelte Nock die wahre Gefahr für die Freiheit daheim fest:

> „Keine fremde Staatspolizei wird uns jemals stören, solange unsere Regierung sie uns nicht auf den Hals hetzt. Wir werden von keiner anderen Regierung außer unserer eigenen bedroht, und diese Gefahr ist enorm groß; deshalb sollte unsere eigene Regierung beobachtet und an der kurzen Leine gehalten werden."[56]

Kriegsgegner wurden nicht nur von liberalen Zeitschriften und Organisationen ausgeschlossen, sondern auch von einem Großteil der Massenmedien. Als die Roosevelt-Administration unaufhaltsam Richtung Krieg strebte, machte die Mehrheit des Establishments, die von der linksgerichteten Rhetorik des New Deal abgestoßen wurde, bereitwillig ihren Frieden mit der Regierung und nahm rasch Machtpositionen ein. In Roosevelts eigenen berühmten Worten wurde „Dr. New Deal" durch „Dr. Gewinn den Krieg" ersetzt, und als die Waffenbestellungen eintrafen, kehrten die konservativen Elemente des Großkapitals in den Schoß der Familie zurück: Das Wall-Street- und Eastern Establishment, die Banker und Industriellen, die Morgan-Interessen, die Ivy-League-Entente, sie alle kehrten glücklich zu den guten alten Tagen des Ersten Weltkriegs zurück sowie zur Schlacht des britischen Weltreiches gegen Deutschland. Die neue Aussöhnung fand einen typischen Ausdruck in der Rückkehr des prominenten Wall-Street-Anwalts Dean Acheson in ein hohes Regierungsamt, nun für das State Department tätig, der in den frühen 1930ern seinen Posten als Staatssekretär des Schatzamtes aus großem Groll über Roosevelts unvernünftige geldpolitische und fiskalistische Pläne verlassen hatte. Noch signifikanter war FDRs Ernennung eines Mannes zum Kriegsminister im Juni 1940, der buchstäblich das reiche Eastern Establishment verkörperte – Achesons Mentor, Henry Lewis Stimson: eines konservativen republikanischen Wall-Street-Anwalts, pro Krieg und imperialistisch gesinnt, der den Morgan-Interessen nahestand und außerdem ein Anhänger Teddy Roosevelts war, Tafts Kriegsminister sowie Außenminister unter Hoover. Frucht dieser neuen Politik war der berühmte „Willkie-Blitz“ bei der Nationalversammlung der Republikaner, bei der im Jahre 1940 die republikanische Nominierung den beiden Favoriten für das Präsidentenamt, den Antikriegs-Kandidaten Senator Robert A. Taft und Thomas E. Dewey, schlicht gestohlen wurde. Eine gigantischen Druck aufbauende Wall-Street-Kampagne, die sich aller Mittel der vom Eastern Establishment kontrollierten Medien bediente, sowie Wall-Street-Banker, die Delegierte erpressten, spielten die Nominierung dem unbekannten, aber todsicher pro-interventionistischen Großunternehmer Wendell Willkie zu.

Wenn die Konservativen des Ostküsten-Großkapitals mit beiden Beinen fest im Lager Roosevelts standen hinsichtlich des abgemachten Programms eines Kriegseintritts, warum waren die interventionistischen Kräfte dann so erfolgreich darin, der anti-interventionistischen oder „isolationistischen“ Position das Etikett der „extremen Rechten“ zu verpassen? Aus zwei Gründen. Erstens, weil die Alte Linke und die offiziellen Organe des Liberalismus von der Pro-Kriegs-Seite übernommen worden waren, die die liberalen Medien von all denjenigen, die an ihren ursprünglichen, anti-bellizistischen und linken Überzeugungen festhielten, gereinigt hatte. Die Pro-Kriegs-Liberalen waren deshalb in der Lage, der Roosevelt-Regierung und dem Eastern Establishment als intellektuelle Apologeten zu dienen, als Speerspitze der Dämonisierung von Isolationisten als „Reaktionäre“, „Neanderthaler“ und Instrumente der Nazis. Und zweitens waren nicht alle Unternehmer auf die Kriegslinie eingeschwenkt. Viel vom Kapital des Mittelwestens, nicht durch Investitionen in Europa oder Asien gebunden, war fähig, die isolationistischen Gefühle der Menschen in seiner Region widerzuspiegeln. Mittelwestliches und kleinstädtisches Unternehmertum stellten deshalb die Festung isolationistischer Stimmungen dar, und die Vorkriegsjahre sahen dann auch einen heftigen Kampf zwischen mächtigen Wall-Street- und Ostküsten-Interessen, die an ausländische Investitionen und Märkte geknüpft waren, sowie mittelwestlichem Kapital, das nur wenige solcher Bindungen hatte. Es war kein Zufall, dass zum Beispiel das „America First Committee", die führende Antikriegs-Organisation, von R. Douglas Stuart gegründet wurde, damals Student in Yale, aber auch Nachkomme des Chicagoer Quaker-Oats-Vermögens, oder dass zu den führenden Unterstützern der Organisation General Robert E. Wood, Chef von Sears Roebuck in Chicago und Colonel Robert R. McCormick, Herausgeber der „Chicago Tribune", gehörten. Oder dass der isolationistische Vorkämpfer im Senat, Robert A. Taft, aus der führenden Familie von Cincinnati stammte. Aber die Ostküsten-Propagandisten waren listig genug, diese Spaltung zu nutzen, um die Opposition als Haufen kurzsichtiger, provinzieller, engstirniger und reaktionärer Mittwestener hinzustellen, die im Gegensatz zu ihnen eben nicht gewöhnt seien an kosmopolitische Beziehungen zu Europa und Asien.

Taft (der nur wenige Jahre zuvor von Dilling als gefährlicher „Progressiver" angeschwärzt wurde) wurde von der linksliberalen Ostküsten-Allianz als besonders vorführträchtiges Beispiel eines Ultra-Konservativen vorgeführt. Die Gelegenheit zur kritischen Analyse Senator Tafts ergab sich aus einem Essay, der kurz vor Pearl Harbor vom jungen Arthur Schlesinger, Jr. („Nation", 6. Dezember 1941) veröffentlicht wurde. Allzeit bereit, das „Geschäfts"-Etikett auf die Opposition gegen den Liberalismus zu heften, griff Schlesinger die Republikanische Partei dadurch an, sie als Widerspiegelung einer Unternehmensgemeinschaft darzustellen, die in puncto Kriegseintritt hinterherhinkte. In seiner Erwiderung, die eine Woche nach Pearl Harbor erschien („Nation“, 13. Dezember 1941) korrigierte Senator Taft scharfzüngig und leidenschaftlich Schlesingers Sicht auf den wahren Ort des „Konservatismus“ innerhalb der Republikanischen Partei:

> „Schlesinger liegt falsch, wenn er die Position der Mehrheit der Republikaner ihrem Konservatismus zuschreibt. Die konservativsten Mitglieder der Partei – die Wall-Street-Banker, die ‚Society Group‘, neun Zehntel der plutokratischen Zeitungen sowie die meisten der Sponsoren der Partei – sind diejenigen, die sich für eine Intervention in Europa aussprechen. Schlesingers Aussage, die Geschäftswelt habe im Allgemeinen zum Appeasement gegenüber Hitler tendiert, ist einfach unwahr ...
>
> Ich sollte ganz klar sagen, dass es die einfachen Männer und Frauen waren – der Farmer, der Arbeiter, vielleicht mit Ausnahme einiger pro-britischer Gewerkschaftsführer, der kleine Geschäftsmann – die dem Krieg opponierten. Die Kriegspartei setzt sich aus der Geschäftswelt der Städte zusammen, den Zeitungs- und Magazinschreibern, den Radio- und Filmkommentatoren, den Kommunisten und der universitären Intelligenzija.“[57]

Kurz, die Auseinandersetzung war auf vielerlei Art eine populistische, zwischen der Masse der Bevölkerung, die gegen den Krieg war, und den Elitengruppen, die an den Schalthebeln der Macht saßen und den Drehknöpfen der öffentlichen Meinung.

So schüttelte das Drängen des New Deal Richtung Krieg das ideologische Spektrum und die Bedeutung von „links“ und „rechts“ in der amerikanischen Politik wieder einmal durcheinander. Die linken und liberalen Kriegsgegner wurden von ihren vormaligen Verbündeten aus den Medien und Meinungsblättern gejagt und als Reaktionäre und Neanderthaler verflucht. Diese Männer – ebenso wie alte Progressive, die wenige Jahre zuvor von der Linken noch bejubelt wurden (wie zum Beispiel die Senatoren Nye, LaFollette und Wheeler) – sahen sich nun zu einer Allianz mit Laissez-faire-Republikanern aus dem Mittleren Westen gezwungen. Überall verdammt als „Ultra-Konservative" und „Rechtsextremisten", mussten viele dieser Bündnispartner feststellen, dass auch sie ideologisch „nach rechts" rückten, in Richtung des Laissez-faire-Liberalismus, der einzigen Massenbasis, die ihnen noch offen stand. In vielerlei Hinsicht war ihre Bewegung nach rechts eine sich selbst erfüllende Prophezeiung der Linken. Dadurch rückten unter den Hammerschlägen des linksliberalen Establishments auch die alten, progressiven Isolationisten laissez-faire-wärts. Es war dieser Druck, unter dem sich die Schmiedearbeiten der „Alten Rechten" vollendeten. Und die hässliche Rolle der Kommunistischen Partei als Speerspitze einer Schmierenkampagne verwandelte, verständlich genug, viele dieser Progressiven nicht nur in klassische Liberale, sondern auch in energische, beinahe fanatische Antikommunisten. Das war es, was mit John T. Flynn und John Dos Passos geschah, zu einem gewissen Grad auch mit einem Charles A. Beard und mit früheren Sympathisanten der Sowjetunion wie John Chamberlain, Freda Utley und William Henry Chamberlin. Zu einem großen Teil war es ihr unbequemer Platz im „Dritten Lager" beziehungsweise ihre isolationistische Position bezüglich des Krieges, die führende Trotzkisten wie Max Schachtman und James Burnham auf den Weg zum späteren, globalen antikommunistischen Kreuzzug führte und den trotzkistisch-pazifistischen Dwight MacDonald zu seinem verbitterten Widerstand gegen die Kampagne von Henry Wallace im Jahre 1948.

Das Gift, das vom Kriegsbündnis des linksliberalen Establishments gegen die Kriegsgegner verspritzt wurde, war von schier unglaublicher Toxizität. Verantwortliche Publizisten beschuldigten die Isolationisten regelmäßig und systematisch, „Faschisten" und Mitglieder eines „Nazi-Transmissionsriemens" zu sein. Walter Winchell war zu Beginn seiner langen Karriere als Verleumder allen gegen amerikanische Kriegs-Kreuzzüge gerichteten Dissenses (er war später ein glühender Unterstützer Joe McCarthys und immer, sowohl in der Frühzeit als auch später, ein hingebungsvoller Fan des FBI) führend darin, Kriegsgegner anzuschwärzen. Während Kommunistenführer William Z. Foster isolationistische Führungsgestalten wie General Wood und Colonel Charles A. Lindbergh als „bewusste Faschisten“ verdammte, beschuldigte die interventionistische Publizistin Dorothy Thompson das „America First Committee“, aus „Vichy-Faschisten“ zu bestehen, und Innenminister Harold C. Ickes, der Schlägertyp der Roosevelt-Administration, etikettierte Wood und Lindbergh als „Gefolgsleute der Nazis“, ein Etikett, das er auch seinem alten Freund Oswald Garrison Villard anhängte. „Time“ und „Life“, deren Herausgeber Henry Luce nicht nur unseren Eintritt in den Krieg begeistert unterstützte, sondern auch das „Amerikanische Jahrhundert“, das seinen Vorstellungen zufolge nach dem Krieg entstehen sollte, bückte sich sogar so tief, zu behaupten, Lindberghs und Senator Wheelers Salut an die amerikanische Flagge besitze Ähnlichkeitem mit dem faschistischen Gruß. Eine Organisation, die sich zur festen professionellen Dämonisierungsinstanz auswuchs, war Reverend Leon M. Birkheads „Friends of Democracy“, die dem „America First Committee“ vorwarf, es sei eine „Nazi-Front! Es handelt sich um einen Transmissionsriemen, über den die Apostel des Nazismus ihr antidemokratisches Gedankengut in Millionen amerikanischer Häuser tragen!“[58]

Die Unterdrückung der Isolationisten beschränkte sich nicht auf Dämonisierung oder den Verlust des Arbeitsplatzes. In zahlreichen Städten, wie zum Beispiel Miami, Atlanta, Oklahoma City, Portland, Oregon, Pittsburgh und Philadelphia, hatte das „America First Committee“ große Schwierigkeiten, ja manchmal war es sogar unmöglich, Hallen für öffentliche Treffen anzumieten. Eine andere systematische Taktik, die vor, während und unmittelbar nach dem Krieg zur Anwendung kam, bestand im privaten Ausspionieren der Alten Rechten durch interventionistische Gruppen. Diese Agenten nutzten Täuschung, missbrauchten Vertrauen und stahlen Dokumente, um dann sensationelle Enthüllungen zu veröffentlichen. Manchmal waren sie auch als Agents Provocateurs unterwegs. Den berühmtesten Fall privater Geheimagenten lieferten die „Friends of Democracy“, die Avedis Derounian unter dem Namen „John Roy Carlson" in isolationistische Gruppen entsandten; Carlsons Bericht über seine Abenteuer wurde zum Bestseller „Under Cover", erschienen 1943 bei Dutton. Carlsons Buch verrührte Isolationisten, Antisemiten und tatsächliche Nazi-Symphatisanten in einem Topf, zu einem Potpourri nach dem Sippenhaftungs-Rezept, das angeblich die „Nazi-Unterwelt Amerikas" darstelle. „Under Cover" widmete sich den „offiziellen Undercover-Männern und -Frauen, die, namenlos und unbesungen, den gemeinsamen Feind der Demokratie bekämpfen, sowohl an der militärischen Front in Übersee als auch der psychologischen zu Hause"; das Buch begann mit einem Zitat von Walt Whitman:

> „Thunder on! Stride on, Democracy! Strike with vengeful stroke!"

Carlson und seine Kohorten kamen Whitmans Aufforderung zweifellos sehr gewissenhaft nach.

Die Schmierenkampagne war so virulent, dass sich John T. Flynn am Ende des Krieges veranlasst sah, ein beklommenes Pamphlet mit dem Titel „The Smear Terror" [„Der Schmierenterror", Anm. d. Ü.] zu schreiben. Es war typisch für diese Zeit, dass, während Carlsons Mischmasch ein Bestseller wurde, der in der „New York Times" ganz nüchterne und bevorzugende, lobende Erwähnung fand, Flynns Erwiderung nur als privat gedrucktes Pamphlet erscheinen konnte, das weithin unbekannt blieb – mit Ausnahme eines, wie man heute sagen würde, „Untergrundes" aus dezidiert rechten Lesern.

Einer der meistgehörten Vorwürfe gegen die Isolationisten war derjenige des Antisemitismus. Auch wenn sich in den Reihen der Alten Rechten einige echte Antisemiten befanden, waren die Kriegspropagandisten kaum von Skrupeln geplagt oder an subtilen Unterscheidungen interessiert; sämtliche Isolationisten wurden einfach in den Sack des Antisemitismus gestopft, ungeachtet der Tatsache, dass beispielsweise das „American First Committee" zahlreiche Juden in seinem Stab und Forschungsbüro hatte. Die Situation wurde noch dadurch verkompliziert, dass sich die große Mehrheit des amerikanischen Judentums zweifellos für den Kriegseintritt aussprach und Franklin Roosevelt dafür förmlich vergötterte, weil er, so dachten sie, „die Juden rettete“.[59]

Einflussreiche Juden und jüdische Organisationen halfen bei der Agitation für den Krieg, außerdem dabei, wirtschaftlichen Druck auf Kriegsgegner auszuüben. Diese Tatsache führte dazu, dass viele Isolationisten gegenüber den Juden Bitterkeit verspürten, und erzeugte abermals eine Art sich selbst erfüllender Prophezeiung; diese Ressentiments wurden durch die hysterische Behandlung, die man jedem Isolationisten angedeihen ließ, der es auch nur wagte, solche Aktivitäten auf jüdischer Seite zu erwähnen, noch intensiviert. Zu Beginn des Jahres 1942 brachte die „Saturday Evening Post“ einen kritischen Artikel über Juden, verfasst vom liberalen, pazifistischen Quäker Milton Mayer – ein Vorgang, der vom Establishment dazu genutzt wurde, den konservativen und isolationistischen Herausgeber Wesley N. Scott und sein gesamtes Redakteursteam zu feuern (inklusive Garet Garrett) und sie durch konservative Interventionisten zu ersetzen.

Der berühmteste Fall von Flakfeuer auf fadenscheinige Vorwürfe des Antisemitismus entsprang der berühmten Rede Charles A. Lindberghs in Des Moines am 11. September 1941. Als populärster und charismatischster aller Kriegsgegner und im wesentlichen unpolitischer Mann war Lindbergh besonders schwerem Missbrauch durch die Macht der Interventionisten ausgesetzt. Lindbergh, Sohn eines progressiven Kongressabgeordneten aus Minnesota, der dem Eintritt in den Ersten Weltkrieg standhaft opponierte, verärgerte die Kriegstrommler nicht nur durch sein Charisma und seine Beliebtheit, sondern auch durch seine unübersehbare Aufrichtigkeit und seine überzeugte Gegnerschaft bezüglich jedweder Hilfen an Großbritannien und Frankreich. Während die meisten der Isolationisten auf Zeit spielten, einige Hilfen für Großbritannien in Betracht ziehend und sich wegen eines möglichen deutschen Angriffs auf die Vereinigten Staaten sorgend, plädierte Lindbergh klar und konsequent für absolute Neutralität und hoffte auf Friedensabkommen in Europa. Die Sache wurde noch pikanter dadurch, dass Lindbergh gewissermaßen ein „Verräter an der eigenen Klasse“ war, da seine Frau, Anne Morrow, auch sie eine entschiedene Kriegsgegnerin, die Tochter eines führenden Morgan-Partners war und praktisch das einzige Mitglied ihrer Familie und ihres Zirkels, das den Krieg nicht enthusiastisch begrüßte.

Nach vielen Monaten unermüdlicher Beschimpfungen (so hatte zum Beispiel der ultra-interventionistische Dramatiker Robert E. Sherwood Lindbergh in einer Ausgabe der „New York Times“ im August offen einen „Nazi“ genannt) nannte Lindbergh in ruhiger Weise die Kräfte, die Amerika in Richtung Krieg trieben, spezifisch beim Namen. Aus seinen Memoiren geht eindeutig hervor, dass der arme, naive, ehrliche Charles Lindbergh keine Vorstellung davon hatte, welche Hysterie von der Kette gelassen würde, als er klarstellte, dass

> „die drei wichtigsten Gruppen, die dieses Land in einen Krieg getrieben hatten, die Briten waren, die Juden und die Roosevelt-Administration. Hinter diesen Gruppen, allerdings von geringerer Wichtigkeit, stecken einige Kapitalisten, Anglophile und Intellektuelle, die glauben, ihre Zukunft sowie die Zukunft der Menschheit hingen von der Vorherrschaft des britischen Imperiums ab.“

Es half Lindbergh auch nicht mehr, dass er hinzufügte, es sei

> „nicht schwer zu verstehen, warum Juden nach dem Sturz Nazi-Deutschlands trachteten. Die Verfolgung, der sie in Deutschland ausgesetzt waren, reichte völlig, um jede Rasse zu erbitterten Feinden zu machen. Niemand mit einem Mindestgespür für die Würde der Menschheit kann die Verfolgung der jüdischen Rasse in Deutschland billigen.“[60]

Die Beschimpfungen Lindberghs erreichten nun das Ausmaß einer veritablen Sturzflut; der Pressesprecher des Weißen Hauses verglich die Rede mit Nazi-Propaganda, während die „New Republic“ die „National Association of Broadcasters“

[„Landesverband der Rundfunkanstalten", Anm. d. Ü.] aufforderte, sämtliche von Lindberghs zukünftigen Reden zu zensieren. Ein verängstigter General Robert E. Wood, Chef von „America First", löste die Organisation umgehend beinahe auf.[61]

Verleumdung, sozialer Rufmord, private Spionage – das waren noch nicht alle Drangsale, denen sich die Isolationisten der „Alten Rechten" ausgesetzt sahen. Sobald der Krieg begann, schwang die Roosevelt-Regierung ihren säkularen Arm, um alle verbliebenen Reste isolationistischer Meinungsabweichung zu zertrümmern. Zusätzlich zu routinemäßigen Nachstellungen durch das FBI wurden Isolationisten wie Laura Ingalls, George Sylvester Viereck und Ralph Townsend angeklagt und verurteilt – sie seien jeweils deutsche und japanische Agenten gewesen. William Dudley Pelley wurde zusammen mit 27 anderen Isolationisten in Indianapolis vor Gericht gestellt und wegen „Volksverhetzung" unter dem Spionagegesetz von 1917 verurteilt. Das berüchtigte Smith-Gesetz von 1940 kam zur Anwendung, zuerst, um 18 Trotzkisten aus Minneapolis wegen Verschwörung mit dem Ziel des Umsturzes der Regierung zu verurteilen (zur großen Freude der Kommunistischen Partei), und dann, im Massenverfahren wegen Volksverhetzung im Jahre 1944, um gegen eine schlecht zusammengesetzte Sammlung aus 26 rechtsgerichteten, isolationistischen Pamphleteschreibern vorzugehen, denen vorgeworfen wurde, für Insubordination unter den Streitkräften zu sorgen. Der Verfolgung derjenigen, die in der Presse allgemein als „angeklagte Volksverhetzer" beschrieben wurden, gingen mit großem Eifer die Kommunistische Partei und ihre Verbündeten nach, generell die Alte Linke und Schmierfinken des Establishments wie Walter Winchell. Zum Kummer der Linken und der Mitte lief das Gerichtsverfahren dank der mutigen Verteidigung ins Leere, vor allem derjenigen, die vom brillanten Angeklagten Lawrence Dennis geführt wurde, einem führenden isolationistischen Intellektuellen, der im Allgemeinen und ohne wenig Grundlage der „führende amerikanische Faschist" genannt wurde. Der Tod des Vorsitzenden Richters Eicher – für die Linke ein Signal, den Vorwurf zu erheben, er sei von der hartnäckigen Verteidigung ermordet worden – gab der Regierung die Gelegenheit, die Sache fallen zu lassen, obwohl die Linke auf einer Fortsetzung des Verfahrens bestand.[62]

Alles in allem war die Alte Rechte verständlicherweise niedergeschlagen, als sie über das unausweichliche Näherrücken des Krieges sinnierte. Sie sah voraus, dass der Zweite Weltkrieg Amerika in einen Ungeheuerstaat verwandeln und in totalitären Kollektivismus im Inneren stürzen würde, inklusive Unterdrückung bürgerlicher Freiheiten, gekettet an einen endlosen globalen Imperialismus im Ausland und darin einer Politik folgend, die Charles A. Beard eine des „fortwährenden Krieges für fortwährenden Frieden“ nannte. Keiner hatte eine deutlichere Vision dieses heraufziehenden Amerika als John T. Flynn in seinem brillanten Werk „As We Go Marching“ [„Während wir maschieren“, Anm.d. Ü.], geschrieben in der Mitte des Krieges, den zu verhindern er soviel geleistet hatte. Nach einer Begutachtung des politischen Systems und der Ökonomie des Faschismus und Nationalsozialismus sah Flynn den New Deal, der in die Gesellschaft der Kriegszeit mündete, in aller Klarheit als amerikanische Version des Faschismus, des „guten Faschismus“ im sarkastischen Kontrast zum „schlechten Faschismus“, den auszuradieren wir angeblich in den Krieg eingetreten waren. Flynn erkannte, dass der New Deal den korporatistischen Staat etabliert hatte, nach dem sich das Großkapital seit dem Ende des 19. Jahrhunderts gesehnt hatte. Die Planer des New Deal, führte Flynn aus,

> „dachten über eine Veränderung unserer Gesellschaftsform nach, in der die Regierung sich in die Struktur des Geschäftslebens einklinken würde, nicht nur als Polizist, sondern als Partner, Kollaborateur und Bankier. Die allgemeine Idee dahinter war, die Gesellschaft zuerst dahingehend umzubauen, sie in eine Planwirtschaft statt eine freie Wirtschaft zu verwandeln, in der das Unternehmertum in großen Gilden oder einer gewaltigen korporatistischen Struktur zusammengeführt würde, indem Elemente der Autonomie sowie regierungsbe-

> hördlicher Aufsicht mit einem volkswirtschaftlichen Überwachungssystem kombiniert würden, um die Einhaltung dieser Erlasse zu gewährleisten. ... Das ist nicht allzuweit entfernt von dem, worüber die Geschäftswelt gesprochen hatte. ... Sie war bereit, die Aufsicht der Regierung zu akzeptieren. ... Das Unternehmertum sagte, geordnete Autonomie in der Geschäftswelt würde die meisten der Ursachen beseitigen, die den Gesamtorganismus mit Krisenkeimen infizierten.“[63]

Der erste große Versuch des New Deal, solch eine Gesellschaft zu erschaffen, wurde von der NRA und der AAA verkörpert, modelliert nach dem faschistischen, korporatistischen Staat, die Flynn als „zwei der mächtigsten Maschinen minutiöser und umfassender Reglementierung“ beschrieb, „die jemals in einer organisierten Gesellschaft erfunden wurden“. Diese Maschinen wurden von denjenigen bejubelt, die angeblich gegen Überregulierung waren: „Gewerkschaften und Beamte der Handelskammer, Aktienhändler und Bankiers, Kaufleute und ihre Kunden veranstalteten große Paraden in allen Städten des Landes, um das Programm euphorisch zu feiern.“[64] Nach dem Scheitern der NRA gab die Ankunft des Zweiten Weltkriegs diesem kollektivistischen Programm neuen Auftrieb, „einer Wirtschaft, getrieben von breiten Schuldenströmen und unter totaler Kontrolle, in der fast alle planenden Behörden mit beinahe totalitären Machtbefugnissen im Rahmen einer ausgedehnten Bürokratie ausgestattet waren“.[65] Nach dem Krieg, prophezeite Flynn, würde der New Deal versuchen, dieses System auf internationale Beziehungen auszuweiten.

Voraussehend, dass die Bundesregierung ihr enormes Schuldenwesen sowie ihre Kontrollmechanismen nach dem Krieg beibehalten würde, sagte Flynn voraus, dass man den Schwerpunkt der Ausgaben auf das Militär legen würde, weil es sich um die einzige Art von Regierungsausgaben handelt, gegen die Konservative nie protestieren und die die Arbeiter wegen der dadurch geschaffenen Jobs begrüßen würden. „Deshalb ist Militarismus das eine große, glamouröse Projekt öffentlicher Beschäftigung, auf das eine Vielzahl an Elementen der Gemeinschaft zur Übereinstimmung gebracht werden kann."[66] Darum würde man an der Wehrpflicht als Teil dieses permanenten Garnisonsstaates ebenfalls dauerhaft festhalten. Flynn erklärte:

> „Alle möglichen Leute sprechen sich dafür aus. Zahlreiche Senatoren und Repräsentanten – der Rechten wie der Linken – gaben bereits ihrer Absicht Ausdruck, nach Kriegsende ein allgemeines militärisches Training einzuführen.
>
> Die große und glanzvolle Industrie ist da – die Industrie des Militarismus. Und wenn der Krieg vorbei ist, wird man das Land fragen, ob es ernsthaft eine Industrie demobilisieren will, die soviele Menschen in Lohn und Brot bringt und soviel Volkseinkommen erzeugt, während die Nation mit der Wahrscheinlichkeit von Massenarbeitslosigkeit in der Industrie konfrontiert ist. All die bestens bekannten Argumente, die solange und so erfolgreich in Europa vorgebracht wurden ... wird man abbürsten – Amerika mit seinen hochgesteckten Zielen der Welterneuerung müsse die Kraft haben, seine großartigen Ideale zu flankieren; Amerika könne sich langsames Wachstum nicht leisten, und die Armee sowie die Marine müssten in großem Maßstab aufrechterhalten werden, um die Moral und physische Sehnigkeit der Jugend zu stärken; Amerika darf in keiner Welt voller Gangster und Aggressoren leben, ohne seine volle Macht versammelt zu haben ... und über und unter und rund um diese Ansichten herum wird der finstere Köder einer Beibehaltung dieser großen Industrie stehen, die nie einer Depression erliegen kann, weil sie nur einen Kunden hat – die amerikanische Regierung, deren Taschen unerschöpflich sind."[67]

Zielsicher sagte Flynn voraus, dass der Imperialismus im Fahrwasser des Militarismus folgen würde:

> „Eingeschrieben ... auf eine Karriere im Militarismus, sollen wir, wie jedes andere Land, am Kriegsende die

> Mittel finden, die Zustimmung der Bürger zu den Belastungen zu erhalten, die mit den Segnungen für die vom ihm bevorzugten Gruppen und Regionen einhergehen. Mächtiger Widerstand dagegen wird immer aktiv sein, und wir müssen nach effektiven Methoden seiner Bekämpfung suchen. Unausweichlich werden wir, nachdem wir uns dem Militarismus als ökonomische Triebkraft ergeben haben, dasselbe wie andere Länder tun: Wir werden die Ängste unserer Bürger angesichts der aggressiven Ambitionen anderer Länder lebendig halten, und wir werden unsere eigenen imperialistischen Unternehmungen starten."[68]

Flynn merkte an, Interventionismus und Imperialismus würden nun „Internationalismus" genannt, weshalb jeder, der sich dem Imperialismus entgegenstellt, „zornig als Isolationist bezeichnet wird". Flynn fuhr fort:

> „Imperialismus ist eine Institution, unter der eine Nation sich das Recht herausnimmt, das Land oder zumindest die Kontrolle über die Regierung oder die Ressourcen anderer Länder an sich zu reißen. Er ist die Durchsetzung krasser, dreister Aggression. Er ist natürlich insofern international, als dass die Aggressor-Nation ihre eigenen Grenzen übertritt und diejenigen einer anderen verletzt. ... Er ist international in dem Sinne, wie Krieg international ist ... Dies ist Internationalismus dahingehend, dass die Aktivitäten eines Aggressors auf der internationalen Bühne stattfinden. Aber es ist ein bösartiger Internationalismus."[69]

Dann stellte Flynn heraus, dass Länder wie Großbritannien nach ihren ausgedehnten imperialistischen Aggressionen der Vergangenheit nun versuchten, die Hoffnungen auf Weltfrieden zur Beibehaltung des Status quo zu nutzen.

> „Dieser Status quo ist das Resultat von Aggression, er ist eine kontinuierliche Durchsetzung von Aggression, die Durchsetzung eines bösartigen Internationalismus. Jetzt zielen sie auf diese andere, mildtätige Form von

Internationalismus ab, um eine Weltordnung zu etablieren, in der sie alle im Verbund eine Welt erhalten, die sie unter sich aufgeteilt haben ... Gutartigen Internationalismus setzen sich die Aggressoren als Maske auf, hinter der bösartiger Internationalismus fortgesetzt und geschützt werden wird ... Es erschließt sich mir nicht, wie auch nur irgendeine nachdenkliche Person, die die Entwicklung in Amerika mitverfolgt, daran zweifeln kann, dass wir uns sowohl in Richtung Imperialismus als auch Internationalismus entwickeln."[70]

Imperialismus läuft Flynn zufolge darauf hinaus, die Existenz dauerhafter „Feinde" sicherzustellen:

> „Wir haben es geschafft, Basen rund um den Globus zu akquirieren. ... Es gibt keinen Teil der Welt, an dem Unruhen ausbrechen könnten, an dem wir keine Basen irgendeiner Art haben, von denen wir, sollten wir diesen Anspruch vorzubringen wünschen, behaupten können, unsere Interessen seien bedroht. Solcherart bedroht, werden die Imperalisten nach Kriegsende über ein fortwährendes Argument verfügen, eine große Marine in Betrieb zu halten und eine gewaltige Armee, die überall angreifen oder einem Angriff all derjenigen Feinde widerstehen kann, deren Existenz wir zu Dank verpflichtet sind. Denn das schlagkräftigste Argument für eine riesige Armee, die aus ökonomischen Gründen beibehalten wird, ist die Existenz von Feinden. Wir brauchen Feinde."[71]

Eine Planwirtschaft; Militarismus; Imperialismus – für Flynn summierte sich all das zu einem Zustand, der dem Faschismus nicht ganz unähnlich sei. Er warnte:

> „Der Faschismustest besteht nicht darin, gegen die italienischen und deutschen Kriegsherren zu wüten. Der Test lautet: Wieviele der essentiellen Prinzipien des Faschismus akzeptieren Sie selber? Wenn Sie mit dem Finger auf die Menschen oder Gruppen zeigen können, die Amerika zur Aufrechterhaltung des schuldenbasier-

ten Staates zwingen, zu einem autarken korporatistischen Staat, einem Staat, der es auf Sozialisierung von Investitionen und die bürokratische Verwaltung von Industrie und Gesellschaft anlegt, auf die Etablierung der Institution des Militarismus als großes, glanzvolles Öffentlichkeitsprojekt der Nation sowie die Institution des Imperialismus, unter dessen Banner er vorschlägt, die Welt zu regulieren und regieren und in diesem Zusammenhang die Regierungsformen dahingehend zu verändern, einer uneingeschränkten, absoluten Regierung so nahe wie möglich zu kommen – dann werden Sie wissen, dass Sie einen authentischen Faschisten vor sich haben.

Faschismus wird durch die Hand vollkommen authentischer Amerikaner kommen ... die überzeugt davon sind, das gegenwärtige ökonomische System sei völlig gescheitert ... und die dieses Land der Herrschaft des Bürokratenstaates unterstellen wollen; der sich in die Angelegenheiten der einzelnen Staaten und Städte einmischt; der sich an der Führung von Industrie, Finanzen und Landwirtschaft beteiligt, sich jedes Jahr Milliarden leiht und sie für alle möglichen Projekte ausgibt, mit deren Hilfe solch eine Regierung Widerstand paralysieren und öffentliche Unterstützung steuern kann; große Armeen und Seestreitkräfte zu niederdrückenden Kosten aufstellen kann, um die Kriegsindustrie zu stützen und zur Vorbereitung auf den Krieg, der zu unserer größten Industrie werden wird; und der alledem noch die romantischsten Abenteuer in Sachen globaler Planung, Erneuerung und Vorherrschaft hinzufügen wird, alles vollzogen mit der Autorität einer machtvoll zentralisierten Regierung, deren Exekutive faktisch sämtliche Befugnisse in Händen halten und die Rolle des Kongresses dabei auf diejenige eines Debattierklübchens reduzieren wird. Da ist Ihr Faschist. Und je eher Amerika sich dieser entsetzlichen Tatsache gewahr wird, desto eher

> wird es sich bewaffnen, um dem amerikanischen Faschismus ein Ende zu bereiten, der sich als Champion der Demokratie maskiert."[72]

Schließlich warnte Flynn davor, es wäre ein Fehler, die neue Ordnung trotz der enthusiastischen Unterstützung seiner neuen Ansichten durch die Kommunistische Partei als „Kommunismus" zu bezeichnen; es würde eher eine „sehr vornehme, niedliche und angenehme Form des Faschismus sein, die man nicht Faschismus nennen kann, weil sie so tugendhaft und höflich auftritt". In seinen Abschlussworten verkündete Flynn, dass

> „es mir nur darum geht, eine Warnung gegen den dunklen Weg hörbar zu machen, den wir beschritten haben, während wir zur Erlösung der Welt losmarschieren und uns mit jedem Schritt, den wir dabei unternehmen, weiter und weiter von den Dingen entfernen, die wir wollen und wertschätzen."[73]

6. Zweiter Weltkrieg: Der Tiefpunkt

Die Ankunft des Zweiten Weltkrieges bescherte der Alten Rechten ihre dunkelsten Tage. Schikaniert, verunglimpft und verfolgt, bauten die Intellektuellen und Agitatoren der Alten Rechten, die Libertären und Isolationisten ihre Zelte ab und zogen sich aus dem Blickfeld zurück. Obwohl es wahr ist, dass die isolationistischen Republikaner bei den Wahlen im Jahre 1942 einen Wiederaufstieg erlebten, wurden sie nicht länger von einer ideologischen Avantgarde unterstützt. Das „American First Committee“ löste sich nach Pearl Harbor schnell auf und rief zum Krieg – trotz der Appelle der Mehrheit seiner Kämpfer, auch weiterhin ein Brennpunkt des Widerstandes zum Kurs des Landes zu bleiben. Charles Lindbergh verließ die ideologische und politische Arena endgültig und schloss sich den Kriegsanstrengungen an.

Unter den Intellektuellen gab es inmitten der monolithischen Propaganda der Kriegszeit weder Platz noch Ohr für libertäre oder anti-bellizistische Meinungen. Die Veteranen des Libertarismus wurden ihrer Stimme beraubt. H.L. Mencken hatte sich aus der Politik verabschiedet, um seine charmante und nostalgische Autobiographie zu schreiben. Albert Jay Nock stieß mit seinem Stift bei allen Zeitschriften und Magazinen auf verschlossene Türen. Nocks führender Schüler, Frank Chodorov, war wegen seiner Opposition zum Krieg von seinem Posten als Kopf der Henry George School von New York geworfen worden. Oswald Garrison Villard wurde von den Magazinen faktisch ausgeschlossen und dadurch dazu gezwungen, sich auf Briefe an seine Freunde zu beschränken; in einem davon prophezeite er verbittert, dass, „wenn Sie und ich die Szene verlassen haben, das Land von irgendeinem armen, kleinen Weißen wie Harry Truman aufgerufen werden wird, die Welt vor dem Bolschewismus zu schützen und die christliche Religion zu bewahren". Für die Alte Rechte waren es wirklich finstere Zeiten, und Villard werkelte an seiner Grabinschrift:

> „Er wuchs auf in einer Zeit, die er verdammte, und fühlte die Auflösungskrämpfe einer Sozialordnung, die er liebte. Und wie der Seher aus Theben starb er zur Hochzeit seiner Feinde."[74]

Für die Alte Linke hingegen war der Zweite Weltkrieg eine glorreiche Zeit, die Erfüllung und das Versprechen eines „New Dawn", einer neuen Dämmerung. Überall, in den Vereinigten Staaten und in Westeuropa, schienen die liberalen Ideale der Zentralplanung, einer neuen, geplanten Ordnung, personell ausstaffiert mit Beraterstäben und liberalen Intellektuellen, das ganz große Ding sowohl der Zukunft als auch der Gegenwart zu sein. An den Colleges und unter den Meinungsbildnern schienen alle konservativen Ansichten so tot und unmodisch zu sein wie der Dodo, also ab damit in den Papierkorb der Geschichte. Und niemand war erfreuter über diesen aufkeimenden Kollektivismus des New Deal als die Kommunistische Partei. Ihre neue, populäre Frontlinie der späten 1930er, eine Linie, die ihre alten, harschen, revolutionären Überzeugungen ersetzt hatte, schien mehr als gerechtfertigt durch den Geburtsprozess der glanzvollen Neuen Ordnung. In außenpolitischen Angelegenheiten marschierten die Vereinigten Staaten Hand in Hand mit der Sowjetunion in einem ruhmreichen Krieg zur Bekämpfung des Faschismus und zur Ausweitung der Demokratie. Daheim frohlockten die Kommunisten unter ihrem Führer Earl Browder über ihre neuentdeckte Respektabilität; die Browdersche Vorgabe, durch immer größere und zentralisierte Reformen des New Deal im Sozialismus anzukommen, schien ganz wunderprächtig zu funktionieren. Die Kommunisten posaunten, der Kommunismus sei der „Amerikanismus des 20. Jahrhunderts", und sie stünden an vorderster Front des neuen Patriotismus – sowie einer Super-Identifikation mit dem amerikanischen Leviathan, im Ausland sowie im Inneren. Kommunisten spielten eine belebende, wenn auch untergeordnete Rolle in den Kriegsanstrengungen und den

Planungen der Kriegsproduktion, hielten Vorträge zur Orientierung bei den Streitkräften und riefen nach Verfolgung aller möglichen Opposition gegen den Krieg. Earl Browder schien sogar ein offenes Ohr im Weißen Haus zu finden. In ihrer Rolle als Führer der CIO [„Congress of Industrial Organisations", ein Gewerkschaftsverband in den Jahren zwischen 1935 und 1955, Anm. d. Ü.] drückten die Kommunisten jeden Versuch eines Streiks oder bürgerrechtlicher Agitation streng nieder, der Energien vom gloriosen Krieg hätte abziehen können. Tatsächlich waren die Träume der Kommunisten so verwegen, dass sie sogar nach dem Krieg die Vorreiterrolle übernahmen beim Vorschlag eines dauerhaften Streikverbots. Oder wie Earl Browder es ausdrückte:

> „Wir erklären frei heraus, dass wir bereit sind, zu kooperieren, um den Kapitalismus in der Nachkriegszeit effektiv funktionieren zu lassen. ... Wir Kommunisten sind dagegen, eine Explosion des Klassenkonfliktes in unserem Land zuzulassen, wenn der Krieg endet ... wir erweitern nun die Perspektive nationaler Einheit auf viele Jahre in die Zukunft."[75]

Ein eloquenter Schrei gegen die Atmosphäre der Kriegszeit kam auf – in einem brillanten, gegen den New Deal gerichteten Roman, der nach dem Krieg von John Dos Passos veröffentlicht wurde, einem lebenslangen Radikalen und Individualisten, der durch den Kriegsmarsch und die Verwandlung Amerikas in einen korporatistischen Staat von der „extremen Linken" zur „extremen Rechten" getrieben wurde. Dos Passos schrieb:

> „Daheim organisierten wir Blutbänke und Bürgerwehren und imitierten den Rest der Welt durch Aufbau von Konzentrationslagern (nur nannten wir sie Internierungslager), in die wir amerikanische Bürger japanischer Abstammung steckten (Pearl Harbor – das Datum, das in Unrühmlichkeit weiterleben wird), ohne ihnen den Vorteil von Habeas Corpus zu gewähren ...
>
> Der Präsident der Vereinigten Staaten gab den aufrichtigen Demokraten, genau wie die Mitglieder des

Kongresses. In der Administration gab es fromme Gläubige in Sachen bürgerlicher Freiheit. ‚Jetzt sind wir mit dem Ausfechten des Krieges beschäftigt; wir werden unsere Freiheiten später entfalten', sagten sie ...

Krieg ist die Zeit der Cäsaren.

Der Präsident der Vereinigten Staaten war ein Mann von großem persönlichen Mut und überlegenem Vertrauen in seine Überzeugungskraft. Er gönnte sich nie einen Moment der Ruhe, flog nach Brasilien und Casablanca, Kairo, um mit den Führern auf Augenhöhe zu verhandeln; in Teheran mischte sich das Triumvirat ohne irgendjemandes Erlaubnis in die Geschichte ein; ohne ihre Wähler zu befragen, gestalteten sie die Landkarte um, teilten den blutigen Globus auf und sparten Freiheiten aus.

Und vom amerikanischen Volk wurde erwartet, sich für die Internierung des Jahrhunderts des gemeinen Mannes hinter Stacheldraht zu bedanken, so Gott ihm helfe.

Wir lernten. Es gab Dinge, die zu tun wir lernten, aber wir lernten nicht, trotz der Verfassung, der Unabhängigkeitserklärung und der großen Debatten in Richmond und Philadelphia, wie man Macht über das Leben von Menschen in die Hände eines einzelnen Mannes legt und ihn dazu bringt, sie weise zu nutzen."[76]

Es war diese niederdrückende politische und ideologische Atmosphäre, in der mein politisches Bewusstsein wuchs. Ökonomisch war ich schon seit der achten Klasse ein Konservativer, und exklusiver Kontakt mit Liberalen und Linken in der High School sowie am College schärfte diese Festlegung nur. Während des Zweiten Weltkrieges war ich Student an der Universität von Columbia; meinem sich entwickelnden konservativen und libertären Geist schien es, als gäbe es im ganzen Land keine Hoffnung und keine ideologischen Verbündeten. In Columbia und in New York im Allgemeinen sowie in der intellektuellen Presse stand nur der Mitte-Links-Monolith, der für die Neue

Ordnung blies. Das Meinungsbild auf dem Campus reichte von sozialdemokratischen Liberalen zu Kommunisten und ihren Verbündeten, und dazwischen schien es wenig zu geben, wofür man sich sonst hätte entscheiden können. Abgesehen von den Jungs der Studentenverbindung und den Sportskanonen, die vielleicht instinktiv konservativ gewesen sein mögen, aber kein Interesse an Politik oder Ideologie hatten, schien ich völlig allein zu sein. Gerüchteweise soll sich auf dem Campus tatsächlich ein anderer Republikaner aufgehalten haben; er hatte im Hauptfach Englisch belegt und war allein an literarischen Dingen interessiert, und so kamen wir nie in Kontakt. Überall um mich herum hallte nur derselbe linksliberale Horror wider: „Wir sind die Regierung, also warum bist du Aktivitäten der Regierung gegenüber so negativ eingestellt?" – „Wir müssen von Hitler lernen, wie man die Wirtschaft plant." Und mein Onkel, ein Langzeitmitglied der Kommunistischen Partei, sagte meinem konservativen Vater herablassend, er sei in der Nachkriegswelt sicher, „vorausgesetzt, dass er politisch schweigt". Die Neue Ordnung schien in der Tat kurz bevorzustehen.

Aber gerade als die Tage am dunkelsten schienen, und gerade als Verzweiflung die Losung der Zeit für Gegner des Etatismus und Despotismus zu sein schien, rührten sich Individuen und kleine Gruppen, von denen weder ich noch andere wussten, um tief in den Katakomben schreibender- und denkenderweise das schwache Flämmchen der Freiheit am Leben zu erhalten. Die altgedienten Libertären sahen sich gezwungen, eine obskure Heimat unter konservativen Publizisten der „extremen Rechten" zu finden. Der alternde Albert Jay Nock, nun in seinen Siebzigern, fand eine Heimstatt im „National Economic Council" von Merwin K. Hart, einem Veteran des rechtsgerichteten Isolationismus; im Frühling des Jahres 1943 animierten reiche Freunde Hart zur Gründung der monatlich erscheinenden „Economic Council Review of Books", für die Nock schrieb und über die Zeit des Krieges auch herausgab. Frank Chodorov, von der Henry-George-Schule geworfen, ergänzte einen prekären Lebensunterhalt durch Gründung eines superb geschriebenen, monatlich und im Ein-Mann-Betrieb herausgegebenen Flugblatts namens „analysis" im Jahre 1944, veröffentlicht aus einem schmuddeligen Dachboden in Lower Manhattan. Dort begann Chodorov, die Nocksche Staatsanalyse anzuwenden und auszuweiten und arbeitete an einer wirtschaftstheoretischen Ergänzung zu Nocks historischem „Our Enemy, the State", eine Arbeit, die Chodorov in Form gebundener Kopien kurz nach dem Ende des Krieges herausgab.[77] John T. Flynn fand ein Zuhause beim bereits seit langer Zeit bestehenden, rechtsstehenden „Committee for Constitutional Government" sowie seinem Ableger, „America's Future, Inc.". Der altgediente Publizist Garet Garrett, aus der durchgeschüttelten „Saturday Evening Post" geworfen, fand ein undurchsichtiges Ein-Mann-Quartalsperiodikum, „American Affairs", ausgegeben als kleinerer Teil der Operationen der statistischen Organisation des amerikanischen Geschäftslebens, des „National Industrial Conference Board". In der Gegend von Los Angeles wurde Leonard E. Read, Generaldirektor der Handelskammer von Los Angeles, von William C. Mullendore zum laissez-faire-libertären Glauben konvertiert, dem Kopf der „Commonwealth Edison Company", während Raymond Cyrus Hoiles, anarchokapitalistischer Herausgeber des täglich erscheinenden „Santa Ana Register" (und späterer Herausgeber einer Serie von „Freedom Newspapers"), die Arbeiten des libertären französischen Ökonomen Frédéric Bastiat aus dem 19. Jahrhundert neu auflegte. Und auf linker Seite gründete der ehemalige Trotzkist Dwight McDonald, zum Anarcho-Pazifismus gewechselt, sein praktisch im Ein-Mann-Betrieb herausgegebenes Monatsperiodikum „Politics", das sich unermüdlich den Krieg samt dem anhängenden Etatismus zur Brust nahm.

Das wöchentlich erscheinende Magazin „Human Events" sollte sich zum langlebigsten „rechtsgerichteten", während des Krieges gegründeten journalistischen Unternehmen entwikkeln. Es wurde 1944 als vierseitiger Newsletter mit einem in regelmäßigen Abständen angehängten, ebenfalls vierseitigen Analyse-Artikel veröffentlicht. „Human Events" wurde von drei langgedienten Isolationisten und konservativen Libertären aufgezogen: Frank Hanighen, Koautor des berühmtesten antimilitaristischen, aufsehenerregenden Buches der 1930er, „The Merchants of Death“ [„Händler des Todes“, Anm. d. Ü.]; Felix Morley, angesehener Schriftsteller und vormals Präsident des Quaker Haverford College; sowie Henry Regnery, Geschäftsmann aus Chicago.

Aber ohne jeden Zweifel war die Veröffentlichung mehrerer Bücher während des Krieges am wichtigsten für das Wiederauftauchen des Libertarismus in der Nachkriegszeit, Bücher, die zu dieser Zeit überwiegend ignoriert wurden und in Vergessenheit geraten waren, aber beim Gießen eines Fundamentes für die Nachkriegs-Renaissance halfen. Drei dieser Bücher, alle 1943 erschienen, wurden geschrieben von außerordentlich unabhängigen, störrischen und individualistischen Frauen. Die Drehbuchautorin Ayn Rand schrieb den Roman „Der Ewige Quell“, einen Lobgesang auf den Individualismus, der von einer Unzahl an Verlagen abgelehnt wurde, bevor er endlich von Bobbs-Merrill publiziert wurde. Zu diesem Zeitpunkt weithin ignoriert, wurde „Der Ewige Quell“ über die Jahre zum „Untergrund“-Bestseller, der dank Mundpropaganda seiner Leser große Verbreitung fand. (Der Roman wurde von Verlegern mit der Begründung abgelehnt, sein Stoff sei zu „kontrovers“, sein Inhalt zu intellektuell und sein eigensinniger Held zu unsympathisch, um kommerziell Chancen zu haben.[78])

Rose Wilder Lane, die in den 1920ern Mitglied der Kommunistischen Partei gewesen war, veröffentlichte, aus ihrer Halbisolation in ihrer Heimat Danbury, Connecticut, „The Discovery of Freedom“,[79] ein eloquentes, singendes Prosa-Poem zu Ehren der Geschichte der Freiheit und des freimarktwirtschaftlichen Kapitalismus.

Das dritte wichtige, von einer Frau geschriebene libertäre Buch der Kriegszeit wurde von Isabel Paterson verfasst, die sich als Autorin mehrerer wortklappernder Romane in den 20er Jahren gemacht hatte und über lange Zeit regelmäßige Kolumnistin für die „Review of Books“ der „New York Herald Tribune“ gewesen war. Ihr nonfiktionales Werk „The God of the Machine“

war ein exzentrisches, aber wichtiges Ereignis im libertären Denken. Es bestand aus einer Reihe von Essays, einige davon schwülstig und gezeichnet vom Gebrauch aufdringlicher Analogien aus der elektrischen Energietechnik zum Sozialwesen; aber es blitzten darin auch brillante Einsichten und Analysen auf. Besonders wichtig waren ihre Kapitel über die Förderung des Monopolwesens durch den Staat nach dem Bürgerkrieg, ihr Beweis der Unmöglichkeit „Öffentlichen Eigentums" sowie ihre Verteidigung des Goldstandards. Die beiden Kapitel, die den größten Einfluss auf Libertäre ausübten, waren „The Humanitarian with the Guillotine" [„Der Humanist mit der Guillotine", Anm. d. Ü.], eine brillante Kritik des Wohltatentums und seiner Konsequenz, der Wohlfahrtsethik; und „Our Japanized Educational System" [„Unser japanisiertes Erziehungssystem", Anm. d. Ü.], in dem Paterson eine glühende philosophische Kritik progressiver Erziehung ablieferte, die die Gegenbewegung zum Progressivismus der Nachkriegszeit zu entzünden half. Paterson erklärte den Zusammenhang zwischen Wohlfahrtsdenken, Parasitentum und Zwangsausübung wie folgt:

> „Was kann ein Mensch wirklich für einen anderen tun? Er kann von seinem Vermögen und seiner eigenen Zeit soviel hergeben, wie auch immer er sich leisten kann. Aber er kann weder Fähigkeiten verschenken, die ihm von der Natur verweigert wurden, noch seinen Lebensunterhalt, ohne selber abhängig zu werden. Wenn er hergibt, was er verdient, muss er es zuerst verdienen. ... Aber einmal angenommen, er verfüge über keine eigenen Mittel, bilde sich aber ein, er könne ad hoc ‚Hilfe für andere' zu seinem vorrangigen Zweck und zu einer normalen Lebensweise machen, was die zentrale Doktrin des humanitären Glaubens bildet, wie soll er das bewerkstelligen? ...
>
> Wenn das oberste Ziel des Philanthropen, die Rechtfertigung seiner Existenz, darin besteht, anderen zu helfen, dann *verlangt* sein oberstes Gut, dass andere hilfsbedürftig sein sollten. Sein Glück ist das Gegen-

stück ihres Unglücks. Wenn er der ‚Menschheit' helfen will, muss die ganze Menschheit hilfsbedürftig sein. Der Humanitäre wünscht sich, eine Hauptantriebskraft im Leben anderer zu sein. Er kann weder eine göttliche noch eine natürliche Ordnung zulassen, durch die Menschen in die Lage versetzt werden, sich selbst zu helfen. Der Humanitäre setzt sich an die Stelle Gottes.

Aber er ist mit zwei heiklen Tatsachen konfrontiert; erstens, dass die Fähigen seine Hilfe nicht brauchen; und zweitens, dass die Mehrheit der Menschen ... keine ‚Wohltaten' vom Humanitären wollen. ... Was der Humanitäre natürlich wirklich vorschlägt, ist, dass er tun sollte, was seiner Ansicht nach gut für alle anderen ist. Es ist dieser Moment, in dem der Humanitäre die Guillotine aufstellt.

Welche Welt stellt sich der Humanitäre vor, die seinen Absichten das weitestmögliche Betätigungsfeld liefert? Es kann eigentlich nur eine Welt sein, die gefüllt ist mit Brotschlangen und Hospitälern, in der niemand mehr über die natürliche Kraft eines menschlichen Wesens verfügt, sich selbst zu helfen oder sich gegen Übergriffe auf seine Person zu wehren. Und das ist exakt die Welt, die der Humanitäre arrangiert, wenn ihm freie Hand gelassen wird. ... Es gibt nur einen Weg dorthin, nämlich den der Nutzung sämtlicher Mittel politischer Macht. Deshalb verspürt der Humanitäre auch die größte Genugtuung, wenn er von einem Land hört oder es besucht, in dem jeder auf Lebensmittelkarten angewiesen ist. Wo Subsistenz ausgeräumt ist, wurde das Desideratum allgemeiner Bedürftigkeit erreicht und die überlegene Macht, diese zu ‚lindern'. Der theoretische Humanitäre erweist sich in der Praxis als Terrorist."[80]

Ebenso wichtig und auch ebenso obskur zu dieser Zeit war die Veröffentlichung von Albert Jay Nocks letztem großen Werk, seiner intellektuellen Autobiographie „Memoirs of a Superfluous Man".[81] In den Memoiren erweiterte und verwebte Nock die Themen seiner früheren Bücher über Geschichte, Theorie, Kultur und den Staat, durchzogen von einem vermehrten Pessimismus bezüglich der Aussichten einer breiteren Akzeptanz des Libertarismus, der in den Zeiten, in denen Nock schrieb, nur allzu verständlich war. Er fühlte, dass Greshams Gesetz – das Böse vertreibt das Gute – im Bereich der Kultur und der Ideen ebenso zwangsläufig wirkte wie auf dem Feld der Münzprägung und des Geldes. Beim Marsch in die neue Barbarei würde die Natur schon ihren Lauf nehmen.[82]

Auf dem Feld der Ökonomie schienen die Keynseanisten und Wirtschaftsplaner unterdessen vor sich her zu fegen. Der herausragendste aller Laissez-faire-Ökonomen, Ludwig von Mises, der auf dem Kontinent an vorderster Stelle in der wirtschaftswissenschaftlichen Welt in den 10er und 20er Jahren stand, geriet im Gefolge der „Keynseschen Revolution" der späten 1930er weitestgehend in Vergessenheit. Er wurde vernachlässigt, obwohl Mises unter englischsprachigen Ökonomen in den frühen 30er Jahren gerade durch seine Theorie der Konjunkturzyklen von sich reden machte, anhand derer er die Große Depression staatlichem Interventionismus zuschrieb. Vor den Nazis geflohen, hatte Mises 1940 eine gigantische Abhandlung über Laissez-faire-Ökonomie in Genf veröffentlicht, ein Buch, das zwischen den Zwillingsstürmen des Marsches in den Kollektivismus im ökonomischen Denken sowie dem Holocaust des Zweiten Weltkrieges verloren ging. 1940 nach New York emigriert und ohne akademischen Posten, brachte Mises es fertig, während des Krieges zwei Bücher herauszugeben. Bei beiden handelte es sich um sehr wichtige Bücher, die wiederum nur wenige Spuren in der akademischen Welt hinterließen. Mises' kurze Abhandlung „Bureaucracy"[83] [„Die Bürokratie", Anm. d. Ü.] gehört immer noch zu den besten Schriften über das Wesen der Bürokratie sowie die ihr innewohnende, klaffende Lücke zwischen profitorientiertem und non-profit- oder bürokratischem Management. Mises' „Omnipotent Government"[84] [„Im Namen des Staates oder Die Gefahren des Kollektivismus", Anm. d. Ü.] erhielt einige akademische Aufmerksamkeit als wichtigste Stellungnahme innerhalb der antimarxistischen Position, derzufolge Nazi-Deutschland kein Spiegel des Großkapitals war, sondern eine Variante des Sozialismus und Kollektivismus. (An der Universität in Columbia wurde „Im Namen des Staates“ zu dieser Zeit als Gegenentwurf zu Franz Neumanns sehr populärem marxistischen Werk über den Nazismus gelesen, „Behemoth)“.

Aber dasjenige libertäre Werk der Kriegszeit, das dazu bestimmt war, den größten unmittelbaren Einfluss auszuüben, war nicht Mises‘, sondern dasjenige seines prominentesten Anhängers in Sachen Österreichischer Ökonomie, Friedrich A. Hayeks. In den frühen 30er Jahren war Hayek nach England ausgewandert, um an der London School of Economics zu lehren, wo er beträchtlichen Einfluss sowohl auf jüngere Ökonomen als auch heranwachsende Prominente englischer intellektueller Zirkel hatte, darunter solch herausragende, ausgewanderte Philosophen wie Karl Popper und Michael Polanyi. Es war vermutlich diese Bekanntheit in England, durch die sich der überwältigende akademische Erfolg von Hayeks „Der Weg zur Knechtschaft“[85] erklären lässt. Denn es war sicher nicht Hayeks Stil, eher schwer germanisch als sprühend, außerdem viel weniger lesbar als Mises, der sich ja um ein ähnliches Thema kümmerte. Vielleicht waren Intellektuelle, übersättigt durch Jahre pro-etatistischer und pro-planwirtschaftlicher Propaganda, einfach reif für eine Erklärung von der anderen Seite der Medaille.

Was auch immer der Grund gewesen sein mag, schlug „Der Weg zur Knechtschaft“ in den Intellektuellenzirkeln der Vereinigten Staaten und Englands ein wie ein Blockbuster. Seine Hauptthese war, dass Sozialismus und Zentralplanung mit Freiheit, Rechtsstaatlichkeit oder Demokratie unvereinbar seien. Die Nazi- und Faschisten-Regime wurden als ein Aspekt dieses modernen Kollektivismus betrachtet, und Hayek zeichnete eindrucksvoll die großen Ähnlichkeiten zwischen dem etatistischen Planungswesen der Weimarer Republik und dem späteren Wirtschaftsprogramm Hitlers nach. Die hoch gepriesene soziale Demokratie der Weimarer Republik war nicht mehr als Faschismus im Embryonalstadium.[86]

„Der Weg zur Knechtschaft“ hinterließ einen Abdruck auf allen Meinungsebenen. Die Zeitungen der Hearst-Gruppe veröffentlichten das Buch als Fortsetzungsreihe und priesen seinen Angriff auf den Sozialismus. Es wurde zur Pflicht in nahezu allen College-Kursen als Plädoyer für „die andere Seite“ (obwohl es bezüglich seiner Laissez-faire-Ansichten tatsächlich kaum konsistent war). Englische Intellektuelle waren dermassen verstört, dass zwei versuchte Anfechtungen Hayeks durch Sozialdemokraten hastig in Druck gegeben wurden: Hermann Finers Schmähung „Road to Reaction“ [„Der Weg in die Reaktion“] und Barbara Woottons „Plan or no Plan“ (auf das Mises erwidern würde, Freimarktwirtschafts-Ökonomen sei es lieber, wenn jeder Mensch *für sich selbst* plane). Hayeks Werk hatte unberechenbare Effekte derart, viele sozialistische Intellektuelle zum Individualismus und Kapitalismus zu konvertieren oder Hilfestellung zur Konvertierung zu bieten. Die Verwandlung John Chamberlains, eines der führenden Schriftsteller und Kritiker der Linken der 1930er Jahre und Autor des bekannten „Farewell to Reform“ [„Abschied von Reformen“, Anm. d. Ü.], in einen individualistisch-konservativ gesinnten Kopf wurde durch das Buch stark beschleunigt; Chamberlain schrieb das Vorwort zum „Weg in die Knechtschaft“. F.A. Harper, ein freimarktwirtschaftlich orientierter Professor für agrikulturelle Wirtschaft an der Cornell-Universität, sah sich in seinen libertären Ansichten doppelt bestätigt. Und Frank S. Meyer, einer der führenden Theoretiker der Kommunistischen Partei, Mitglied ihres Nationalkomitees und Chef ihrer „Worker‘s School“ in Chicago, empfand Hayeks Beschreibung der Unvereinbarkeit von Sozialismus und Freiheit als verstörend überzeugend. Es ist eine ironische und faszinierende Fußnote in der Geschichte der Ideologie unserer Zeit, dass „Der Weg zur Knechtschaft“ eine seiner wohlwollendsten Rezensionen im kommunistischen Magazin „The New Masses“ erhielt – eine Besprechung, die einen der letzten Beiträge Meyers zur kommunistischen Bewegung darstellte. Und dies waren gewiss nur einige wenige Beispiele für den entscheidenden Einfluss von Hayeks Arbeit.

Aber dieser Einfluss sowie vor allem auch die kleineren Wellen, die andere libertäre Arbeiten während des Krieges warfen, waren nur als Tageserfolg sichtbar. Es gab *scheinbar* keinen langwährenden Erfolg, irgendeine Art von Bewegung, die aus den schwarzen Tagen hervorgegangen wäre, in die der Libertarismus gefallen war. Oberflächlich gesehen schien es gegen Ende des Krieges ebenso wenig Hoffnung für die Sache des Individualismus und der freien Marktwirtschaft zu geben wie während der Kriegsjahre.

7. Die Renaissance der Nachkriegszeit I: Libertarismus

Eine Zeit lang schien das ideologische Klima der Nachkriegszeit dasselbe zu sein wie während des Krieges: Internationalismus, Etatismus und das Hofieren von Planwirtschaft und Zentralstaat grassierten überall. Während des ersten Nachkriegsjahres, 1945-46, ging ich auf die Graduiertenschule in Columbia, wo die intellektuelle Atmosphäre auf drückende Art nur mehr desselben bot. Zu Beginn des Jahres 1946 waren die Kriegsveteranen heimgekehrt, und die Atmosphäre auf dem Campus war gesättigt mit den berauschenden Plänen und Illusionen verschiedener Flügel der Alten Linken. Die meisten der Veteranen hatten sich dem neugebildeten „American Veterans Committee" (AVC) angeschlossen, einer Gruppe, die auf Veteranen des Zweiten Weltkriegs beschränkt war und hoffte, die alten und reaktionären Gruppen „American Legion" sowie „Veterans of Foreign Wars" ersetzen zu können. In diesen Jahren war das AVC auf dem Campus gespalten zwischen den Sozialdemokraten auf der rechten und den Kommunisten und ihren Verbündeten auf der linken Seite, und diese beiden Fraktionen setzten die Parameter der politischen Debatten an der Universität.

Es war diese stickige Atmosphäre, in der mir zuerst bewusst wurde, dass ich nicht völlig alleine war; dass es eine libertäre „Bewegung" gab, wie klein und embryonal auch immer. Ein junger Professor für Wirtschaftswissenschaften von der Brown-Universität begann im Herbst 1946 seine Lehrtätigkeit an der Columbia: George J. Stigler, der später ein herausragendes Mitglied der „Chicagoer Schule" der Freimarkt-Ökonomie werden sollte. Groß, gewitzt und selbstsicher betrat Stigler eine große Klasse über Preistheorie und verblüffte die versammelten Linken, indem er seine ersten beiden Vorlesungen einem Angriff auf Mietpreiskontrollen sowie einer Widerlegung von Mindestlohngesetzen widmete. Als Stigler den Klassenraum verließ, war er umgeben von staunenden und verwunderten Studenten, die seinen Standpunkt erörterten, der ihnen erschien, als wäre er plötzlich aus der Steinzeit hervorgeholt worden. Natürlich war ich darob hocherfreut; hier war also nun eine freimarktwirtschaftliche Perspektive mit intellektueller Substanz, nicht nur formuliert in den schrillen und verwirrten Tönen der Hearst-Presse! Professor Stigler verwies uns an ein Pamphlet (schon lange aus dem Druck, aber *immer noch* eine der wenigen Untersuchungen zu Mietpreiskontrollen), das er zusammen mit einem anderen jungen Freimarktwirtschafts-Ökonomen namens Milton Friedman verfasst hatte: „Roofs or Ceilings?" [„Dächer oder Decken?", Anm. d. Ü.] – veröffentlicht von einer Organisation namens „Foundation for Economic Education" (FEE) [„Stiftung für wirtschaftliche Erziehung", Anm. d. Ü.] in Irvington-on-Hudson, New York. Stigler erklärte, er und Friedman hätten das Pamphlet über diese obskure Gruppe publiziert, weil „niemand sonst es veröffentlichen wollte". Verzückt bat ich schriftlich um das Pamphlet sowie um Informationen über diese Gruppe; und durch diesen Akt war ich unwissentlich in die libertäre Bewegung „eingetreten".

Die FEE wurde 1946 von Leonard E. Read gegründet, der für viele Jahre ihr Präsident war, Lenker, Stichwortgeber, Spendensammler und Leuchtturm. In diesen Jahren und für viele weitere diente die FEE als größter Fokus und offenes Zentrum für libertäre Aktivitäten in den Vereinigten Staaten. Nicht nur hat so gut wie jeder prominente Libertäre in mittleren Jahren oder älter zu einem bestimmten Zeitpunkt in seinem Team gearbeitet; die FEE war durch ihre Aktivitäten die erste Leuchtboje, die unzählige junge Libertäre in die Bewegung zog. Der erste Stab bildete sich um eine Gruppe von freimarktwirtschaftlich orientierten Landwirtschafts-Ökonomen, geführt von Dr. F.A. („Baldy") Harpter, der von der Cornell-Universität kam und der bereits ein anti-etatistisches Pamphlet namens „The Crisis of the Free Market" [„Die Krise des freien Marktes", Anm. d. Ü.] für das „National Industrial Conference Board" geschrieben hatte, für das Leonard Read nach seinem Weggang von der Handelskammer in Los Angeles gearbeitet hatte. Unter den jungen Wirtschaftswissenschaftlern, die zusammen mit Harper von der Cornell zur FEE gekommen waren, befanden sich die Doktoren Paul Poirot, William Marshall Curtiss, Ivan Bierly und Ellis Lamborn. Aus Los Angeles kam in Reads Schlepptau Dr. V. Orval Watts, der als Ökonom für die Kammer in Los Angeles gearbeitet hatte.

Eine der wichtigen, aber unbesungenen Figuren in der frühen libertären Nachkriegs-Bewegung war Loren („Red") Miller, der in kommunalen Reformbewegungen in Detroit und anderswo aktiv gewesen war. In Kansas City schloss sich Miller mit William Volker zusammen, Chef der William Volker Company, einer führenden, auf Komplettausstattungen spezialisierten Möbelfirma für die westlichen Staaten, um gegen die korrupte Pendergast-Maschine zu kämpfen. Der charismatische Miller war anscheinend von entscheidender Bedeutung dahingehend, viele kommunale Reformer quer durchs Land zum laissez-faire zu konvertieren; dazu zählten auch Volker und sein Neffe und Erbe Harld Wo. Luhnow.[87]

Luhnow, heute Chef der Volker Company und des William-Volker-Wohltätigkeits-Fonds seines Onkels, gehörte vor dem Krieg zu den aktiven Isolationisten. Nun wurde er zum aktiven Unterstützer der FEE und war besonders darum bemüht, die beinahe völlig in Vergessenheit geratene Sache libertärer Stipendien zu fördern. Ein anderer Red-Miller-Konvertit war das junge Verwaltungsgenie Herbert C. Cornuelle, für kurze Zeit stellvertretender Direktor der FEE. Nach dem Tod Volkers im Jahre 1947 begann Luhnow damit, die Ausrichtung des Volker-Fonds von den hergebrachten Wohltätigkeiten in Kansas City hin zur Förderung libertärer und Laissez-faire-Stipendien zu ändern. In den späten 1940ern unternahm er wackere Anstrengungen, um für die führenden Köpfe der Österreichischen Schule der Ökonomie, Ludwig von Mises und F.A. Hayek, angesehene akademische Posten zu ergattern. Das Beste, was er für Mises tun konnte, der in New York darniederlag, war ein Posten als „Gastprofessor“ an der Graduiertenfakultät für Betriebswirtschaft der Universität von New York. Mises wurde außerdem Teilzeitmitglied des FEE-Teams. Bei Hayek war Luhnow etwas erfolgreicher; er verschaffte ihm eine Professorenstelle im neugegründeten „Graduate Committee on Social Thought“ [auf Deutsch soviel wie „Graduierten-Komitee für Sozialwissenschaften“, Anm. d.Ü.] an der Universität von Chicago – nachdem die wirtschaftswissenschaftliche Fakultät in Chicago ein ähnliches Arrangement abgelehnt hatte. In beiden Fällen weigerte sich die Universität allerdings, diesen ausgezeichneten Lehrern ein Gehalt zu zahlen. Für den Rest ihrer Karriere in der akademischen Welt Amerikas wurde das Salär sowohl Mises‘ als auch Hayeks aus dem William-Volker-Fonds bezahlt. (Als der Fonds 1962 kollabierte, übernahmen Read und ein Konsortium von Unternehmern die Finanzierung von Mises‘ Stelle an der NYU.)

Nach einigen Jahren, in denen er den Volker-Fonds alleine betrieb, entschied sich Harold Luhnow, die Aktivitäten des Fonds auf die Stimulierung konservativer und libertärer Stipendien auszuweiten, und Herb Cornuelle wechselte von der FEE zum Volker-Fonds als dessen erster Verbindungsoffizier.

Nach einem kurzen politischen Agitationsgestöber gegen Mietpreiskontrollen entschied Read, die FEE als reine Bildungsorganisation zu unterhalten. Im ersten Jahrzehnt ihrer Existenz gab sie von Mitgliedern und anderen Autoren verfasste Pamphlete heraus, derer viele in einer Buchreihe veröffentlicht wurden, „Essays on Liberty“; aber wahrscheinlich bestand ihre wichtigste Rolle darin, ein offenes Zentrum für die Bewegung zu sein, Seminare, Treffen und Abendveranstaltungen zu sponsern sowie besuchenden und angehenden Libertären gastfreundschaftlich zu begegnen. Durch und in der FEE entdeckte ich all die ehemaligen „Untergrund“-Kanäle des libertären Denkens und Ausdrucks: die Bücher, die während des Krieges publiziert wurden, die Nockianer (Nock selbst war im Sommer 1945 verstorben) und die anhaltenden Aktivitäten John T. Flynns und Rose Wilder Lanes (die Nock als Herausgeber der „Economic Council

Review of Books“ sowie von „Human Events“ nachgefolgt waren).

Inmitten dieses neuen und aufregenden Milieus entwuchs ich meinem vormals eher vagen „Handelskammer-Konservatimus“ und wurde zum kompromisslosen und „doktrinären“ Laissez-faire-Libertären, überzeugt davon, dass kein Mensch und keine Regierung das Recht habe, eines anderen Menschen Person oder Eigentumsrechte zu verletzen. Auch wurde ich in dieser Zeit zum „Isolationisten“. In den Jahren, in denen ich in ökonomischer Hinsicht immer „konservativer“ wurde, hatte ich nur wenige oder gar keine unabhängigen Gedanken über auswärtige Beziehungen entwickelt; ich war buchstäblich zufrieden damit, mein außenpolitisches Denken aus den Leitartikeln der guten, grauen „New York Times“ zu ziehen. Allerdings wurde mir nun klar, dass „Isolationismus“ in ausländischen Beziehungen nur das außenpolitische Gegenstück zur Vorstellung streng limitierter Regierungsbefugnisse innerhalb der Grenzen eines jeden Landes war.

Zu den wichtigsten Einflüssen meinerseits gehörte Baldy Harper, dessen ruhige und liebenswürdige Gastfreundlichkeit gegenüber jungen Neulingen viele von uns zum libertären Glauben hinzog, den er verströmte und verkörperte – ein Glaube, der umso effektiver war, da er statt einer ökonomisch eingeengten Sichtweise auch die philosophischen Aspekte der Freiheit betonte. Ein anderer war Frank Chodorov, den ich bei der FEE getroffen hatte, wodurch ich sein superbes Flugblatt „analysis“ entdeckte. Mehr als jede andere einzelne Kraft war Frank Chodorov – dieser noble, mutige, aufrichtige und spontane Gigant eines Mannes, der kein Jota von seinen eloquenten Anklagen unseres Feindes, des Staates, abwich – meine Eintrittskarte zum kompromisslosen Libertarismus.

Als ich das erste Mal auf Franks Arbeit stieß, war das ein wahrer – und grenzenlos aufregender – Kulturschock. Eines Tages im Jahre 1947 hielt ich mich in einem Buchladen an der Columbia-Universität auf, als aus einer Flut der üblichen stalinistischen, trotzkistischen und anderer Flugblätter ein Pamphlet mit dem in roten Buchstaben prangenden Titel „Steuern sind Raub“ hervorflammte, verfasst von Frank Chodorov.[88] Das war‘s. Diese leuchtenden und unwiderstehlichen Wörter einmal vor Augen, konnte meine ideologische Ausrichtung nie wieder dieselbe sein. In der Tat: Was waren Steuern denn anderes als ein Akt des Raubes? Und es wurde mir klar, dass es keinen anderen Weg gab, Steuererhebungen zu definieren, den man nicht auch auf den Tribut anwenden könnte, der von Räuberbanden erhoben wird.

Chodorov eröffnete ein Pamphlet mit der Aussage, es gebe nur zwei elementare moralische Positionen zum Staat und zu Steuern. Der ersten zufolge könnte man sagen, dass „politische Institutionen sich aus der ‚Natur des Menschen‘ ableiten und sich somit stellvertretender Göttlichkeit erfreuen‘, oder dass der Staat der ‚Grundpfeiler sozialer Eingliederung‘ sei. Anhänger dieser Position haben keine Probleme, Steuererhebungen gutzuheißen. Menschen der zweiten Gruppe „halten am Vorrang des Individuums fest, dessen bloße Existenz seine unveräußerlichen Rechte beansprucht“; sie glauben, dass „der Staat durch die verpflichtende Erhebung von Abgaben und Gebühren lediglich Macht ausübt, ohne Moralvorstellungen zu beachten“. Chodorov zögerte nicht, sich der zweiten Gruppe zuzuordnen:

> „Wenn wir annehmen, das Individuum habe ein unbestreitbares Recht auf Leben, müssen wir zugestehen, dass es ein ähnliches Recht hat, sich der Früchte seiner Arbeit zu erfreuen. Dies nennen wir Eigentumsrecht. Das absolute Recht auf Eigentum folgt aus dem ursprünglichen Recht auf Leben, da eines ohne das andere bedeutungslos wäre; die Mittel zur Lebenserhaltung müssen mit dem Leben selbst identifiziert werden. Wenn der Staat ein vorrangiges Recht auf jemandes Arbeit Früchte hat, ist seine Daseinsberechtigung gegeben ... solche vorrangigen Rechte können nicht bewiesen werden, es sei denn, man definiert den Staat als Urheber aller Rechte. ... Wir lehnen die Beschlagnahmung unseres Eigentums durch die organisierte Gesellschaft

in derselben Weise ab, als hätte ein einzelner Teil der Gesellschaft die Tat begangen. Letzteres bezeichnen wir ohne zu zögern als Raub, als malum in se. Es ist nicht das Gesetz, das in erster Instanz Raub definiert, es ist ein ethisches Prinzip, das vom Gesetz verletzt, aber nicht durch es ersetzt werden kann. Wenn wir, bedingt durch die Notwendigkeit, zu leben, die Kraft des Gesetzes hinnehmen, wenn wir, lange daran gewöhnt, die Immoralität dahinter aus dem Blick verlieren – wurde das Prinzip dadurch ausradiert? Raub ist Raub, und keine noch so große Zahl an Wörtern kann etwas anderes daraus machen.[89]

Die Idee, Steuern seien einfach Zahlungen für soziale Dienstleistungen, weckte nur Chodorovs Zorn:

> „Steuererhebungen für soziale Dienstleistungen deutet einen gleichberechtigten Handel an. Sie suggerieren ein quid pro quo, ein auf Gerechtigkeit basierendes Verhältnis. Aber die essentielle Bedingung des Handels, unter der Voraussetzung, dass er freiwillig betrieben wird, hat mit Besteuerung nichts am Hut; schon ihr Gebrauch von Zwang schließt sie vom Feld des Handels aus und stellt sie direkt in dasjenige der Politik. Steuern können nicht mit Gebühren verglichen werden, die man einer freiwilligen Organisation entrichtet für Dienste, die man von einer Mitgliedschaft erwarten würde, da das Recht auf Austritt nicht existiert. Verweigert man sich einem Handel, mag man sich selbst eines Profits berauben, aber die einzige Alternative zum Zahlen von Steuern ist Gefängnis. Die Suggestion von Gleichberechtigung bezüglich Steuereintreibung ist fadenscheinig. Wenn wir überhaupt etwas bekommen für die Steuern, die wir zahlen, dann nicht deshalb, weil wir das wollten; wir werden dazu gezwungen.“[90]

Zum „Zahlungsfähigkeitsprinzip“ der Besteuerung bemerkte Chodorov ätzend: „Was ist das bitte anderes als das Recht des Straßenräubers, dort zu nehmen, wo es am günstigsten erscheint?". Er schloss pointiert: „Es kann keine gute oder gerechte Steuer geben; jede Steuer gründet auf Zwang."[91]

Oder nehmen Sie eine andere Schlagzeile, die mich aus Chodorovs „analysis" förmlich anschrie: Kauft keine Staatsanleihen! In einer Zeit, da Sparbriefe der Regierung im allgemeinen als ein Ausweis von Patriotismus verkauft wurden, war das ebenfalls ein Schock. Im Artikel konzentrierte sich Chodorov auf die grundlegende Immoralität, nicht nur einfach die fiskalische Wackeligkeit des bundesstaatlichen Steuern-und-Anleihen-Prozesses.

Es ist typisch für Frank Chodorov, dass seine Beharrlichkeit, seine bloße Gegenwart die weitaus zahlreicheren „freiunternehmerischen" Gruppen als diejenigen Konjunkturjäger oder sogar Scharlatane bloßstellte, die sie zu sein pflegten. Während andere konservative Gruppen nach Verringerung der Steuerlasten riefen, forderte Chodorov ihre Abschaffung; während andere vor den wachsenden Belastungen durch die öffentlichen Schulden warnten, forderte nur Chodorov – auf großartige Weise – ihre Nichtanerkennung als einzigen moralischen Weg. Denn wenn die Schulden der öffentlichen Hand belastend und unmoralisch sind, ist vollständige Ablehnung der beste und moralischste Weg, sie loszuwerden. Wenn die Halter der Anleihen, wie ja klar zu sein schien, zwangsweise auf Kosten des Steuerzahlers lebten, müsste diese legalisierte Enteignung eigentlich so schnell wie möglich beendet werden. Nichtanerkennung, schrieb Chodorov, „kann einen heilsamen Effekt auf die Wirtschaft des Landes haben, da eine Verminderung der Steuerlast den Bürgern mehr für eigene Aktivitäten übriglässt. Der Markt wird dadurch gesünder und dynamischer." Weiterhin „empfiehlt sich Nichtanerkennung auch, weil sie die Staatsgläubigkeit schwächt. Solange dieser Akt nicht von nachfolgenden Generationen vergessen wird, werden die Versprechungen des Staates nur auf wenige Gläubige stoßen; seine Glaubwürdigkeit ist erschüttert."[92]

Auf das Argument, der Kauf von Anleihen sei Ausdruck einer patriotischen Öffentlichkeit, einen Krieg zu unterstützen, erwiderte Chodorov, der wahre Patriot würde Geld für Kriegsanstrengungen nicht leihen, sondern spenden.

Als Schüler Albert Jay Nocks und somit kompromissloser und konsequenter Gegner staatlicher Macht und Privilegien war sich Chodorov der Kluft zwischen sich selbst und den Allerwelts-freiunternehmerischen und antisozialistischen Gruppen vollauf bewusst. Er beschrieb diese Differenz zielgenau und brillant in seinem „Socialism by Default" [bedeutet in diesem Kontext wahrscheinlich „Automatischer Sozialismus", Anm. d. Ü.]:

> „Die Sache des Privateigentums wurde von Männern auf die Tagesordnung gesetzt, die kein Interesse an ihm hatten; ihre Hauptsorge galt den Privilegien, die zusammen mit dem Privateigentum wuchsen. Sie beginnen damit, Privateigentum als etwas zu definieren, das vom Gesetz genommen werden kann; somit konzentrieren sie ihre Schläue auf die Frage, wie man die Gesetzgebungsmaschine kontrollieren kann, damit die daraus hervorgehenden Gesetze sie in die Lage versetzen, auf Kosten der Produzenten zu profitieren. Sie reden über die Vorteile des Wettbewerbs, arbeiten aber auf monopolistische Praktiken hin. Sie preisen individuelle Initiative und unterstützen gesetzliche Einschränkungen solcher Individuen, die ihren Aufstieg in Frage stellen könnten. Kurz, sie sind für den Staat, den Feind des Privateigentums, weil sie von seinen Machinationen profitieren. Ihr einziger Einwand gegen den Staat richtet sich gegen dessen Tendenz, in ihre privilegierten Positionen einzudringen oder Privilegien auch anderen Gruppen zu gewähren."[93]

Vor allem hob Chodorov hervor, dass, ginge es den „freiunternehmerischen" Gruppen aufrichtig um Freiheit, sie sich für die Abschaffung von Zöllen, Importquoten, regierungsseitiger Manipulation des Geldes, Subventionen für Eisenbahnen, Fluglinien und Spediteure sowie Argrarpreishilfen aussprechen würden. Die einzigen Subventionen, die diese Gruppen angreifen werden, fügte er hinzu, sind solche, „die nicht kapitalisiert werden können", um den Wert von Firmenaktien zu erhöhen, wie zum Beispiel Almosen für Kriegsveteranen oder Arbeitslose. Auch sprechen sie sich nicht gegen Besteuerung aus; zum einen können Halter von Staatsanleihen gar nichts gegen die Einkommenssteuer haben, zum anderen wehren sich die Lobbys der Spirituosenhersteller gegen die Abschaffung von Steuern auf Brennereien, weil dann „jeder Farmer eine Destillerie eröffnen könnte". Über alledem

> „ist der Militarismus zweifellos die größte Verschwendung von allen, abgesehen davon, dass er die größte Bedrohung für die Freiheit des Einzelnen darstellt, und doch wird er von denen, deren Herzen für die Freiheit schlagen, eher entschuldigt als verdammt, wirft man einen Blick in ihre Literatur".[94]

Es war größtenteils dank Chodorov und seiner „analysis", dass ich Nock, Garrett, Mencken und die anderen Giganten libertären Denkens entdeckte. Tatsächlich war es Chodorov, der diesem jungen und eifrigen Autor seine erste Chance gab, gedruckt zu werden – abgesehen von Briefen an die Presse – in einer entzückten Besprechung von H.L. Menckens „Chrestomathy", die 1949 in der August-Ausgabe von „analysis" erschien. Es war auch meine erste Bekanntschaft mit Menckens Texten, und ich war dauerhaft geblendet von seinem brillanten Stil und Witz; ich verbrachte viele Monate damit, soviel H.L.M. in mich hineinzuschlingen, wie ich in die Finger bekommen konnte. Als Folge meines Artikels begann ich, die nächsten Monate Bücher für Chodorov zu rezensieren.

Der Winter 1949-50 wurde Zeuge der beiden wichtigsten und umwerfendsten intellektuellen Ereignisse meines Lebens: der Entdeckung der „Österreichischen" Ökonomie sowie meiner Hinwendung zum individualistischen Anarchismus. Ich hatte das Columbia College hinter mir, ging an die dortige Graduiertenschule für Wirtschaftswissenschaften, legte meine mündlichen Promotionsprüfungen im Frühling 1948 ab – aber ich hatte nicht einmal von der Österreichischen Ökonomie gehört, sondern wusste nur, dass sie sechs Jahre zuvor von Alfred Marshall dem Hauptteil der Wirtschaftswissenschaften hinzugefügt worden war. An der FEE entdeckte ich allerdings, dass Ludwig von Mises, von dem ich bis dahin nur gehört hatte, dass er die Ansicht vertrete, Sozialismus könne nicht wirtschaftlich rechnen, ein fortlaufendes, offenes Seminar an der Universität von New York abhielt. Ich begann, wöchentlich an diesem Seminar teilzunehmen; die Gruppe entwickelte sich zu einer Art informellem Treffpunkt für freimarktwirtschaftlich orientierte Leute in New York City. Ich hatte außerdem gehört, dass Mises ein Buch geschrieben hatte, in dem er „alles" über Ökonomie abdeckte, und als sein „Human Action" [„Nationalökonomie, Theorie des Handelns und Wirtschaftens", Anm. d. Ü.] in diesem Herbst veröffentlicht wurde, war das eine regelrechte Offenbarung. Obwohl mich Ökonomie schon immer begeisterte, war ich nie in der Lage, eine komfortable Heimstatt in der Wirtschaftstheorie zu finden: Ich neigte dazu, der institutionalisierten Kritik von Keynesianern und Mathematikern zuzustimmen, gleichzeitig der Kritik letzterer an den Institutionalisten. Kein positives System schien Sinn zu ergeben oder zusammenzuhängen. In Mises' „Nationalökonomie" jedoch fand ich Ökonomie als superbes Bauwerk vor, als mächtiges Gebäude, in dem jeder Baustein eine integrale Beziehung zu jedem anderen hatte. Als ich es las, wurde ich zum überzeugten „Österreicher" und Misesianer, und ich las alles, was ich in Sachen Österreichischer Ökonomie finden konnte.

Obwohl ich Wirtschaftswissenschaftler war und nun eine Heimat in der Österreichischen Theorie gefunden hatte, war meine grundlegende Motivation, Libertärer zu sein, nie eine ökonomische, sondern moralische gewesen. Es ist nur zu wahr, dass die Krankheit der meisten Ökonomen darin besteht, ausschließlich in Begriffen einer phantomhaften „Effizienz" zu denken und zu glauben, sie könnten politische Äußerungen als absolut wertfreie Sozialtechniker tätigen, losgelöst von Ethik und dem Reich der Moral. Obwohl ich überzeugt war, dass der freie Markt effizienter wäre und eine viel prosperierendere Welt herbeiführen würde als der Etatismus, war mein Hauptanliegen ein moralisches: Es bestand in der Einsicht, dass Zwang und Aggression eines Menschen gegen einen anderen kriminell und ungerecht sind und bekämpft und abgeschafft werden müssen.

Mein Übertritt zum Anarchismus war eine simple Übung in Logik: Ich hatte mich kontinuierlich an freundschaftlichen Diskussionen mit liberalen Freunden von der Graduiertenschule über Laissez-faire beteiligt. Obwohl ich Besteuerung verdammte, hatte ich immer noch den Eindruck, sie sei nötig, um polizeilichen und gerichtlichen Schutz bereitzustellen – und nur dafür. Eines Nachts hatten zwei Freunde und ich eine unserer üblichen, ausgedehnten Diskussionen, scheinbar ergebnislos; aber als wir uns dieses Mal verabschiedeten, fühlte ich, dass ausnahmsweise mal etwas Entscheidendes gesagt wurde. Als ich an die Diskussion zurückdachte, wurde mir klar, dass meine Freunde, als Liberale, meine Laissez-faire-Position folgendermaßen herausgefordert hatten:

> Sie: „Was ist die rechtmäßige Basis für deine Laissez-faire-Regierung, für diese politische Entität, die sich ausschließlich auf die Verteidigung von Person und Eigentum beschränken soll?"
>
> Ich: „Nun, das Volk kommt zusammen und entscheidet sich dazu, eine solche Regierung aufzustellen."
>
> Sie: „Aber wenn ‚das Volk' das tun kann, warum kann es nicht exakt dasselbe tun, um sich zusammenzuschließen und eine Regierung zu wählen, die Stahlwerke, Dämme und so weiter baut?"

Blitzartig wurde mir bewusst, dass ihre Logik einwandfrei war, dass Laissez-faire sich logisch nicht halten ließ und dass ich entweder Liberaler werden oder zum Anarchismus wechseln musste. Ich wurde Anarchist. Außerdem erkannte ich die völlige Inkompatibilität der Einsichten Oppenheimers und Nocks bezüglich der Natur des Staates als Eroberer mit der vagen Grundlage des „Gesellschaftsvertrages", die ich für eine Laissez-faire-Regierung vorgeschlagen hatte. Ich erkannte, dass der einzige *echte* Vertrag nur auf der Entscheidung des Individuums basieren konnte, sein Eigentum entweder freiwillig herzugeben oder für den Eigenbedarf zu gebrauchen.

Natürlich war der Anarchismus, den ich angenommen hatte, individualistisch und pro-marktwirtschaftlich ausgerichtet, eine logische Erweiterung des Laissez-faire, nicht der schwammige Kommunalismus, der den Großteil des zeitgenössischen Anarchismus bestimmte. Zusätzlich zu Mencken und der Österreichischen Ökonomie goutierte ich sämtliche individualistisch-anarchistische Literatur, die ich auftreiben konnte – glücklicherweise lebte ich als New Yorker in großer Nähe zu zwei der besten Sammlungen anarchistischer Texte im Land, nämlich der New York Public Library sowie der Bibliothek der Columbia University. Ich durchpflügte die Quellen geschwind, nicht nur aus akademischem Interesse, sondern auch, um mir beim Abstecken meiner ideologischen Position zu helfen. Besonders entzückt war ich von Benjamin R. Tuckers „Liberty", dem großen, individualistisch-anarchistischen Magazin, das in der zweiten Hälfte des 19. Jahrhunderts über drei Jahrzehnte lang erschien. Vor allem Tuckers präzise Logik begeisterte mich, sein klarer und deutlicher Stil sowie seine schonungslose Sezierung zahlreicher „Abweichungen" von seiner speziellen Linie. Lysander Spooner, der anarchistische Verfassungsanwalt und Partner Tuckers, verzauberte mich durch seine brillanten Einsichten in die Natur des Staates, seine Hingabe zu Moral und Gerechtigkeit und seine in einen ergötzlich juristischen Stil gewickelten anarchistischen Invektiven.

Ich stellte fest, dass Spooners „Letter to Grover Cleveland" [„Brief an Grover Cleveland", Anm.d. Ü.] zu den fachkundigsten Abrissarbeiten am Etatismus zählte, die je geschrieben wurden.[95] Für meine eigene Entwicklung erwies sich die folgende Passage aus Spooners „No Treason" [„Kein Hochverrat", Anm. d. Ü.] entscheidend hinsichtlich der Bestätigung und dauerhaften Fixierung meiner Verachtung des Staates. Ich war überzeugt, dass niemand diese wundervoll klaren Zeilen über die Natur des Staates lesen und dabei unerschüttert bleiben könnte:

„Tatsache ist, dass die Regierung gleich einem Straßenräuber zu einem Menschen sagt: ‚Geld oder Leben.‘ Und viele, wenn nicht die meisten Steuern werden unter dem Druck dieser Drohung gezahlt. Zwar lauert die Regierung einem Menschen nicht an einem einsamen Ort auf, um in seinen Weg zu springen, ihm eine Pistole an den Kopf zu halten und seine Taschen zu leeren. Aber der Raub ist nichtsdestoweniger ein Raub in diesem Sinne, und er ist weitaus heimtückischer und schändlicher.

Der Straßenräuber übernimmt ganz allein die Verantwortung, Gefahr und Kriminalität seiner Handlung. Er gibt nicht vor, irgendeinen berechtigten Anspruch auf Ihr Geld zu haben oder es für ihr eigenes Wohl zu verwenden. Er gibt nicht vor, irgendetwas anderes zu sein als ein Räuber. Er ist nicht unverfroren genug, zu behaupten, er sei nur ein ‚Beschützer‘, der Menschen gegen ihren Willen Geld abnimmt, um sich in die Lage zu versetzen, ermüdete Reisende zu schützen, die dazu wunderbar selbst in der Lage sind oder sein seltsames Sicherheitssystem nicht wertschätzen. Er ist zu verständig, um solche Bekenntnisse hervorzubringen. Des weiteren wird er Sie, nachdem er Sie um Ihr Geld erleichterte, wie von Ihnen gewünscht in Ruhe lassen. Er wird nicht darauf bestehen, Ihnen gegen Ihren Willen die Straße hinunter zu folgen; er wird nicht unterstellen, Ihr rechtmäßiger ‚Souverän‘ zu sein, basierend auf dem ‚Schutz‘, den er Sie kostet. Er wird Sie nicht dadurch ‚schützen‘, Sie anzuweisen, vor ihm zu knien und ihm zu dienen; von Ihnen dieses zu fordern und jenes zu verbieten; Ihnen noch mehr Geld zu stehlen, so oft, wie es seinen Interessen oder seinem Vergnügen dient; er wird Sie nicht als Rebell brandmarken, als Verräter oder Feind Ihres Landes und Sie gnadenlos niederschießen, wenn Sie seine Autorität in Frage stellen oder sich seinen Forderungen widersetzen. Er ist zu sehr Gentleman, um sich solcher Hochstapeleien oder ähnlicher Boshaftigkeiten schuldig zu machen. Kurz, er wird nicht versuchen – um den Diebstahl zu krönen –, Sie zu seinem Duplikat oder Sklaven zu machen.“[96]

Tatsächlich lag in diesen Tagen unserer kleinen Bewegung Anarchismus in der Luft. Mein Freund und kollegialer Mises-Student, Richard Cornuelle, der jüngere Bruder von Herb, war mein erster und bereitwilliger Konvertit. Anarchistisches Ferment gärte sogar in der FEE. Ellis Lamborn, einer der Mitarbeiter des Teams, bezeichnete sich offen als „Anarchisten“, und Dick berichtete lächelnd über seinen Aufenthalt bei der FEE, er habe „zunehmend Schwierigkeiten, den Argumenten der Anarchisten etwas entgegenzusetzen“. Er erzählte außerdem hocherfreut, während einer ausgiebigen Diskussion darüber, wie dieses neugefundene, reinlibertäre Glaubensbekenntnis zu nennen sei – „libertär“, „voluntaristisch“, „individualistisch“, „wahrhaft liberal“ etcetera – sei dieses pionierhafte Mitglied eingeschritten, um in mittelwestlichem Tonfall zu exklamieren: „Zur Hölle, ‚Anarchist‘ ist gut genug für mich.“ Während meines Besuches in Irvington zog ein anderer führender Mitarbeiter, F.A. Harper, langsam eine Ausgabe von Tolstois „Das Gesetz der Gewalt und das Gesetz der Liebe“ unter seinem Tisch hervor und machte mich dadurch mit der absolut pazifistischen Variante des Anarchismus bekannt. Es wurde gemunkelt, fast der gesamte Stab der FEE sei zu dieser Zeit anarchistisch gesinnt gewesen, mit Ausnahme von Read selbst – und dass sogar er auf der Kippe stand. Read kam diesem Umschlagpunkt in seinem Pamphlet „Students of Liberty“ am nächsten, geschrieben 1950. Nach Erklärungen über die Notwendigkeit, Regierungsgewalt streng auf die Verteidigung der Person und des Eigentums zu beschränken, gab Read zu, dass ihn selbst diese vorgeschlagenen Limitierungen mit zwei vielsagenden Fragen zurückgelassen hätten, auf die er keine zufriedenstellenden Antworten gefunden habe. Erstens, „kann Gewalt institutionalisiert werden, unabhängig davon, wie offiziell oder beschränkt die Intentionen sein mögen, ohne Gewalt außerhalb des Amtsapparates und jenseits der verordneten Begrenzung zu begehen?", und zweitens:

> „Ist die Limitierung von Regierungsmacht, ausgenommen für relativ kurze Zeitabschnitte, nicht unmöglich? Werden die raubtierhaften Instinkte mancher Menschen, zu deren Unterdrückung die Regierung konzipiert wurde, schlussendlich in den ausführenden Agenten der Unterdrückung nicht doch wieder hervortreten? Diese Instinkte sind möglicherweise notwendige Begleiter der Macht ... wenn es unter uns Kriminelle gibt, was hält sie davon ab, in Machtpositionen zu gelangen und die Macht der Regierung auszunutzen?"[97]

Es ist kaum Zufall, dass der Tolstoische Einfluss, der Kontrast des „Gesetzes der Liebe" mit dem „Gesetz der Gewalt", der die Regierung konstituiert, sich wie ein Leitmotiv durch den gesamten Essay zieht.[98]

Das libertäre Idyll der FEE endete abrupt im Jahre 1954 mit der Veröffentlichung von Leonard Reads Booklet „Government – An Ideal Concept" [„Regierung – eine ideale Vorstellung", Anm. d. Ü.]. Das Buch schickte Schockwellen durch libertäre Zirkel, da Read mit dieser Arbeit entschieden in das Lager der Regierungsbefürworter zurückwechselte. Read hatte die Führung des anarchokapitalistischen Lagers aufgegeben – das seines hätte werden können, hätte er darum gebeten – um die Knüppel der Alten Ordnung wieder aufzugreifen.

Vor der Veröffentlichung dieses Buches hatte kein einziger der zahlreichen Essays der FEE jemals auch nur ein lobendes Wort für die Regierung übrig; ihre gesamte Schubkraft lag in der Opposition zu illegitimem Regierungshandeln. Obwohl der Anarchismus nie explizit verfochten wurde, stimmte sämtliches Material der FEE mit einem anarchistischen Ideal überein, da die FEE Regierungsgewalt nie befürwortete oder sie zu einem edlen Ideal erklärte. Aber nun war diese Tradition erloschen.

Aus Protest gingen zahlreiche Briefe und ausführliche Manuskripte von anarchistischen Freunden aus dem ganzen Land bei der FEE ein. Read beachtete sie jedoch nicht;[99] unter den

Anarchisten wurde lamentiert, Leonard hätte sich buchstäblich „verkauft“, und es wurde getratscht, ein wesentlicher Faktor für Leonards Rückfall sei ein objektiver und gründlicher Bericht über die FEE gewesen, der von einer Organisation erstellt wurde, die Studien und Resümees über Institute und Stiftungen für potentielle Geschäftspartner anfertigte. Diese hatte die FEE überzeugend als „toryanarchistische“ oder „rechtsanarchistische“ Organisation bezeichnet, und es wurde gemunkelt, Leonard habe aus Angst vor den Wirkungen des „Anarchismus“-Etiketts auf die zarten Gefühlslagen reicher Spender der FEE gehandelt.

Die Veröffentlichung von Reads Buch durch die FEE hatte außerdem einen langwährenden Einfluss auf ihre Produktivität und Forschung. Denn bis zu diesem Zeitpunkt lautete eine der Regeln, dass nichts unter dem Impressum der FEE publiziert wurde ohne die einhellige Zustimmung des Mitarbeiterstabes - wodurch das Tolstoische Anliegen der Wahrung individueller Gewissensregungen im Gegensatz zu ihrer Unterdrückung und Fehlrepräsentation durch gesellschaftliche Organisationen am Leben erhalten werden sollte. Aber in diesem Fall hatte Read, trotz schweren und praktisch einmütigen Widerstands durch die Belegschaft, diesen Gruppenvertrag eigenmächtig gebrochen und seine Lobeshymne für die Regierung unter dem Siegel der FEE einfach veröffentlicht. Es war diese Einstellung, die sowohl einen langsamen, aber stetigen Niedergang der FEE als Zentrum libertärer Produktivität und Forschung begründete als auch einen Exodus ihrer besten Talente, angeführt von F.A. Harper. Read hatte Harper nach Gründung der FEE im Jahre 1946 versprochen, dass die Organisation zu einem Institut oder einer Denkfabrik für avancierte libertäre Studien werden würde. Diese Hoffnungen waren nun verglimmt, auch wenn Read sein Versagen später bestritt und die FEE gelassen eine „Hochschule der Freiheit“ nannte.

Der Winter 1949/50 war für mich ein folgenschwerer, und das nicht nur, weil ich zum Anarchismus und der Österreichischen Schule gewechselt war. Meine Aneignung des „Austrianism“ und meine Teilnahme an Mises‘ Seminar sollten meinen Karrierekurs über Jahre hinweg bestimmen. Herb Cornuelle, nun beim Volker-Fonds, schlug im Herbst 1949 vor, ich solle ein College-Lehrbuch schreiben, um Mises‘ „Human Action“ [„Nationalökonomie – Theorie des Handelns und Wirtschaftens“, Anm. d. Ü.] in eine für Studenten geeignete Form herunterzubrechen. Da Mises mich zu dieser Zeit noch nicht kannte, schlug er mir vor, ein Beispielkapitel zu schreiben; während des Winters verfasste ich ein Kapitel über Geld, und Mises‘ Beifall führte dazu, dass der Volker-Fonds mir eine mehrjährige Förderung für ein Österreichisches Lehrbuch bewilligte – ein Projekt, das sich schließlich in eine großangelegte Abhandlung über Österreichische Ökonomie auswuchs, an der ich früh im Jahre 1952 zu arbeiten begann – „Man, Economy, and State“. Das war der Startpunkt meiner Partnerschaft mit dem William Volker Fund, die für ein Jahrzehnt anhielt und eine beratende Tätigkeit für den Fonds als Rezensent und Analyst von Büchern, Zeitschriften und Manuskripten umfasste.

Als die FEE ihrem hohen Anspruch der Produktivität und Gelehrsamkeit nicht mehr gerecht wurde, begann der Volker Fund die Lücke auszufüllen. Herb Cornuelle verließ den Fonds bald, um eine brillante Karriere als Spitzenmanager in der Industrie hinzulegen – ein Gewinn für die Industrie, aber ein großer Verlust für die libertäre Bewegung. Seinen Platz beim Fonds (der mittlerweile von Kansas City nach Burlingame in Kalifornien umgezogen war) nahm sein jüngerer Bruder Dick ein, und als das Konzept des Volker Fund Gestalt annahm, folgten bald weitere Verbindungsleute. Dieses Konzept enthielt nicht nur Subventionen für konservative und libertäre Forschung – Konferenzen, Mitgliedschaften, Bücherlieferungen an Bibliotheken und schließlich auch Eigenveröffentlichungen – sondern auch die Bewilligung von Fördermitteln an einzelne Schüler, statt sich der üblichen Methoden von Stiftungen zu bedienen, also Finanzmittel en masse an establishmentähnliche Organisationen und Universitäten zu verteilen (wie zum Beispiel das „Social Science Research Council“ [„Rat für sozialwissenschaftliche

Forschung", Anm. d. Ü.]). Individuen Mittel bereitzustellen, bedeutete, dass der Volker Fund einen weitaus größeren Stab an Kontaktpersonen haben musste als solche Stiftungen, die im Vergleich zu ihm (ungefähr 17 Millionen Dollar) über viel umfangreichere Finanzmittel verfügten.

Und so kamen zum Volker Fund Kenneth S. Templeton, Jr., ein junger Historiker, der an der Kent School in Connecticut lehrte; F.A. Harper, einer der Exilanten der FEE; Dr. Ivan R. Bierly, ein Doktorand Harpers an der Cornell und später in der FEE; sowie H. George Resch, ein frischgebackener Absolvent des Lawrence College und ein Spezialist in Sachen Revisionismus des Zweiten Weltkrieges. Innerhalb eines Rahmens tätig, der von der Aufforderung des alten Herrn Volker zu anonymer Philanthropie gesteckt wurde, warb der Fonds nie um und erhielt auch nie viel öffentliche Aufmerksamkeit, aber seine Beiträge waren unverzichtbar, um einen großen Korpus libertärer, revisionistischer und konservativer Gelehrsamkeit zu fördern und zu schmieden. Auf dem Gebiet des Revisionismus spielte der Fonds eine Rolle in der Finanzierung von Harry Elmer Barnes' Mammutprojekt, das eine Reihe von Büchern über revisionistische Betrachtungen des Zweiten Weltkrieges umspannte.

In den frühen 1950ern zwangen all diese libertären Aktivitäten den Mainstream zu einer aufrechten Sitzhaltung und Kenntnisnahme. Insbesondere hatten Herb Cornuelle und der Volker Fund im Jahre 1948 der „Spiritual Mobilization", einer rechtsgerichteten, in Los Angeles ansässigen Organisation, die von Reverend James W. Fifield geführt wurde, dabei geholfen, ein Monatsmagazin namens „Faith and Freedom" [„Glaube und Freiheit", Anm. d. Ü.] auf die Beine zu stellen. Cornuelle bestellte William Johnson, einen Libertären, der in der Navy sein Assistent gewesen war, zum Herausgeber des neuen Magazins. Chodorov, der seine „analysis" im März 1951 „Humant Events" angeschlossen hatte und nach Washington gezogen war, um Mitherausgeber letzterer Publikation zu werden, schrieb für „Faith and Freedom" eine regelmäßig erscheinende Kolumne, „Along Pennsylvania Avenue".

Im Jahre 1953 erschien im Mainstream die erste Kenntnisnahme der neuen libertären Bewegung in Form eines schmähenden, der „Braunenhatz" gewidmeten Buches aus der Feder eines jungen methodistischen Pfarrers, das „Extremisten" in den evangelischen Kirchen brandmarkte. Bei diesem Buch, Ralph Lord Roys „Apostles of Discord: A Study of Organized Bigotry and Disruption on the Fringes of Protestantism"[100] [„Apostel der Zwietracht: Eine Studie organisierter Bigotterie und Störung an den Rändern des Protestantismus", Anm. d. Ü.], handelte es sich um eine Abschlussarbeit, die unter den Fittichen des Hohepriesters des Linksliberalismus am Union Theological Seminar in New York geschrieben wurde, Dr. John C. Bennett. Das Werk war Teil eines zu dieser Zeit beliebten Genres, das man als „Extremistenhatz" bezeichnen könnte, in dem die selbstredend saubere und korrekte „vitale Mitte" gegen Extremisten aller Art verteidigt wird, meistens aber Rechtsgerichtete. So vergönnte Roy, nachdem er in einem routinemäßigen Kapitel pro-kommunistische Protestanten attackiert hatte, den Rest des Buches verschiedenen Arten von Rechten, die er in zwei verderbliche Gruppen einteilte: Apostel des Hasses und Apostel der Zwietracht. In der etwas weniger bedrohlichen Abtei des Zwietrachts fanden sich (zusammen mit pro-Kommunisten und verschiedenen Rechten) in Kapitel 12 „Gott und die ‚Libertären'", die aus irgendeinem Grund in Anführungszeichen gesetzt waren. Doch Gänsefüßchen hin oder her, unter Feuer oder nicht, hatten wir schließlich allgemeine Aufmerksamkeit erreicht, und ich nehme an, wir sollten dankbar dafür sein, dass wir in die Kategorie Zwietracht statt Hass gesteckt wurden.

Roy schmähte die intellektuelle „Fassade" der „Spiritual Mobilization" und ihres „Faith and Freedom", ebenso wie die FEE, Nock und Chodorov. Seine Betrachtung war einigermaßen akkurat, obwohl es dem Volker Fund gelang, seiner Aufmerksamkeit zu entgehen; wie dem auch sei, war seine Rubrizierung der FEE unter Protestantismus höchst überspannt und basierte lediglich auf der Tatsache, dass Leonard Read ein Mitglied des Beraterkomitees von „Spiritual Mobilization" war. Im Kapitel Roys außerdem angegriffen wurde „Christian Economics" („CE"), eine zweimal im Monat erscheinende, kleinformatige freimarktwirtschaftliche Zeitschrift, die vom Veteran Howard E. Kershner herausgegeben wurde, der die „Christian Freedom Foundation" gegründet hatte und mit der Veröffentlichung von „CE" im Jahre 1950 begann. Kershner war Stellvertreter von Herbert Hoovers „Food Relief Program" nach dem Ersten Weltkrieg sowie ein langjähriger Freund seines Quäker-Kollegen. Im New Yorker Büro von „CE" arbeitete Percy L. Greaves, Jr., ein langgedienter Wirtschaftsjournalist, als Kolumnist, der zu einem treuen Anhänger Ludwig von Mises' in dessen Seminar wurde. Bevor er nach New York kam, um sich 1950 „CE" anzuschließen, war Percy ein führender Mitarbeiter des republikanischen Nationalkomitees in Washington, Minderheitenberater für Senator Brewster aus Maine sowie Mitglied der Pearl-Harbor-Untersuchungskommission des Kongresses. Diese Erfahrung machte Percy landesweit zu einem der herausragenden Revisionisten in Sachen Pearl Harbor. Percy war ein seltenes Beispiel für die Vereinigung von politischer Erfahrung und Interesse an ökonomischer Gelehrsamkeit. Als er 1950 noch in Washington weilte, dachte er ernsthaft darüber nach, in den republikanischen Vorwahlen aus Maryland für den US-Senat zu kandidieren. Da es sich dabei um dasjenige Jahr handelte, in dem der scheinbar unbezwingliche Senator Millard E. Tydings aufgrund der gegen ihn gerichteten Kampagne Joe McCarthys gegen den unbekannten John Marshall Butler verlor, hätte Percy sehr gut Senator anstelle von Butler werden können. Deshalb und wegen seines allgemeinen Auftretens bezog sich unsere Gruppe in Mises' Seminar auf Percy liebevoll als „den Senator". Ein erfreulicher Aspekt unseres Aufstiegs zu einiger Prominenz war, dass wir – „unsere Seite" – in meiner Erinnerung zum ersten Mal ein kritisches Wort vom Feind erbeutet hatten.

Andere Wörter wie „Liberaler" wurden ursprünglich mit Laissez-faire-Freigeistern identifiziert, wurden aber von linksgerichteten Etatisten in Beschlag genommen, die uns in den 1940ern zwangen, uns selbst eher kleinlaut „wahre" oder „klassische“ Liberale zu nennen.[101] Im Gegensatz dazu war „Libertärer“ einfach eine höfliche Beschreibung für linksgerichtete Anarchisten, also für Anarchisten, die sich gegen Privateigentum richteten, entweder in der kommunistischen oder syndikalistischen Variante. Aber nun hatten wir den Begriff zurückgewonnen, vor allem aus dem Blickwinkel der Etymologie; waren wir doch Vertreter individueller Freiheit und somit auch der Rechte des Individuums auf sein Eigentum.

Einige Libertäre, so wie Frank Chodorov, bevorzugten weiterhin den Begriff „Individualist“. Tatsächlich betrachtete Frank die Gründung einer pädagogischen, interdisziplinären Gesellschaft von Individualisten als seine größte Hinterlassenschaft an die Sache. Frank widmete eine Spezialausgabe von „analysis“ vom Oktober 1950 einem „50-Jahres-Projekt“, um das intellektuelle Leben vom vorherrschenden Etatismus in Amerika zurückzugewinnen. Chodorov führte die „Verwandlung des amerikanischen Charakters vom Individualismus zum Kollektivismus“ auf an der Wende zum 20. Jahrhundert bestehende Organisationen wie die „Intercollegiate Socialist Society“ zurück; es war ein Gegner zur Erziehung und Rückgewinnung der College-Jugend nötig, der Zukunft des Landes. In der „Human Events“-Ausgabe vom 6. September 1950 überarbeitete Chodorov seinen Ansatz in „Für die Kinder unserer Kinder“ für ein breiteres Publikum. Als Ergebnis wurde 1953 die „Interdisziplinäre Gesellschaft der Individualisten“ gegründet, mit Hilfe einer Spende von 1.000 Dollar von J. Howard Pew von „Sun Oil“, der in diesen Tagen der führende Spender der Alten Rechten war, sowie der Kontaktliste der FEE. Nach dem ersten Jahr in den Büroräumen von „Human Events“ verlagerte Chodorov das Hauptquartier der ISI in die „Foundation for Economic Education“ [„Stiftung für ökonomische Erziehung“, Anm. d. Ü.], woraufhin er „Human Events“ im Sommer 1954 verließ, um seinen Pflichten als Herausgeber eines neuen Monatsmagazins namens „The Freeman“ wahrzunehmen, veröffentlicht von der FEE.

8. Die Renaissance der Nachkriegszeit II: Politik und Außenpolitik

Im Reich der Protestpolitik schien klar, dass es für uns, die wir von politischem Handeln noch nicht vollständig desillusioniert waren, nur einen Ort geben konnte: die „extreme Rechte“ der Republikanischen Partei. Es waren die extremen Rechten – gut aufgestellt im Repräsentantenhaus mit Männern wie Rep. Howard H. Buffett aus Omaha, Rep. Ralph W. Gewinn aus New York, Frederick C. Smith aus Ohio und H.R. Gross aus Iowa (heute praktisch der einzige Übriggebliebene aus dieser Gruppe) – die standhafte Isolationisten waren, Auslandskriegen beziehungsweise Interventionen opponierten und bezüglich inländischer Angelegenheiten eine näherungsweise freimarktwirtschaftliche und libertäre Position vertraten. Zum Beispiel richteten sie sich standhaft gegen die Wehrpflicht, die von einer Koalition aus Liberalen und einstmals sogenannten „erleuchteten“ Konservativen und Internationalisten durchgepeitscht wurde. Zur extremen Rechten gehörte außerdem Colonel McCormicks „Chicago Tribune“, die ich eine Zeit lang gerne abonniert hatte und die ihren exzellenten Skandaljournalismus gegen die Wall Street und Interventionismus aufrecht erhielt, ebenso wie Artikel zugunsten der Waliser und Schotten aus McCormicks verhasstem England. Senator Taft war die große politische Figur dieses Parteiflügels, doch die Verwirrung – damals und seitdem – war Tafts philosophischer Überzeugung des Kompromisses als Gut an sich geschuldet. Folgerichtig war Taft immer kompromissbereit und „verkaufte“ die Sache des Individualismus: freie Marktwirtschaft daheim und Noninterventionismus im

Ausland. Im Jargon dieser Zeit gesprochen, stand Taft tatsächlich auf der „extrem linken“ Seite des extrem rechten Flügels der Republikaner, und seine Aufgabe von Prinzipien wurde uns von den Liberalen kontinuierlich vorgeworfen. „Warum, sogar Senator Taft spricht sich für“ Hilfen des Bundes für Erziehung aus, die Verteidigung Chiangs oder für was auch immer.

Jedenfalls identifizierte ich mich schnell mit den rechtsgerichteten Republikanern, als ich am Ende des Zweiten Weltkrieges politisch aktiv wurde. Ich trat dem „Young Republican Club“ in New York bei, wo ich 1946 einen Kampagnenbericht schrieb, in dem ich das OPA [„Office of Price Administration“, „Amt für Preisregulierung“, Anm. d. Ü.] sowie Preiskontrollen attackierte und mich in einer Reihe von Debatten über die Zukunft der Republikanischen Partei auf die laissez-faire-Seite stellte. Es war eine einsame Minoritätenposition, vor allem unter den YRs [„Young Republicans“, Anm. d. Ü.], die sich größtenteils aus opportunistischen Anwälten zusammensetzten, die nach Posten und Pfründen in der Dewey-Maschine trachteten (Bill Rusher, der später Herausgeber der „National Review“ wurde, war in diesen Tagen ein angestammter Dewey-Republikaner innerhalb der YRs). Wie dem auch sei, war mein Enthusiasmus grenzenlos, als die Republikaner, größtenteils konservativ, 1946 den Kongress eroberten. Endlich würden Sozialismus und Internationalismus zurückgefahren. Einer meiner ersten veröffentlichten Texte war ein „Hallelujah“-Brief, den ich zur Feier des glorreichen Sieges an die Zeitung „New York World-Telegram“ geschickt hatte. Jedoch tauchte bald ein böser Wurm im Apfel auf; seinem kompromissverliebten Wesen genügend, übergab Bob Taft die Führungsposition in Sachen Außenpolitik im Senat an den abtrünnigen Isolationisten Arthur Vandenberg, der in den Eastern-Establishment-Zirkeln der „New York Times“ mittlerweile ein Held war (in der Rechten machten verbitterte Gerüchte die Runde, Vandenberg sei von einer englischen Geliebten zur Änderung seines außenpolitischen Standpunktes buchstäblich verführt worden). Es war Vandenberg, der sich über den leidenschaftlichen Widerstand des isolationistischen rechten Flügels der Partei hinwegsetzte und Unterstützung für den Start des Kalten Krieges mobilisierte, die Kredite an England, den Marshall-Plan und die Hilfen für Griechenland und die Türkei, um die alte imperiale Rolle Großbritanniens zu übernehmen und die griechische Revolution auszumerzen.

Ein anderer schwerer Schlag für die Sache der Alten Rechten in der Republikanischen Partei war die Nominierung Tom Deweys für das Präsidentenamt im Jahre 1948, da Dewey mittlerweile ein Repräsentant des Eastern-Wall-Street-internationalistischen, etatistischen und „linken" Establishments war. Dewey weigerte sich, den konservativen Ruf des 80. Kongresses gegen Harry Trumans Spott zu verteidigen, „Nichtstuer" zu sein (in Wahrheit hatten sie viel zu viel getan). Ich konnte Dewey als Präsident nicht unterstützen und war der einzige Nordstaatler an der Columbia-Universität, der dem kurzlebigen „Students for Thurmond"-Club beitrat, wobei ich meine Unterstützung auf Strom Thurmonds isolationistisches und staatsrechtliches Programm gründete. Taft und die Tafties waren Isolationisten und deshalb weitaus noninterventionistischer und somit antiimperialistischer als Henry Wallace in seiner Kampagne im Jahre 1948. Die Probe aufs Exempel lieferten Wallace und der Großteil seiner Progressive Party selbst, als sie zwei Jahre später unser imperiales Abenteuer in Korea unterstützten, während die isolationistisch-rechtsextremen Republikaner die einzige politische Opposition zum Krieg darstellten.[102]

Die wichtigste Tatsache, die es angesichts der Alten Rechten der Nachkriegszeit zu erkennen gilt, ist, dass sie standhaft und unerschütterlich dem amerikanischen Imperialismus und Interventionismus im Ausland opponierte sowie ihren militaristischen Begleiterscheinungen daheim. Die Wehrpflicht wurde als weitaus schlimmere denn andere Formen staatlicher Regulierung energisch bekämpft; denn die Einberufung, der Sklaverei ähnlich, verpflichtete das wertvollste Eigentum des Eingezogenen – seine eigene Person und sein Leben. Beispielsweise schimpfte der altgediente Publizist John T. Flynn, mittlerweile Sprecher und Autor für die konservative „America's Future,

Inc.“ – ein Ableger des „Committee for Constitutional Government“ [„Komitee für eine verfassungsgemäße Regierung“, Anm. d. Ü.] – tagein, tagaus auf den Militarismus und die Einberufung. Und das trotz seiner wachsenden Unterstützung des Kalten Krieges in Übersee. Sogar der wöchentlich erscheinende „Commercial and Financial Chronicle“ der Wall Street publizierte eine ausführliche Attacke auf die Wehrpflicht. Und Frank Chodorov, der in seiner „analysis“ ein Pamphlet des „National Council Against Conscription“ [„Nationalrat gegen die Wehrpflicht“] lobte, schrieb, dass „der Staat nicht in die ökonomischen Abläufe der Gesellschaft eingreifen kann, ohne seine Zwangsmaschine auszubauen, und das ist letztlich Militarismus. Macht ist das Korrelativ der Politik.“

In der Außenpolitik waren es die vor allem im Repräsentantenhaus starken Republikaner des extremen rechten Flügels, die die Wehrpflicht standhaft bekämpften, die NATO sowie die Truman-Doktrin. Denken Sie zum Beispiel nur an Howard Buffett, den Repräsentanten aus Omaha und Senator Tafts Kampagnenmanager für den Mittelwesten im Jahre 1952, einer der „extremsten“ der Extremisten, ein Mann, der regelmäßig ein Null-Rating von solch liberalen Bewertungsagenturen für Kongressabgeordnete wie ADA oder der „New Republic“ erhielt und den die „Nation“ in dieser Ära als einen „fähigen jungen Mann“ charakterisierte, „dessen Ideen tragischerweise versteinert sind“. Ich lernte Howard als authentischen, beständigen und gedankenvollen Libertären kennen. Im Kongress die Truman-Doktrin ins Visier nehmend, erklärte er:

> „Selbst wenn das wünschenswert wäre, ist Amerika nicht stark genug, die Welt mit militärischer Gewalt zu maßregeln. Sollte dieser Versuch unternommen werden, werden die Segnungen der Freiheit ersetzt werden durch Zwang und Tyrannei daheim. Unsere christlichen Ideale können nicht mit Dollars und Kanonen in andere Länder exportiert werden. ... Wir können nicht Macht und Gewalt in Übersee praktizieren und daheim die Freiheit erhalten. Wir können nicht von weltweiter

Kooperation reden und gleichzeitig Machtpolitik ausüben."[103]

Auch der Abgeordnete George Bender aus Ohio, der im Jahre 1952 Tafts Floor Manager im Kongress und später sein Nachfolger im Senat werden sollte, schoss ein Trommelfeuer an Kritik gegen die Truman-Doktrin. Die korrupte griechische Regierung angreifend und die gefälschten Wahlen, die sie an der Macht gehalten hatten, erklärte Bender:

> „Ich glaube, das Programm des Weißen Hauses ist eine erneute Bestätigung des dem 19. Jahrhundert entstammenden Glaubens an Machtpolitik. Es ist eine Verfeinerung der Politik, die zunächst nach dem Vertrag von Versailles im Jahre 1919 übernommen wurde und entwickelt wurde, um Russland einzukesseln und einen ‚Cordon sanitaire' um die Sowjetunion zu errichten. Es ist ein Programm, das auf eine neue Politik des Interventionismus in Europa hindeutet, als Begleiterscheinung unserer Monroe-Doktrin in Südamerika. Man gebe sich keinen Illusionen hin bezüglich der weitreichenden Implikationen dieses Planes. Haben wir erst einmal den historischen Schritt getan, finanzielle Hilfen, militärische Experten und Kredite an Griechenland und die Türkei zu senden, werden wir unwiderruflich auf ein Vorgehen eingeschrieben sein, von dem es keine Rückzugsmöglichkeit mehr gibt. Mehr und größere Forderungen werden folgen. Größere Bedürfnisse werden aus den vielen Spannungsgebieten der Welt erwachsen."[104]

Bender war außerdem einer der wenigen im Kongress, die Henry Wallace verteidigten, als dieser sich im Ausland gegen die Truman-Doktrin aussprach. Als Antwort auf Angriffe wie zum Beispiel denjenigen Kenneth Keatings, eines Repräsentanten aus Deweyite, der Wallace des „Hochverrats" beschuldigte, sowie auf Winston Churchills Attacken auf Wallace wegen dessen Widerstandes, erwiderte Bender, wenn Churchill sich bemühen dürfe, den Kalten Krieg durch Reden in den Vereinigten Staaten zu starten, dürfe Wallace ganz gewiss versuchen, ihn durch Reden in Europa zu verhindern.

Eine umfassende Kritik an Trumans Außenpolitik im Juni 1947 lancierend, klagte Bender:

> „Herr Truman drängte den Kongress, ein Programm der militärischen Kooperation mit all den kleinkarierten und nicht so kleinkarierten Dikatoren Südamerikas zu autorisieren. Herr Truman schlug ein Einberufungsgesetz vor, das die Vereinigten Staaten dazu berechtigen würde, die Aufrüstung Südamerikas in einem Ausmaß zu übernehmen, das die 400.000.000 Dollar für Griechenland und die Türkei weit übersteigt.
>
> Herr Truman führte seine Kampagne für ein universelles militärisches Training in Friedenszeiten in den Vereinigten Staaten fort.
>
> Aber militärische Kontrolle daheim ist ja Teil des sich abzeichnenden Truman-Programms. Die Truman-Regierung nutzt sämtliche ihrer Propaganda-Ressourcen in einem Versuch, die Amerikaner zur Akzeptanz dieser Idee weichzuklopfen.
>
> Ja, die Truman-Administration ist sehr geschäftig in ihrem Bestreben, den Menschen Amerikas die Idee militärischer Herrschaft zu verkaufen. Und Hand in Hand mit der Propagandakampagne finden geheime Treffen zur industriellen Mobilisierung statt.
>
> Das ist es, was hinter verriegelten Türen im Pentagon stattfindet und worüber die Bürger der Vereinigten staaten [sic] nur durch Zufall erfahren. Dies ist ein Teil des heraufziehenden Truman-Programms ... ein Teil der gesamten Truman-Doktrin, die Ressourcen der Vereinigten Staaten zusammenzuziehen, um jede reaktionäre Regierung der Welt zu unterstützen.“[105]

Während Senator Taft in puncto Auslandsbeziehungen wankte und Kompromisse einging, vor allem in Bezug auf China und die Unterstützung Chiangs, zauderte Senator Bender nicht. Den Kongress im Mai 1947 vor dem „immensen Druck" der China-Lobby warnend, hob Bender klagend an,

> „dass die hiesige chinesische Botschaft die Arroganz besaß, über unser State Department herzufallen im Versuch, diesem weiszumachen, die Truman-Doktrin habe unsere Regierung und diesen Kongress dazu verpflichtet, die gegenwärtige faschistische chinesische Regierung vorbehaltlos zu unterstützen."[106]

Sogar Taft selbst bezog eine allgemein isolationistische und anti-interventionistische Haltung. Somit lehnte der Senator auch den Marshall-Plan ab, mit der Begründung, „die Bewilligung von Hilfen an Europa würde den Kommunisten nur weitere Argumente gegen die ‚imperialistische' Politik der Vereinigten Staaten liefern". Des weiteren erklärte Taft, sollten die Länder Westeuropas sich dazu entscheiden, Kommunisten in ihre Regierungen aufzunehmen, wäre dies nur ein Beweis, dass wettbewerblicher Kapitalismus in Europa keine Zustimmung gefunden hätte, das befallen sei von Kartellen und Privilegien. Besonders lobenswert war Tafts Mut, sich dem Drängen von Truman-Liberalen und Republikanern zur Begünstigung von Methoden des Kalten Krieges als Antwort auf die kommunistische „Übernahme" in der Tschechoslowakei im Jahre 1948 zu widersetzen – ein „Coup", der in Wahrheit auf dem Rücktritt rechtsgerichteter Mitglieder des tschechischen Kabinetts beruhte, wodurch eine linke Regierung im Amt blieb. Taft stritt entschieden ab, Russland habe irgendwelche Pläne, Aggressionen zu beginnen oder zusätzliches Territorium zu erobern: Der russische Einfluss, zeigte Taft auf, „war in der Tschechoslowakei seit Kriegsende vorherrschend. Die Kommunisten konsolidieren lediglich ihre Position in der Tschechoslowakei, es gab aber keine militärische Aggression."

Senator Taft lehnte außerdem die durch den Kalten Krieg bedingte Schaffung der NATO im Jahre 1949 ab. Er warnte, dass

> „der Aufbau einer großen, Russland umgebenden Armee von Norwegen bis zur Türkei und zum Iran die Angst vor einem Einmarsch in die Türkei hervorrufen

> könnte, oder zumindest in einige der Satellitenstaaten, die Russland als essentiell zur Verteidigung Moskaus ansieht."

Die NATO, warnte Taft, verletze den gesamten Geist der UN-Charta:

> „Eine Unternehmung der mächtigsten Nation der Welt, die Hälfte des Planeten gegen die andere Hälfte zu bewaffnen, geht weiter über jedes ‚Recht gemeinsamer Verteidigung im Falle eines bewaffneten Angriffs' hinaus. Sie verletzt den gesamten Geist der Charta der Vereinten Nationen. ... Der Atlantische Pakt bewegt sich in exakt entgegengesetzter Richtung zu den Zielen der Charta und macht eine Farce aus weiteren Bemühungen zur Sicherung internationaler Gerechtigkeit durch Gesetz und Justiz. Sie spaltet die Welt in zwei bewaffnete Lager. ... Dieses Abkommen läuft deshalb zwangsläufig auf ein Wettrüsten hinaus, und solche Rüstungswettbewerbe führten in der Vergangenheit zu Krieg."[107]

In einer Diskussion mit Senator John Foster Dulles, einem Pflänzchen der Wall Street und der Rockefellers, im Jahre 1949 bekräftigte Taft, dass „ich nicht für einen Vertrag stimmen kann, der meiner Meinung nach weitaus mehr dazu beitragen wird, einen Dritten Weltkrieg herbeizuführen, als er jemals zur Aufrechterhaltung des Friedens in der Welt leisten würde."

Auch mit Blick auf Asien opponierte Taft im Januar 1950 der Politik Trumans, der französischen Armee Hilfsgüter zu schicken, um die indochinesische nationale Revolution zu unterdrücken; er warnte außerdem, er würde keinerlei Verpflichtungen unterstützen, Chiang in einem Krieg gegen China zu helfen und forderte die Absetzung Chiangs, seiner Bürokraten und seiner Besatzungsarmee in Formosa, um den dortigen Bürgern freie, selbstbestimmte Wahlen zu ermöglichen:

> „So wie ich es sehe, würden die Menschen Formosas, sollte ihnen eine Wahl erlaubt werden, sich für eine unabhängige Republik Formosa entscheiden. ... Sollte man sich auf der Friedenskonferenz entscheiden, For-

mosa als unabhängige Republik zu etablieren, hätten wir gewiss die Mittel, von den Nationalisten die Aufgabe Formosas zu erzwingen.“[108]

Darüber hinaus taten sich viele internationalistische Republikaner in den frühen 1950er Jahren mit den Isolationisten zusammen, um der zunehmenden Intervention in Asien einen schweren Schlag zu versetzen – eine Niederlage für den 60 Millionen Dollar schweren Gesetzesentwurf der Truman-Regierung über Hilfen für Südkorea durch eine Stimme. Es herrschte allgemeine Übereinkunft zwischen den Gegnern, dass die Hilfen für das Rhee-Regime komplette Verschwendung waren und Korea jenseits amerikanischer Verteidigungsinteressen lag. Der Historiker Tang Tsou merkte dazu an, dass „dies der erste schwere Rückschlag für die Regierung in Sachen Außenpolitik im Kongress nach Kriegsende war“.[109]

Es waren nur die Bemühungen des Repräsentanten Walter Judd (R., Minnesota), eines altgedienten Internationalisten und früheren Botschafters in China sowie Leiters der China-Lobby im Kongress, die das Repräsentantenhaus dazu brachten, seine Entscheidung in einer schicksalhaften Wende zu widerrufen.

Der Koreakrieg war das letzte große Gefecht des Antikriegs-Isolationismus der Alten Rechten. Dies war die Zeit, in der praktisch die gesamte Alte Linke, mit Ausnahme der Kommunistischen Partei und L.F. Stones, sich des globalen Mythos der Vereinten Nationen und ihrer „Kollektiven Sicherheit gegen Aggressionen“ ergab und Trumans imperialistischem Überfall in diesem Krieg den Rücken deckte. Die Tatsache, dass die UN damals und auch weiterhin ein Werkzeug der Vereinigten Staaten waren, wurde nur selten berücksichtigt. Sogar Corliss Lamont unterstützte die amerikanische Position in Korea, zusammen mit praktisch der gesamten Führung der Progressiven Partei. Nur der extrem rechte Flügel der Republikaner widersetzte sich dem Krieg tapfer.

Howard Buffett beispielsweise war davon überzeugt, die Vereinigten Staaten seien größtenteils für den Ausbruch des Konfliktes in Korea verantwortlich gewesen, da ihm von Senator Stiles Bridges (R., New Hampshire) erzählt worden war, Admiral Roscoe Hillenkoeter, Chef der CIA, hätte vor dem „Armed Services Committee" des Senats bei Ausbruch des Krieges im Geheimen entsprechend ausgesagt. Für seine Indiskretion bei dieser Aussage wurde Admiral Hillenkoeter kurz darauf von Präsident Truman gefeuert, woraufhin man von ihm in Washington nicht mehr viel hörte. Für den Rest seines Lebens begab sich Buffett auf einen Kreuzzug, um den Kongress zur Freigabe der Zeugenaussage Hillenkoeters zu bewegen, jedoch ohne Erfolg. Buffett erinnerte sich mir gegenüber in späteren Jahren mit Vergnügen daran, dass I.F. Stone ihm eine herzliche Mitteilung geschickt hatte, in der er ihn zu seiner Führungsrolle im Kongress gegen den Korea-Konflikt beglückwünschte. In der Retrospektive ist es bedauernswert, dass Howard dem Wink Stones nicht folgte und eine Allianz zwischen Linken und Rechten gegen den Koreakrieg aufbaute – auch wenn es, wie ich bereits sagte, in der Opposition nur noch wenige linke Ansichten gab.

Senator Taft griff die Intervention Trumans in Korea an; er bestand darauf, Korea sei nicht von vitalem Interesse für die Vereinigten Staaten und könne als Bedrohung für die Sicherheit des Sowjetblocks aufgefasst werden, ferner verletze die „Polizei-Aktion" die UN-Charta und sei eine verfassungswidrige Verherrlichung der Kriegsbefugnisse des Präsidenten. „Wenn der Präsident ohne Zustimmung des Kongresses in Korea intervenieren kann", klagte Taft, „kann er auch in Malaysia, Indonesien, dem Iran oder Südamerika Krieg führen." Im Unterschied dazu schlossen sich die „Nation" und die „New Republic", die zuvor gegenüber der Truman-Doktrin und dem Kalten Krieg kritisch eingestellt waren, dem Enthusiasmus an. Diese beiden liberalen Zeitschriften warfen Taft und Colonel McCormicks „Chicago Tribune" vor, sich durch ihre Ablehnung des Krieges den Kommunisten und ihrer „Miesmacherei" angeschlossen zu haben. Die schonungslose Kampagne gegen Tafts Wiederwahl im Jahre 1950 war die Gelegenheit für einen massiven Angriff auf Taft seitens des organisierten Liberalismus, während die Truman-Regierung ihn für seinen Isolationismus und seine angebliche Nachgiebigkeit gegenüber der Sowjetunion ins Visier nahm. In ihrer Analyse des Abstimmungsverhaltens im Kongress bejubelte die „New Republic" vom 4. September die Demokraten für ihre standhaft „anti-kommunistische" Linie in Sachen ausländische Beziehungen (87 Prozent); Senator Taft hingegen kam nur auf 53 Prozent, während beständigere Isolationisten wie Senator Kenneth Wherry (R., Nebraska) es nur auf 23 Prozent „Anti-Kommunismus" brachten. Die „New Republic" nahm die Beharrlichkeit von Tafts Isolationismus und „legalistischer" Hingabe an Aggressionsfreiheit und internationales Recht säuerlich zur Kenntnis:

> „Historisch gesehen gab es eine funktionierende Wesensverwandtschaft zwischen Isolationisten und Legalisten – erstere griffen Roosevelts Liefervertrag für Zerstörer von 1941 als Kriegstreiberei an, letztere als Diktatur. Es gibt Anzeichen für eine erneute Festigung dieser Koalition."[110]

Bei der Eröffnung des neuen Kongresses im Jahre 1951 starteten die isolationistischen Kräfte, angeführt von den Senatoren Wherry und Taft, eine Offensive gegen den Krieg, indem sie eine Resolution einbrachten, die dem Präsidenten verbieten sollte, irgendwelche Truppen ohne vorhergehende Zustimmung des Kongresses ins Ausland zu schicken. Sie griffen Truman für seine Weigerung an, einen Waffenstillstand zu akzeptieren oder einem Frieden in Kora zuzustimmen, und warnten, dass die Vereinigten Staaten über unzureichende Truppenstärke verfügten, um einen festgefahrenen Landkrieg auf dem asiatischen Kontinent zu führen. Taft griff außerdem die Annahme des Präsidenten an, er habe das Recht, Atomwaffen einzusetzen und eigenmächtig Truppen außer Landes zu schicken.

Eine verblüffende Attacke auf Senator Tafts Außenpolitik kam von McGeorge Bundy, einem äußerst einflussreichen Kriegsliberalen. Bundy verlieh seiner Sorge Ausdruck, Tafts solider Sieg in der Wiederwahl deute auf eine breite Unterstützung für die Begrenzung exekutiver Macht dahingehend, die Vereinigten Staaten ohne Zustimmung des Kongresses in einen Konflikt führen zu können. Wie Leonard Liggio es formulierte,

> „erschien Bundy Tafts Bevorzugung von Verhandlungen anstelle verlustreichen Blutvergießens in militärischen Interventionen als Unfähigkeit, Amerikas globale Führungsrolle im Kampf gegen den Kommunismus wahrzunehmen, und als schadhafte Attitüde des Zweifels, des Misstrauens und der Angst bezüglich Amerikas nationaler Rolle in der Welt."[111]

Bundy erklärte, das Friedensstreben des konventionellen Staatsmannes müsse verworfen und ersetzt werden durch den Machtmenschen, der Diplomatie und militärische Stärke im dauerhaften Kampf gegen den Kommunismus in begrenzten Kriegen einsetzt, die sich mit beschränkten Friedensperioden abwechseln. Deshalb kritisierte Bundy Tafts Widerstand gegen die Einkreisung der Sowjetunion durch militärische Allianzen sowie die Intervention in Korea als „Appeasement", letztlich für seine Bereitschaft, Kompromisse mit dem kommunistischen China einzugehen, um uns selbst aus dem Korea-Debakel herauszuziehen.

Bundy widersprach Taft auch deutlich bezüglich dessen Anregung einer offenen Debatte über den Koreakrieg. Hatte Taft doch die Idee einer bedingungslosen Unterstützung des Präsidenten in militärischen Abenteuern geschmäht:

> „Jeder, der Kritik oder eine ernsthafte Debatte auch nur vorschlägt ... wurde sofort als Isolationist und Saboteur der Einheit sowie der überparteilichen Außenpolitik gebrandmarkt."[112]

Im Gegenzug verurteilte Bundy jedweden Gedanken an Schuldzuweisung oder öffentliche Infragestellung der Entscheidungen der politischen Exekutive, da die Öffentlichkeit nur ad hoc auf gegebene Situationen reagiere, ohne die strengen Auffassungen der politischen Entscheider bezüglich der nationalen Zielsetzung zu berücksichtigen.[113]

Der letzte berühmte politische Vorstoß der isolationistischen Alten Rechten erfolgte in einer großen Debatte, die unserer vernichtenden Niederlage gegen die Chinesen gegen Ende 1950 auf den Fersen folgte, eine Schlappe, bei der diese die amerikanischen Streitkräfte aus Nordkorea gejagt hatten. Die Truman-Regierung weigerte sich stur, die neuen Realitäten anzuerkennen und auf dem 38. Breitengrad Frieden mit Korea zu schließen, wodurch sie amerikanische Truppen zu jahrelangen Verlusten verdammte. Als Erwiderung hielten zwei wohlbekannte, isolationistische, altgediente Staatsmänner, Herbert Hoover und Joseph P. Kennedy, im Dezember 1950 eindringliche und offensichtlich abgesprochene Reden „Rücken an Rücken", die einen Rückzug Amerikas aus Korea forderten sowie ein Ende des Krieges in Asien.

Am 12. Dezember wies der vormalige Botschafter Kennedy auf die jahrzehntelange Kontinuität seiner eigenen isolationistischen, antibellizistischen Haltung hin und erklärte:

> „Ich hatte von Anfang an keine Geduld mit einer Politik, die sich ohne gebührende Rücksicht auf unsere Ressourcen – materiell wie auch menschlich – auf Verpflichtungen im Ausland einlässt, die wir nicht erfüllen können. Als Botschafter in London im Jahre 1939 durfte ich solche Dummheit erleben, als die Briten gegenüber Polen Versprechungen machten, die sie nicht einhalten konnten und bisher auch nicht eingelöst haben – Versprechungen, die sie in den Krieg führten.
>
> Ich lehnte den Kommunismus natürlich ab, sagte aber auch, dass wir, sollten Teile Europas oder Asiens ihm anheimfallen oder von ihm übernommen werden, dies nicht aufhalten könnten. Stattdessen sollten wir uns auf unsere Stärken besinnen und sicherstellen, sie nicht in Schlachten zu verplempern, die nicht gewonnen werden können.
>
> Aber wo stehen wir jetzt? Angefangen von der Einmischung in die italienischen Wahlen sowie finanzieller und politischer Hilfe an Griechenland und die Türkei, haben wir unsere politischen und finanziellen Programme in beinahe unglaublichem Maß ausgedehnt. Milliar-

den wurden für den Marshall-Plan ausgegeben, weitere Milliarden für die Besetzung Berlins, Westdeutschlands und Japans. Militärische Hilfe floss nach Griechenland, in die Türkei, den Iran, die Staaten des Nordatlantischen Pakts und Französisch-Indochina, und jetzt tragen wir in Korea den viertgrößten Krieg unserer Geschichte aus.

Was haben wir für unsere Bemühungen zurückbekommen? Freunde? Wir haben weit weniger Freunde als 1945 ...

Die gewaltigen Armeen [der kommunistischen Länder] auf dem europäischen oder asiatischen Kontinent anzugreifen ist töricht, aber das ist die Richtung, in die unsere Politik zeigte.

Diese Politik ist selbstmörderisch. Sie hat uns keine Freunde gebracht, die uns bei schlechtem Wetter beistünden. Sie verstreute unsere Kriegsmacht über den ganzen Globus. Sie suchte sich ein Schlachtfeld aus und droht, sich weitere herauszupicken, die von unseren Nachschubquellen so weit entfernt sind, dass wir sie unmöglich beliefern können. Sie hat den Kommunismus nicht eingedämmt. Durch unsere Methode des Widerstandes hat sie ihn nur dort gestärkt, wo er ansonsten von selbst interne Streitigkeiten verursacht hätte. Unsere heutige Politik ist politisch und moralisch bankrott."

Kennedy schloss daraus, Amerikas einzige Möglichkeit bestehe darin, die gesamte Politik des weltweiten Interventionismus aufzugeben und noch einmal auf den Isolationismus zurückzugreifen:

„Ich sehe keine andere Alternative, als diese Politik mutig fortzuspülen und bei den Grundsätzen neu anzufangen, auf die ich vor mehr als fünf Jahren gedrängt hatte. ...

Ein erster Schritt in Richtung dieser Politik wäre es, aus Korea rauszugehen – ja, sogar jede Position in Asien aufzugeben, die im Interesse unserer Verteidigung zu halten wir nicht planen. Eine solche Politik bedeutet, dass wir im Pazifik unsere eigenen Schlachtfelder auswählen, sollten wir zum Kampf gezwungen werden, statt sie von politischen und ideologischen Überlegungen festlegen zu lassen, die in keiner Beziehung zu unserer Verteidigung stehen.

Der nächste Schritt zur Umsetzung dieser Politik wäre die Anwendung desselben Prinzips in Europa. Heute ist es müßig, darüber zu sprechen, ob die Linie der Elbe oder des Rheins gehalten werden kann. Warum sollten wir wertvolle Ressourcen für solch einen Versuch verschwenden? ... Waffen und Menschen in ein quijotisches militärisches Abenteuer zu pumpen, ergibt nicht den geringsten Sinn. Was haben wir dadurch erreicht, in Berlin zu bleiben? Jeder weiß, dass wir rausgejagt werden können in dem Moment, da die Russen sich dazu entscheiden ...

Die Milliarden, die wir für diese Unternehmungen verschwendet haben, hätten sehr viel effizienter in dieser Hemisphäre und auf den sie umgebenden Meeren eingesetzt werden können. ...

Jedenfalls werden die Leute sagen, dass diese Politik den Kommunismus nicht eindämmen wird. Wird unsere Politik dies bewerkstelligen können? Können wir das kommunistische Russland einhegen, sollte es sich dazu entscheiden, entlang einer weitgesteckten Schlachtlinie in Mitteleuropa einzumarschieren? Die Wahrheit ist, dass unsere einzige Hoffnung darin besteht, Russland, sollte es sich zu einem solchen Vorgehen entscheiden, auf der anderen Seite des Atlantiks zu halten und den Kommunismus zu einem viel zu kostspieligen Unterfangen zu machen, als die Meere zu überqueren. Es könnte sein, dass Europa für ein Jahrzehnt, eine Generation oder mehr kommunistisch werden wird. Dadurch aber würde es sich als vereinter Macht den Garaus machen. Der Kommunismus muss seinen Völkern immer noch beweisen, dass er eine Regierungsform ist, die ihnen ein besseres Leben ermöglicht. Je mehr Menschen er zu regieren haben wird, desto notwendiger wird es für die Regierenden werden, sich gegenüber den Regierten zu rechtfertigen. Je mehr Menschen unter seinem Joch leben, desto größer werden die Möglichkeiten zur Revolte. Darüber hinaus scheint es sicher zu sein, dass ein über Europa ausgebreiteter Kommunismus sich nicht damit zufrieden geben wird, von einer Handvoll Männer im Kreml regiert zu werden. Tito in Jugoslawien stellt diese Tatsache bereits unter Beweis. Mao in China wird seine Befehle eher nicht von Stalin entgegennehmen. ..."

Nach dieser damals lautstark verspotteten hochprophetischen Voraussage über den unvermeidlichen Zusammenbruch des internationalen kommunistischen Monolithen fügte Kennedy mutig hinzu:

> „Natürlich wird diese Politik als Appeasement kritisiert werden. Kein anderes Wort wurde mehr missbraucht. Ist es Appeasement, sich aus unklugen Verpflichtungen zurückzuziehen ... und klarzustellen, wie und wofür genau man kämpfen will? Wenn es Appeasement sein soll, uns in unserem Interesse klugerweise auf keine Engagements einzulassen, die unsere Sicherheit gefährden, dann bin ich für Appeasement. Ich erinnere mich nur zu gut an die kostbare Zeit, die Chamberlain in München erkaufte. Ein Kauf, dem ich damals applaudierte; und dem ich heute wieder applaudieren würde. Jedenfalls kommen wir heute, auch wenn wir ein weiteres München verhindert haben, einem neuen Dünkirchen verhängnisvoll nahe. Persönlich würde ich es vorziehen, letzterem aus dem Weg zu gehen."

Kennedy schloss mit Blick auf das gegenwärtige Chaos in Asien und auswärtige Beziehungen im Allgemeinen:

> „Die eine Hälfte dieser Welt wird sich nie dem Diktat der anderen unterwerfen. Beide können sich nur darauf

verständigen, nebeneinander zu leben, weil die Absorption des anderen zu kostspielig wäre.

Eine realistische Einstellung wie diese steht, wie ich meine, im Einklang mit unseren geschichtlichen Traditionen. Wir wollten nie etwas von anderer Leute Zusammengekratztem. Heute haben wir es, aber warum, das weiß niemand so genau. Seit wann ist es unsere Sache, französische Kolonialpolitik in Indochina zu unterstützen oder Syng-man Rees Auffassungen von Demokratie in Korea zu teilen? Sollten wir nun die Marines in die Gebirge Tibets schicken, um den Dalai Lama auf dem Thron zu halten? Wir fahren gut damit, uns um unsere eigenen Angelegenheiten zu kümmern und uns nur dann einzumischen, wenn jemand unser Geschäft und unsere Heimstätten bedroht.

Die Politik, die ich vorschlage, gäbe uns außerdem die Chance, wirtschaftlich den Kopf über Wasser zu halten. Über Jahre habe ich argumentiert, es sei wichtig, uns selbst nicht unnötige Schulden aufzubürden. Es gibt keinen sichereren Weg, das Fundament amerikanischen Unternehmertums zu zerstören, als die Initiative diejenigen Menschen zu zerstören, die es betreiben. ... Diejenigen, die sich an 1932 erinnern, kennen die Gefahren nur zu gut, die aus dem Inneren erwachsen können, wenn unser eigenes Wirtschaftssystem dysfunktional wird. Wenn wir es dadurch schwächen, dass wir entweder für andere Nationen oder Kriege im Ausland großzügig Geld hinauswerfen, laufen wir Gefahr, ein neues 1932 herbeizuführen und genau das System zu zerstören, das wir zu retten versuchen.

Ein Atlas, der mit gekrümmtem Rücken und beiden Händen die Welt zu stemmen versucht, hat keine Arme mehr übrig für seine Verteidigung. Erhöhe seine Last, und du wirst ihn zerquetschen. ... Das ist unsere gegenwärtige Haltung. ... Die Vorschläge, die ich mache ... würden ... amerikanische Leben aus amerikanischen

Gründen bewahren, statt sie auf den eiskalten Hügeln Koreas oder auf den schlachtenvernarbten Ebenen Westdeutschlands wegzuwerfen.“[114]

Acht Tage später stellte sich Herbert Hoover mit einer eigenen, landesweit im Radio übertragenen Rede hinter diejenige Kennedys. Obwohl er sich weigerte, so weit zu gehen wie Kennedy, „Appeasement“ und „Isolationismus“ verurteilte und Ängste vor einem zweiten „Dünkirchen“ ablehnte, bestand Hoover darauf, dass

> „wir uns der Tatsache stellen müssen, dass eine Verpflichtung der spärlichen Bodentruppen der nichtkommunistischen Länder zu einem Landkrieg gegen diese kommunistische Landmasse auf einen Krieg ohne Aussicht auf Sieg hinausliefe, einen Krieg ohne erfolgreiches Ende. Jeder Versuch, den kommunistischen Raum durch eine landbasierte Invasion zu bekriegen, durch den Treibsand Chinas, Indiens oder Westeuropas, ist schiere Torheit. Das wäre der Friedhof für Millionen amerikanischer Jungs und liefe auf eine Erschöpfung dieses Gibraltars der westlichen Zivilisation hinaus.“[115]

Es ist lehrreich, die Reaktionen des organisierten Liberalismus auf die Kennedy-Hoover-These festzuhalten, die von Senator Taft unterstützt wurde. Zusammen mit der Truman-Regierung und an der Wall Street ausgerichteten Republikanern wie Gouverneur Dewey und John Foster Dulles fuhren die „Nation“ und die „New Republic“ fort, diese angesehenen Anführer der Rechten rot zu färben. Die „Nation“ klagte:

> „Die Linie, die sie für ihr Land zeichnen, sollte im Kreml die Glocken läuten lassen wie nichts anderes seit dem Triumph von Stalingrad. Tatsächlich ist die Position der „Prawda“ die, der ehemalige Präsident sei beim Isolationismus nicht weit genug gegangen.“

Und die „New Republic“ fasste die isolationistische Position dahingehend zusammen, der Koreakrieg sei wohl „kein Produkt Stalins gewesen, sondern Trumans, ebenso wie Roosevelt, nicht Hitler, den Zweiten Weltkrieg verursachte“. Im Bestreben

Tafts, Hoovers und Kennedys, Angebote für Friedensverhandlungen von sowjetischer Seite zu akzeptieren, sah die „New Republic“ eine

> „Opposition, die in Hitlers Eroberung von Europa nichts Alarmierendes erkennen konnte (und die den Köder sicher geschluckt hätte). Stalin würde nach Erhöhung des Pokereinsatzes – so wie gegenüber Hitler und nach einem Marsch durch Asien – solange weitermachen, bis die stalinistische Fraktion im Büroturm der „Tribune“ triumphierend die erste kommunistische Ausgabe der „Chicago Tribune“ herausbrächte.“

Die „New Republic“ war vor allem wegen der Tatsache besorgt, dass die Isolationisten

> „die US-Beteiligung in Korea als verfassungswidrig verdammten und vorschlugen, die einzigen Finanzmittel, die der Verschiffung von Truppen nach Übersee zur Verfügung stehen sollten, sollten diejenigen sein, die einen Abzug der heute in Korea befindlichen US-Kräfte ermöglicht“.[116]

Einer der Leute, auf die sich die „New Republic“ als Teil der „stalinistischen Fraktion“ in Colonel McCormicks tapfer isolationistischer „Chicago Tribune“ bezog, war George Morgenstern, Editorialschreiber der „Tribune“ und Autor des ersten großen und immer noch grundlegenden revisionistischen Werkes zu Pearl Harbor, „Pearl Harbor: Story of a Secret War“ [„Pearl Harbor: Geschichte eines geheimen Krieges“, Anm. d. Ü.].[117] Während des Koreakrieges veröffentlichte Morgenstern einen glühenden Artikel im rechten Wochenperiodikum „Human Events“ – damals offen für isolationistisches Material, seit dem Weggang Felix Morleys jedoch zu einem Sprachrohr der kriegstreiberischen Neuen Rechten mutiert –, der das Jahrhundert des amerikanischen Imperialismus zusammenfasste. Morgenstern schrieb:

> „Am Ende des 19. Jahrhunderts begannen die Vereinigten Staaten in jenen Verlockungen des Imperialismus und Altruismus herumzurühren, die schon so

vielen mächtigen Staaten zum Verhängnis wurden. Die sinistren Spanier gaben einen geeigneten Punchingball ab. Zwei Tage bevor McKinley sich mit einer irreführenden Botschaft an den Kongress wandte, die eine offene Einladung zum Krieg darstellte, hatte die spanische Regierung den Forderungen nach einer Waffenruhe in Kuba sowie amerikanischer Vermittlung zugestimmt. Es gab keinen guten Grund, dennoch gab es Krieg. Wir beendeten den Krieg mit einigen kostspieligen Kolonien im Säckel, aber das genügte schon, um die Vorläufer derjenigen, die heute beim bloßen Anblick der Phrase ‚Weltführerschaft‘ in Verzückung geraten, zu berauschen.

McKinley bezeugte, er sei in einsamen Nachtsitzungen auf seinen Knien zur Erkenntnis gelangt, wir müssten die Filipinos ‚aufrichten, zivilisieren und christianisieren‘. Er machte geltend, der Krieg habe neue Pflichten und Verantwortungen mit sich gebracht, ‚die wir wahrnehmen und umsetzen müssen, wie es sich für eine große Nation gehört, deren Wachstum und Entwicklung der Führer der Nationen klar den Oberbefehl und das Versprechen der Zivilisation eingeschrieben hat‘.[118] Diese Art von exaltiertem Nonsens kommt jedem vertraut vor, der später den evangelikalen Erklärungen Wilsons für den Eintritt in den europäischen Krieg beiwohnte, oder Roosevelts Versprechungen des Millenniums ... Eisenhowers Wertschätzungen des ‚Kreuzzugs in Europa‘, der irgendwie sauer wurde, oder Trumans, Stevensons, Paul Douglas‘ oder der ‚New York Times‘, die den Heiligen Krieg in Korea predigte. ...

Eine alles beherrschende Propaganda etablierte den Mythos der Unvermeidbarkeit amerikanischen Handelns: Alle Kriege waren notwendig, alle Kriege waren gut. Die Beweislast dafür liegt bei denen, die behaupten, Amerika sei nun besser dran, die amerikanische Sicherheit habe sich erhöht und Aussichten auf Weltfrieden seien durch amerikanische Beteiligung an vier Kriegen in einem halben Jahrhundert gewachsen. Der Interventionismus begann mit einer Täuschung McKinleys; er endet mit Täuschungen Roosevelts und Trumans.

Vielleicht hätten wir eine vernünftige Außenpolitik ... wenn es gelänge, Amerikaner davon zu überzeugen, die erste Notwendigkeit bestehe in der Abweisung der Lüge als einem Instrument der Außenpolitik."[119]

9. Die Renaissance der Nachkriegszeit III: Libertäre und Außenpolitik

Einer der brillantesten und schärfsten Angriffe auf die Außenpolitik des Kalten Krieges kam zu dieser Zeit von Garet Garrett, einem langgedienten konservativen und freimarktwirtschaftlichen Publizisten. In seinem Pamphlet „The Rise of Empire" [„Aufstieg eines Imperiums", Anm. d. Ü.], veröffentlicht 1972, begann Garrett mit den Worten: „Wir haben die Grenze zwischen Republik und Imperium überschritten." Seine These mit seinem Pamphlet „The Revolution Was" aus den 1930ern verknüpfend, in dem er die Ankunft des Despotismus der inländischen Exekutive und des Etatismus innerhalb der republikanischen Form unter dem New Deal brandmarkte, erkannte Garrett einmal mehr eine „Revolution im Rahmen" der alten konstitutionellen Republik:

> „Nachdem Präsident Truman, alleine und ohne Zustimmung und Wissen des Kongresses, dem 7.000 Meilen entfernten koreanischen Aggressor den Krieg erklärt hatte, billigte der Kongress diese Usurpation der eigentlich nur ihm selbst exklusiv zustehenden, verfassungsmäßigen Macht. Mehr noch argumentierten Trumans politische Unterstützer im Kongress, dass in moderner Zeit derjenige Satz in der Verfassung, der nur dem Kongress Kriegserklärungen erlaubt, obsolet sei. ...
>
> Trumans Unterstützer argumentierten, sein Verhalten sei im Falle Koreas defensiv gewesen und habe somit in seinem Machtbereich als Oberbefehlshaber gelegen. In diesem Fall und um der Verfassung zu genügen, war er rechtlich dazu verpflichtet, den Kongress

hinterher um eine Kriegserklärung zu bitten. Was er nie tat. Eine Woche lang verließ sich der Kongress auf die Zeitungen, um Neues über den Kriegseintritt des Landes zu erfahren; dann lud der Präsident einige seiner Führer ins Weiße Haus und erzählte ihnen, was er getan hatte. ...

Einige Monate später schickte Truman amerikanische Truppen nach Europa, um sich einer internationalen Armee anzuschließen, und das nicht nur ohne Rechtsgrundlage, ja sogar ohne den Kongress zu befragen, sondern er stellte auch noch dessen Macht in Frage, ihn daran zu hindern."[120]

Garrett hielt fest, dass das Komitee für auswärtige Beziehungen des Senats das Außenministerium dann gebeten habe, die Position der Exekutive bezüglich der Befugnisse des Präsidenten zum Entsenden von Truppen nach Übersee darzulegen. Das Außenministerium erklärte, dass „die verfassungsmäßige Doktrin größtenteils von praktischen Notwendigkeiten geschmiedet" worden sei. „Der Gebrauch der Macht des Kongresses, Krieg zu erklären, beispielsweise, verfiel in einen Schwebezustand, weil Kriege nicht mehr länger im voraus erklärt werden." Garrett fügte hinzu, dass „Cäsar dem Senat dasselbe gesagt hätte", und diese Aussage „wie eine Voraussage exekutiver Absichten, eine Manifestation exekutiven Bewusstseins, als moralische Herausforderung des parlamentarischen Prinzips" dastehe.

Was waren denn nun die Kennzeichen des Imperiums? Die erste Voraussetzung, erklärte Garrett, sei die „Vormachtstellung exekutiver Macht der Regierung". Denn

„was ein Imperium in der Regierungsführung vor allem anderen benötigt, ist eine Exekutivmacht, die unmittelbar Entscheidungen treffen kann, wie zum Beispiel die vom Präsidenten mitten in der Nacht getroffene, dem Aggessor in Korea den Krieg zu erklären".[121]

In den Jahren zuvor, fügte er hinzu, wurde angenommen, die Funktion des Kongresses sei es, für das amerikanische Volk zu sprechen. Doch nun

> „ist es der Präsident, der exekutiven Regierung vorstehend, der sagt: ‚Ich spreche für das Volk‘ oder ‚Ich habe ein Mandat des Volkes‘. ... Nun agiert statt des Kongresses der Präsident direkt auf Basis der Gefühle und Gemüter des Volkes, um sein Denken zu beeinflussen. So wie er die ausführende Regierung kontrolliert, so kontrolliert er auch die größte Propagandamaschine der Welt. Der Kongress hat gar keinen Propaganda-Apparat und sieht sich dauerhaft dem Druck der Leute ausgesetzt, die durch die von den Verwaltungsbüros in Washington verbreiteten Ideen und Denkmaterialien für oder gegen irgendetwas mobilisiert wurden.“

Die Befugnisse der Exekutive werden vermehrt durch Abtretungen des Kongresses, durch dauerhafte Neuinterpretation der Sprache der Verfassung, durch das Auftreten einer großen Zahl administrativer Büros in der Exekutive, durch Usurpation sowie als natürliche Konsequenz der zunehmenden Einmischungen des Landes in die Affären anderer Länder.

Ein zweites Erkennungsmerkmal für das Vorhandensein eines Imperiums ist, fuhr Garret fort, dass „inländische Politik der Außenpolitik untergeordnet wird“. Dasselbe widerfuhr Rom und dem britischen Weltreich. Nun trifft es auch uns, denn

> „indem wir die Nation in einen Garnisonsstaat umwandeln, um die schrecklichste Kriegsmaschinerie aufzubauen, die jemals auf Erden konzipiert wurde, wird jede inländische Politik dazu verdammt, von der Außenpolitik gefesselt zu werden. Die Stimme der Regierung sagt, wir wären ruiniert, sollte unsere Außenpolitik versagen. Es gehe um alles oder gar nichts. Unser Überleben als freies Land sei in Gefahr. Das macht die Sache einfach, denn in diesem Fall gibt es keine inländische Politik, die nicht den Erfordernissen der Außenpolitik geopfert werden müsste – sogar die Freiheit. ... Selbst wenn die Kosten der Verteidigung nicht nur unserer selbst, son-

dern der gesamten nichtrussischen Welt unsere Zahlungsfähigkeit zerstören, müssen wir weitermachen."[122]

Garrett schlussfolgerte,

> „dass wir nicht länger in der Lage sind, zwischen Frieden und Krieg zu wählen. Wir akzeptierten kontinuierlichen Krieg. ... Wo immer und wann immer der russische Aggressor angreift, in Europa, Asien oder Afrika, müssen wir ihm begegnen. Dazu sind wir dank der Truman-Doktrin verpflichtet, durch Beispiele unserer Absichten, durch die globale Aufstellung unserer Streitkräfte sowie durch formelle Verbindlichkeiten wie dem Nordatlantik-Pakt und dem Pazifik-Pakt."

Des weiteren

> „muss es natürlich eine Frage des Überlebens sein, und wie unwichtig daneben inländische Politik erscheint – zum Beispiel die Rechte des Privateigentums anzutasten und, falls es nötig sein sollte, sämtliches Privateigentum zu beschlagnahmen; oder individuelle Freiheit einzuschränken, falls es nötig sein sollte, sämtliche Arbeit zwangszuverpflichten. ... Das amerikanische Bewusstsein ist bereits konditioniert."

Dann verwies Garrett, sich selbst als Prophet betätigend, auf die begeisterte prophetische Einsicht eines Editorials der „New York Times" vom 31. Oktober 1951, in der die durch den Koreakrieg bewirkten, dauerhaften Veränderungen des amerikanischen Lebens aufgezählt wurden. Die „Times" schrieb:

> „Wir beginnen eine teilweise Mobilisierung, der bereits 100 Milliarden Dollar zur Verfügung gestellt wurden. Wir wurden genötigt, unsere Bündnisse zu aktivieren und auszubauen, zum ultimativen Preis von circa 25 Milliarden Dollar, um auf Wiederbewaffnung ehemaliger Feinde zu drängen und unsere eigenen Kräfte rund um den Globus in Militärbasen zu versprengen. Schlussendlich wurden wir dazu gezwungen, den Einberufungsbefehl nicht nur aufrecht zu erhalten, sondern auszudehnen und ein System allgemeinen militärischen

> Trainings zu errichten, das das Leben einer ganzen Generation beeinflussen wird. Die Produktionsbemühungen und die Steuerlast, die aus diesen Maßnahmen erwachsen, verändern das ökonomische Gesicht des Landes.
>
> Was noch nicht richtig begriffen wurde, sowohl hier als auch im Ausland, ist, dass es sich nicht um vorübergehende Maßnahmen für einen befristeten Notfall handelt, sondern den Beginn eines ganz neuen militärischen Status der Vereinigten Staaten, der uns für lange Zeit begleiten wird."

Garrett, der diese Einsicht unterstützte, fügte sarkastisch hinzu, dass „wahrscheinlich niemals zuvor in der Geschichte eine so düstere Voraussage in so ausgeglichenen Tönen getroffen wurde" – Töne, die dem Mythos geschuldet sind, dieser neue Stand der Dinge sei „nicht das Ergebnis unserer Außenpolitik, sondern Jehovas, der uns durch die Russen zusetzt – und sonst niemandes Schuld".[123]

Eine dritte Sorte Imperium, fuhr Garrett fort, wird vom „Aufstieg des militärischen Denkens" verkörpert. Garrett merkte an, das große Symbol des militärischen Geistes Amerikas sei das Gebäude des Pentagon in Washington, errichtet während des Zweiten Weltkrieges als „Fortführung permanenten Krieges". Dort, im Pentagon, „wird globale Strategie erdacht; dort gelangt man zu Schätzungen ihrer Kosten auf Wegen, die niemand kennt; verborgen hinter unserem eigenen Eisernen Vorhang". Das Pentagon erlaubt nur die Herausgabe solcher Informationen, die von der Öffentlichkeit gewusst werden sollen.

> „Der ganze Rest erhält im Namen der nationalen Sicherheit den Stempel ‚Geheim' oder ‚Nur für den Dienstgebrauch', selbst der Kongress kommt nicht dran. Das muss natürlich so sein; die wichtigsten Geheimnisse des Imperiums sind militärische."

Des weiteren zitierte Garrett die vernichtende Kritik unseres Garnisonsstaates von General Douglas McArthur:

„Das Gerede von einer unmittelbaren Bedrohung unserer nationalen Sicherheit durch die Anwendung externer Gewalt ist purer Nonsens. ... Tatsächlich ist es Teil des allgemeinen Musters fehlgeleiteter Politik, dass unser Land nun in einer Kriegswirtschaft steckt, die mit Hilfe einer künstlich induzierten Psychose aus Kriegshysterie ausgebrütet wurde, genährt von einer unentwegten Angstpropaganda. Obwohl eine solche Wirtschaft vorübergehend für ein Gefühl scheinbaren Wohlstandes sorgen kann, basiert sie auf einem illusionären Fundament völliger Unzuverlässigkeit und lässt unsere politischen Führer den Frieden beinahe mehr fürchten als den Krieg."

Dann interpretiert Garrett dieses Zitat wie folgt:

„Der Krieg wird zum Instrument inländischer Politik. ... [Die Regierung kann] das Tempo militärischer Ausgaben erhöhen oder vermindern, da die Planer entscheiden, ob die Wirtschaft ein bisschen mehr oder weniger Inflation benötigt. ... Und da vorhergesehen wurde, dass die Regierung, sollte sie dazu entschlossen sein, die Wirtschaft zu kontrollieren, ein reges Interesse an der Macht der Inflation haben wird, können wir nun erkennen, dass sie außerdem ein proprietäres Interesse an der Institution dauerhaften Krieges haben könnte."[124]

Ein viertes Kennzeichen imperialen Verhaltens, fuhr Garrett fort, ist ein „System von Satellitenstaaten". Wir sprechen mit Verachtung nur von russischen „Satelliten", aber „wir bezeichnen unsere eigenen Satelliten als Alliierte und Freunde oder als freiheitsliebende Nationen". Die Bedeutung von „Satellit" läuft auf „angemieteter Wächter" hinaus. Dazu Garrett:

„Wenn Leute sagen, wir hätten China verloren oder der Verlust Europas wäre ein Desaster, was meinen sie damit? Wie könnten wir China oder Europa verlieren, wenn sie uns niemals gehörten? Sie meinen damit, dass wir eine Gefolgschaft abhängiger Völker verlieren oder verlieren könnten, die als äußerer Schutz fungieren."

Bewaffnet mit einer riesigen Anordnung von Satelliten stellen wir dann fest, dass „alles, was es braucht, um uns von irgendeinem dieser Satelliten in einen Krieg verwickeln zu lassen, auf der Exekutivmacht in Washington basiert, darüber zu entscheiden, ob seine Verteidigung irgendwie essentiell für die Sicherheit der Vereinigten Staaten sei". Das System hatte seine Ursprünge im Leih- und Pachtgesetz von 1941. Garrett schlussfolgerte, das imperiale Zentrum sei durchdrungen von einer Angst, alleine in der Welt zu stehen, ohne Satelliten.

> „Letztlich geht Angst in die Phase patriotischer Besessenheit über. Sie ist stärker als jede politische Partei. ... Die zugrundeliegende Überzeugung ist einfach. Wir können nicht alleine bestehen. Eine kapitalistische Wirtschaft kann auch dann, wenn sie über die Hälfte der industriellen Macht der gesamten Welt verfügt, ihre eigene Hemisphäre nicht verteidigen. Sie mag fähig sein, die Welt zu retten; aber sich selbst ganz alleine nicht. Sie braucht Verbündete. Glücklicherweise ist sie in der Lage, sie zu kaufen, zu bestechen, bewaffnen, ernähren und einzukleiden; es mag uns mehr kosten, als wir uns leisten können, dennoch benötigen wir sie, sonst gehen wir unter."[125]

Das letzte Merkmal eines Imperiums ist „ein Komplex aus Ruhmreichtum und Angst". Hier dringt Garrett zum Kern der imperialen Psychologie vor. Einerseits Selbstbeweihräucherung:

> „Die Völker des Imperiums ... sind mächtig. Sie erbrachten erstaunliche Leistungen. ... So müssen sich diejenigen gefühlt haben, die Roms Grandezza auslebten. So fühlten sich auch die Briten, als sie die Welt beherrschten. Und so fühlen sich nun Amerikaner. Während wir unbegrenzte politische Verpflichtungen rund um die Welt eingehen, während dafür gestimmt wird, zehnfache Milliarden für das sich stets ausdehnende globale Vorhaben auszugeben, bleibt nur Zorn übrig für jemanden, der sagt: ‚Wir sind nicht unendlich.' Die Antwort ist dann: ‚Wir tun, was wir wollen und können'".

Zur Selbstbeweihräucherung kommt die Angst:

„Angst vor dem Barbaren. Angst, alleine zu stehen. ... Es wird eine Zeit kommen, wenn der Wächter selbst, also euer System von Satelliten, eine Quelle der Angst sein wird. Satelliten haben oft einen eigenen Willen, und je mehr man sich auf sie verlässt, desto willensstärker und fordernder treten sie auf. Daraus resultiert die Angst, es sich mit ihnen nicht zu verscherzen. ... Wie werden sie sich verhalten unter Bedingungen der Probe aufs Exempel? Wenn sie konfrontiert werden ... mit der schrecklichen Realität, das europäische Schlachtfeld zur Verteidigung der Sicherheit der Vereinigten Staaten zu werden? Ob sie wanken oder scheitern, was wird aus den Waffen, mit denen wir sie ausgerüstet haben?“[126]

Nach seiner Feststellung, dass wir nun über sämtliche Kennzeichen eines Großreiches verfügen, weist Garrett darauf hin, dass die Vereinigten Staaten – so wie frühere Reiche – sich selbst als „Gefangener der Geschichte“ fühlen. Amerikaner fühlen sich irgendwie verpflichtet, ihre vermeintliche Rolle auf der Weltbühne zu spielen. Denn hinter der Angst liegt die „kollektive Sicherheit“ und dahinter wiederum „ein größerer Gedanke“. In Kurzform:

„Wir sind jetzt an der Reihe.

An der Reihe, was zu tun?

Unsere Verantwortung für moralische Führung in der Welt zu übernehmen.

Ein Machtgleichgewicht gegen die Kräfte des Bösen überall aufrecht zu erhalten – in Europa, Asien und Afrika, im Atlantik und Pazifik, zur Luft und zur See – wobei das Böse in diesem Fall vom russischen Barbaren verkörpert wird.

Den Weltfrieden zu sichern.

Die Zivilisation zu retten.

Der Menschheit zu dienen.

Aber das ist Reichssprech. Das Römische Reich bezweifelte nie, der Schutzpatron der Zivilisation zu

> sein. Seine guten Absichten lauteten auf Frieden, Recht und Ordnung. Das Spanische Reich fügte Erlösung hinzu. Das britische Imperium den noblen Mythos der Last des weißen Mannes. Wir Freiheit und Demokratie. Doch wieviel mehr man auch hinzufügen mag, bleibt es trotzdem dieselbe Sprache. Die Sprache der Macht.“[127]

Garrett beschließt sein großartiges Werk mit dem Ruf nach einer Wiedereroberung des „verlorenen Terrains“ der Freiheit und des Republikanismus aus den Händen exekutiver Tyrannei und Reichhaberei. Aber wir müssen, merkte er an, uns auch der Tatsache stellen,

> „dass die Kosten der Rettung der Republik sehr hoch ausfallen könnten. Es könnte vergleichsweise ebenso teuer werden, wie ihre ursprüngliche Schaffung vor 175 Jahren, als die Liebe zur politischen Freiheit eine mächtige Leidenschaft war und Menschen bereit waren, für sie zu sterben. ... Entschleunigung wird einen fürchterlichen Schock erzeugen. Wer wird sagen: ‚Jetzt?‘. Wer ist bereit, sich den düsteren und gefährlichen Wirklichkeiten von Deflation und Depression zu stellen? ... Es besteht kein Zweifel, dass die Leute wissen, dass sie ihre Republik zurück haben können, wenn sie dafür zu kämpfen und den Preis zu zahlen bereit sind. Der Punkt ist nur, dass bislang kein Führer auf den Plan trat, der mutig genug war, sie vor diese Wahl zu stellen.“[128]

Nicht weniger enthusiastisch war die Hingabe an Frieden sowie Widerstand gegen den Koreakrieg und Militarismus seitens eines Teils des eher schmalbandig libertären Flügels der Alten Rechten. So veröffentlichte Leonard Read im Jahre 1951 ein kraftvolles Pamphlet, „Conscience on the Battlefield“ [„Gewissen auf dem Schlachtfeld“, Anm. d. Ü.], in dem er sich vorstellte, ein junger amerikanischer Soldat auf dem Schlachtfeld in Korea zu sein, der mit seinem eigenen Gewissen in ein Zwiegespräch gerät. Das Gewissen informiert den Soldaten darüber, dass er

> „zwar in vielerlei Hinsicht eine exzellente Person war, die Aufzeichnungen jedoch zeigen, dass du viele Men-

schen getötet hast – sowohl koreanische als auch chinesische – und außerdem verantwortlich warst für den Tod vieler Frauen und Kinder während dieser Militärkampagne“.

Der Soldat antwortet, der Krieg sei „gut und gerecht“ gewesen und dass „wir die kommunistische Aggression und die Versklavung von Völkern durch Diktatoren aufhalten mussten“. Das Gewissen fragt ihn: „Hast du diese Menschen aus Gründen der Selbstverteidigung getötet? Haben sie dein Leben oder deine Familie bedroht? Sind sie an deiner Küste gelandet, um dich zu versklaven?“ Der Soldat antwortet erneut, er habe der cleveren US-Außenpolitik gedient, die Aktionen unserer Feinde dadurch zuvorkomme, sie in Übersee zuerst zu besiegen.

Dann erwidert Reads Gewissen:

> „Regierung und so sind einfache Phrasen, bloße Abstraktionen, hinter denen Personen oft nur ihre Handlungen und Verantwortungen zu verstecken suchen. ... Im Tempel des Jüngsten Gerichts, den du gleich betreten wirst, werden nur Prinzipien beachtet. Es ist ziemlich sicher, dass du dort keine Unterscheidungen zwischen Nationalitäten und Rassen vorfinden wirst. ... Ein Kind ist ein Kind, das ebenso ein Anrecht auf die Gelegenheit zur Selbstverwirklichung hat wie du. Ein menschliches Leben zu nehmen – egal, in welchem Alter oder mit welcher Hautfarbe – bleibt Mord. ... Deinen Ansichten zufolge ist niemand für den Tod dieser Menschen verantwortlich. Dennoch wurden sie vernichtet. Du scheinst zu erwarten, kollektive Arrangements wie ‚die Armee‘ oder ‚die Regierung‘ sollten deine Schuld tragen.“[129]

Bezüglich der Schuld fügt das Gewissen hinzu, dass

> „es keinen Unterschied geben kann zwischen denen, die schießen, und denen, die dazu Beihilfe leisten – ob sie es nun dadurch unterstützen, hinter den Frontlinien Munition herzustellen oder zu den Steuerzahlungen für Kriege beizutragen. Darüber hinaus schiene die

> Schuld sogar größer auf Seiten derjenigen, die sich der Zwangsmacht der Regierung bedienen, um dich dazu zu bringen, dein Haus, dein Vermögen, deine Chance auf Selbstverwirklichung, dein Leben zu opfern – Opfer, die sie selber zu erbringen nicht gewillt scheinen."

Bei der Vorstellung seines Pamphlets schrieb Read: „Der Krieg ist der größte Feind der Freiheit und der tödliche Widersacher wirtschaftlichen Fortschritts." Der führende Libertäre F.A. „Baldy" Harper sekundierte dieser Meinung in einem FEE-Pamphlet, das im selben Jahr veröffentlicht wurde. Darin schrieb Harper:

> „Vorwürfe des Pazifismus werden wahrscheinlich jedem entgegengeschleudert, der in schwierigen Zeiten auch nur irgendeine Frage zum Wettlauf in den Krieg stellt. Wenn Pazifismus bedeutet, die Sache des Friedens zu befördern, bin ich bereit, die Anklage zu akzeptieren. Wenn er bedeutet, jedweder Aggression gegenüber anderen ablehnend gegenüberzustehen, akzeptiere ich sie ebenfalls. Im Interesse der Freiheit wäre es heute wichtig, dass viele Menschen ‚Friedenstreiber' werden ...
>
> So tritt die Nation nun in den Krieg ein, und während der Krieg ausgefochten wird, eilt der wahre Feind [das Konzept der Sklaverei] – vor langer Zeit vergessen und kaschiert durch die Prozesse des Krieges – zum Sieg in beiden Lagern. ... Weitere Beweise dafür, dass im Krieg der Angriff nicht gegen den wahren Feind gerichtet ist, finden sich in der Tatsache, dass wir nie zu wissen scheinen, was wir mit dem ‚Sieg' anfangen sollen. Sind die ‚befreiten' Völker zu erschießen, in Gefangenenlager zu stecken oder was? Sollte die Landesgrenze verschoben werden? Sollte es weitere Zerstörungen des Eigentums der Besiegten geben? Oder wie? ...
>
> Auch können die Ideen von [Karl Marx] heute nicht durch Mord oder Selbstmord ihres führenden Exponenten zerstört werden, oder noch so vieler Tausender oder

> Millionen seiner Verehrer. ... Am wenigsten können die Konzepte von Karl Marx durch die Ermordung unschuldiger Opfer der Sorte Sklaverei zerstört werden, die er vertrat, ob sie nun Einberufene von Armeen sind oder Opfer, die sich in der Schneise des Krieges befanden."[130]

Dann fügte Harper hinzu, Russland sei unser mutmaßlicher Feind, weil unser Feind der Kommunismus sei.

> „Aber wenn wir all die sozialistisch-kommunistischen Methoden übernehmen sollen, um eine Nation zu bekämpfen, die sie adoptierte – weil sie diese Methoden übernahm – warum dann gegen sie zu Felde ziehen? Warum treten wir ihr nicht gleich bei und sparen uns das Blutvergießen? ... Es ergibt keinen Sinn, einen brachialen Hass in unseren Köpfen aufzurühren gegen Leute, die zu den Opfern des Kommunismus in irgendeinem fernen Land gehören, solange dieselben regierungsamtlichen Fußfesseln uns zu Dienern illiberaler Kräfte daheim machen."

Ein anderes Mitglied des Teams der FEE, Dean Russell, pflichtete dem antimilitaristischen Sperrfeuer bei.

> „Diejenigen, die den ‚vorübergehenden Verlust' unserer Freiheit befürworten, um sie dauerhaft sichern zu können, sprechen sich nur für eine Sache aus: Um eine Form von Sklaverei in Übersee zu bekämpfen, werben sie für Knechtschaft daheim! Wie gut ihre Absichten auch immer sein mögen, sind diese Leute doch Feinde unserer Freiheit und meiner Freiheit; und ich habe weitaus mehr Angst vor ihnen als vor irgendeiner potentiellen russischen Bedrohung meiner Freiheit. Diese aufrichtigen, aber hochemotionalen Patrioten stellen eine klare und deutliche Bedrohung der Freiheit dar; die Russen sind immer noch Tausende von Meilen entfernt."[131]

Die Russen, stellte Russell klar, würden uns nur angreifen „aus zwei Gründen: aus Angst vor unseren Absichten oder als Vergeltung für unsere Schritte". Die Angst der Russen würde

> „verschwinden, wenn wir unsere Truppen und militärischen Engagements in die westliche Hemisphäre zurückzögen und sie dort beließen. ... solange wir Truppen an Russlands Grenzen halten, können wir erwarten, dass die Russen sich so verhalten, wie wir uns verhielten, würde Russland Streitkräfte in Guatemala oder Mexiko positionieren – selbst wenn diese Länder die Russen darum bitten würden!"

Dean Russell fasste seine Kritik amerikanischer Außenpolitik zusammen:

> „Ich kann nicht mehr Logik im Kampf gegen Russland wegen Korea oder der Mongolei erkennen, als mit England über Zypern oder Frankreich über Marokko zu streiten. ... Die historischen Tatsachen des Imperialismus und der Einflusssphären bilden keine ausreichenden Gründe, die Zerstörung der Freiheit in den Vereinigten Staaten dadurch zu rechtfertigen, uns selbst in einen Garnisonsstaat zu verwandeln und Wehrpflichtige rund um die Welt zu stationieren. Wir entwickeln uns rapide in eine Karikatur dessen, was wir zu hassen vorgeben."

Meine eigene Reaktion auf den Beginn des Koreakrieges fiel erregt und verbittert aus, und ich schrieb eine Philippika an einen unverständigen liberalen Freund, von der ich glaube, dass sie sich im Lichte der nachfolgenden Jahre nur zu gut gehalten hat:

> „Ich darf nun der Beerdigung der Freiheit beiwohnen, nicht ihrer Lobpreisung; wie könnte ich sie preisen, da der edle Brutus – die Sozialdemokratie – zur vollen Blüte gelangte? ... Was hatten wir unter Führung der Freiheit? Wir hatten mehr oder weniger die Freiheit, zu sagen, was immer uns gefiel, zu arbeiten, wo immer wir wollten, Kapital zu erhalten und zu investieren, zu reisen, wohin immer wir wollten, wir hatten Frieden. Um diese Dinge war es zu ihrer Zeit sehr gut bestellt, aber jetzt haben wir die Sozialdemokratie. ... Die Sozi-

aldemokratie hat den Militärdienst, damit wir alle für dauerhaften Frieden und Demokratie auf der ganzen Welt kämpfen können, für Lebensmittelrationierungen, Preiskontrollen, Zuteilungen ... den Arbeitsdienst, damit wir alle der Gesellschaft nach Maßgabe unserer besten Fähigkeiten dienen können, erdrückende Steuern, inflationäre Finanzen, Schwarzmärkte ... ein gesundes ‚Wirtschaftswachstum'. Aber am besten ist, dass wir nun permanent Krieg führen. Wie wir alle wissen, war das Ärgerliche an den vorangegangenen Kriegen, dass sie so schnell endeten. ... Doch nun sieht es so aus, als sei dieser Fehler korrigiert worden. Wir können ... als unser Ziel die Besetzung Russlands für 20 Jahre verkünden, um sein Volk gemäß der Prinzipien unserer eigenen Sozialdemokratie anständig zu erziehen. Und möchten wir wirklich für die Demokratie kämpfen, lasst uns doch China für mehrere Generationen besetzen und aufklären. Das sollte uns eine Weile beschäftigen.

Im letzten Krieg wurden wir von einigen Quertreibern, Isolationisten und Vorsintflutlichen behindert, die sich gegen solch heilbringende Schritte wie zum Beispiel den Einzug aller Arbeit und allen Kapitals sowie totaler Mobilierungspläne durch wohlmeinende Politiker, Ökonomen und Soziologen stellten. Aber unter unserer Ausrichtung auf permanenten Krieg können wir dieses Programm leicht durchziehen. Sollte jemand widersprechen, können wir ihn beschuldigen, den Kommies Beihilfe zu leisten. Die Demokraten warfen dem reaktionären Quertreiber [Senator] Jenner (R., Indiana) bereits vor, ‚der stalinistischen Linie zu folgen'.

Ja, die Obstruktionisten sind am Ende. Die Sozialdemokratie hat von ihnen nur wenig zu befürchten. Wer auch immer das Genie gewesen sein mag, das die Idee des permanenten Krieges ausgeheckt hat – alle Achtung. Wir können nun Zeiten nationaler Einheit entgegensehen, einer Verfünffachung des Nationaleinkommens, und so weiter Leider schwimmt eine kleine Fliege in der Suppe, die einige Querdenker erwähnen könnten – die Jungs, die das eigentliche Kämpfen übernehmen, könnten einige Einwände erheben. Aber das können wir durch eine 300 Milliarden Dollar schwere ‚Wahrheits'-Kampagne richtigstellen, angeführt von, sagen wir mal, Archibald MacLeish, damit sie wissen werden, wofür sie kämpfen. Außerdem müssen wir der Heimatfront entsprechende Opfer auferlegen, damit unsere Jungs wissen, dass es daheim beinahe ebenso rauh zugeht. ...

Da hast Du's nun. Die Umrisse der schönen neuen Welt des demokratischen Sozialismus. Die Freiheit ist dafür ein geringer Preis. Ich hoffe, es gefällt Dir." [132]

10. Die Renaissance der Nachkriegszeit IV: Schwanengesang der Alten Rechten

Zusätzlich dazu, entschiedene Gegner von Krieg und Militarismus zu sein, legte die Alte Rechte der Nachkriegszeit auch eine grobe und näherungsweise libertäre Redlichkeit in heimischen Angelegenheiten an den Tag. Als ein landesweiter Streik der Eisenbahnarbeiter drohte, schlug der liberale Harry Truman vor, die Streikenden in die Armee einzuberufen und sie zur Weiterarbeit zu zwingen; und es war Senator Taft, der den Widerstand gegen diesen Schritt unter dem Hinweis leitete, es handele sich um Sklaverei. Die „National Association of Manufacturers" [NAM, „Landesverband der Hersteller" oder auch „Landesverband der produzierenden Industrie", Anm. d. Ü.] – in den Tagen, als sie noch nicht im Namen einer „Partnerschaft zwischen Regierung und Industrie" vom korporativen Liberalismus des Big Business erobert worden war – vertrat eine strikte Laissez-faire-Linie. Noel Sargent, ihr Chefökonom, glaubte an den freien Markt, und der Dekan der Laissez-faire-Wirtschaftswissenschaften, Ludwig von Mises, war einer ihrer Berater. In diesen Tagen war die NAM hauptsächlich kleinunternehmerisch ausgerichtet, und tatsächlich bildeten verschiedene kleinunternehmerische Organisationen die geschäftliche Basis der organisierten Rechten. Es war in den oberen Rängen der NAM, wo Robert Welch diejenigen Anti-Establishment-Standpunkte kennenlernte, aus denen später die John-Birch-Gesellschaft hervorbrechen sollte.

Aber selbst in diesen frühen Tagen stand die Handschrift der NAM als Laissez-faire-Organisation an der Wand. Der erste große Wendepunkt kam im Frühling 1947, nachdem eine konservative republikanische Mehrheit beide Häuser des Kongresses im Rahmen eines Massenaufstandes von Wählern gegen den „Fair Deal“ gewonnen hatte, teilweise als Reaktion gegen die Macht der Gewerkschaften. Seit der Einführung des Wagner-Acts war die NAM alljährlich auf eine Ablehnung dieses Gesetzes eingeschworen und somit auch auf eine Ablehnung der Sonderprivilegien, die es gewerkschaftlicher Organisation gewährte. Als der 80. Kongress im Winter 1946 eröffnet wurde, verlagerte die NAM, die nun endlich ihre Chance hatte, das Gesetz erfolgreich abzulehnen, ihren Standpunkt in einem dramatischen Kampf, in dem die Big-Business-Konzernliberalen die alten Laissez-Fair-Anhänger verteidigte, angeführt von B.E. Hutchinson von Chrysler, der außerdem ein führender Treuhänder der FEE war. Kurz vor einem bedeutenden Laissez-faire-Sieg in Sachen Arbeitgeber-Arbeitnehmer-Beziehungen stehend, wechselte die NAM vollständig die Richtung und forderte einfach eine Ausweitung der Befugnisse des „National Labor Relations Board“ [NLRB, „Bundesausschuss zur Regelung der Beziehungen zwischen Arbeitnehmern und Arbeitgebern“, Anm. d. Ü.], um Gewerkschaften sowie den Handel zu regulieren – eine Idee, die bald darauf in Form des Taft-Hartley-Acts Gestalt annahm. Es war das Taft-Hartley-Gesetz, das den Wagner-Act in Sachen Zähmung sowie Privilegierung des industriellen Unionismus vervollständigte und die neue Gewerkschaftsbewegung in diejenige kuschelige Juniorpartnerschaft mit Big Business und Big Government brachte, die wir heute so gut kennen. Wieder einmal spielte Taft, in Opposition zu den Puristen und „extremen“ Rechten im Kongress, eine kompromittierende Rolle.

Eine Spezialität der Alten Rechten lag in Anti-Establishment-Skandalismus. Die Hearst-Kolumnen von Westbrook Pegler waren ein führendes Beispiel hierfür.[133] Aber besonders ergötzlich war der gegen die Wall Street gerichtete Enthüllungsjournalismus der „Chicago Tribune“ unter Colonel McCormick. Denn die „Tribune“ war sehr verständig und schoss sich auf das anglophile Establishment der Wall Street ein, das dieses Land führte und heute noch führt, und gab furchtlos Exposés über diese herrschende Elite heraus. Die alten Texte der „Chicago Tribune" sind eine reiche Informationsquelle für establishment-kritische Historiker.[134]

Ein Beispiel wäre eine Serie von Artikeln aus der Feder von William Fulton und anderen in der „Tribune" aus dem Zeitraum vom 15. bis 31. Juli 1951, etwas, das wir als „Rhodes-Stipendiaten-Revisionismus" bezeichnen könnten, in dem die Journalisten den anglophilen Einfluss der Rhodes Scholars in den die Außenpolitik bestimmenden Institutionen der US-Regierung nachzeichneten. Der Titel der Serie lautete „Rhodes' Ziel: Rückkehr der USA ins britische Weltreich". Als Rhodes-Stipendiaten wurden führende amerikanische „Internationalisten" genannt wie Dean Rusk, George McGhee, Stanley K. Hornbeck, W. Walton Butterworth, Prof. Bernadotte E. Schmitt, Ernest A. Gross (ein Oxford-Student, aber strenggenommen kein Rhodesianer), ebenso wie Henry R. Luce, Clarence K. Streit, Frank Aydelotte und viele andere, inklusive Verbindungen zum Council on Foreign Relations, den Carnegie- und Rockefeller-Stiftungen und der „New York Times" sowie der „Herald Tribune".

Einer der anspruchsvollsten Beiträge des rechten Enthüllungsjournalismus dieser Zeit stammte vom Reece-Komitee des Repräsentantenhauses zur Untersuchung steuerbefreiter Stiftungen aus den Jahren 1953-1954. Besetzt mit führenden Konservativen wie dem Rechtsanwalt René Wormser (Bruder von Felix E. Wormser, Eisenhowers Innenminister) und Norman Dodd, nahm das Reece-Komitee angebliche Kommunisten sowie liberale und sozialistische Verbindungen zu den großen Stiftungen ins Visier: Rockefeller, Carnegie, Ford und so weiter. Darüber hinaus griff das Komitee die großen Stiftungen aber auch dafür an, ausnahmslos empirisch und quantitativ ausgerichtete Studien in den Sozialwissenschaften zu unterstützen und diese Disziplinen somit zu einer „szientistischen" Förderung technokratischer und fadenscheiniger „Wertfreiheit" auf Kosten qualitativer und ethischer anzuhalten. Hier traf das Reece-Komitee, den von F.A. Hayek und dem konservativen Soziologen Albert H. Hobbs von der Universität in Pennsylvania ausgerichteten Untersuchungen des liberalen Empirismus und Szientismus folgend, auf einen extrem wichtigen Fehler der neuen Nachkriegs-Sozialwissenschaften, aber die Ergebnisse des Komitees wurden von einer Lawine an Schmähungen aus der Establishment-Presse begraben. Der Kontaktmann der Stiftungen im Komitee, der dessen Zwecke obstruierte und in stiller Verbindung zum Weißen Haus Eisenhowers stand, war der Abgeordnete Wayne Hays (D., Ohio), ein Truman und später Lyndon Johnson nahestehender Demokrat. [135]

Einige der Aussagen unkonventioneller, antiquantitativer Sozialwissenschaftler gegenüber dem Komitee ergeben vor dem Hintergrund der Wiederentdeckung einer kritischen Sicht auf empiristische, pseudo-„wertfreie" Sozialwissenschaften durch die Neue Linke der letzten Jahre eine faszinierende Lektüre. So schrieb Soziologe James H.S. Bossard von der Universität in Pennsylvania an das Reece-Komitee:

> „Für einige Jahre betrachtete ich die Entwicklung dessen, was ich als Comptometer-Schule der Forschung in den Sozialwissenschaften bezeichnete, mit zunehmender Sorge. Damit meine ich das Sammeln detaillierter Daten und ihre Manipulation mit Hilfe aller verfügbaren statistischen Techniken. ... Meine eigenen Interessen liegen mehr bei der Entwicklung qualitativer Einsichten. Dies stimmt mit meiner Beurteilung der Natur des Lebensprozesses dahingehend überein, dass er nicht auf statistische Formeln reduziert werden kann, sondern es sich um einen reichlich breit gefächerten Komplex von Beziehungen handelt."[136]

In einem gewohnt schonungslosen Brief bestätigte der Harvard-Soziologe Pitirim A. Sorokin, dass Stiftungen zugunsten empirischer Forschungen andere Zweige benachteiligen und „sich außerordentlich diskriminierend gegenüber theoretischer, historischer und nichtempirischer Forschung verhalten", begünstigt durch Ungleichbehandlung im Namen mathematischer und mechanischer Modelle „oder anderer imitativer Sorten sogenannter naturwissenschaftlicher Soziologie". Die Ergebnisse dieser Sozialwissenschaft waren in den meisten Fällen „absolut fruchtlos und fast steril“ oder in einigen Fällen sogar „eher moralisch und mental schädlich für dieses Land“.[137]

In der Arbeit des Reece-Komitees gab es allerdings auch einen inneren Widerspruch, einen, der sich langfristig gesehen wahrscheinlich destruktiver auf seine Arbeit auswirkte als alle Hinterhalte von Wayne Hays. Es war die Tatsache, dass die Konservativen und Quasilibertären des Komitees die Zwangsmittel der Regierung bemühten – einen Ausschuss des Kongresses –, um privaten Stiftungen nachzustellen ... und aus welchem Grund? Hauptsächlich, weil die Stiftungen angeblich für Regierungskontrollen über private Organisationen plädierten! Und das Reece-Komitee kam dann zum Schluss, den privaten Stiftungen regierungsamtliche Restriktionen aufzuerlegen; kurz, das Komitee sprach sich dafür aus, Regierungskontrollen über private Institutionen zu verhängen, weil diese die Sünde begangen hatten, Regierungskontrollen über private Institutionen zu bewerben! Das Fazit fiel also so aus, lediglich den modernen Trend stets schärferer Regulierungen von Stiftungen anzustoßen, änderte aber in keinster Weise ihre ideologische oder methodologische Tendenz.

Ein weiteres faszinierendes Stück kombinierter Enthüllungsschreiberei und Analyse dieser Zeit war ein umfangreiches, ausuferndes Buch von Frank Hughes, Reporter der „Chicago Tribune“, mit dem Titel „Prejudice and the Press“.[138] Das Buch Hughes‘ war ein ausführlicher Angriff auf die korporativ-liberale „Kommission“ zur Freiheit der Presse, die hauptsächlich von Henry Luce finanziert und von Robert M. Hutchins angeführt wurde.[139] Die „Kommission“, die ihren Bericht im Jahre 1947 veröffentlichte, rief nach einer „freien“ Presse im modernen Sinne der „Verantwortlichkeit“; dem hielt Hughes eine eindringliche Bekräftigung der Bill of Rights entgegen sowie das „altmodische“ amerikanische Ideal der Freiheit der Presse. Hughes wies darauf hin, die grundlegende Idee moderner Liberaler sei,

> „die Presse ‚haftbar‘ oder ‚verantwortlich‘ gegenüber der Gesellschaft oder der Gemeinde zu machen, was ...

nur gegenüber der Regierung bedeuten kann. ... Wenn Freiheit überhaupt irgendetwas bedeutet, dann ist Freiheit der Presse die Freiheit von der Regierung."[140]

Die große Wasserscheide, das einzelne Ereignis, das den Abgang der alten isolationistischen Rechten am meisten kennzeichnete, war die Senator Taft von Eisenhower beigebrachte Niederlage in der von der Wall Street gekaperten Präsidentschaftsnominierung von 1952. Da die Demokraten verwundbar waren, hätte 1952 zumindest eine Chance für die Alte Rechte bestanden, die nationale Bühne zu dominieren. Aber die Schlappe Tafts dank des ungeheuerlichen Diebstahls der Nominierung durch Eisenhower in Verbindung mit dem Tod des großen Senators im darauffolgenden Jahr setzte der Alten Rechten als bedeutsamer Fraktion der Republikanischen Partei ein Ende. Faktisch war es außerdem das Ende meiner eigenen Identifikation mit dem Republikanismus und mit der „extremen Rechten" im politischen Spektrum.

Seit der Enttäuschung der Nominierung Deweys im Jahre 1948 war ich im „Young Republican Club" nicht mehr aktiv gewesen, aber immer noch Mitglied, und Ronnie Hertz, ein libertärer Freund von mir, machte im Club seinen Einfluss als Kopf des „Midtown Luncheon Committee" geltend, in den wir isolationistische und libertäre Vortragsredner einluden. Ich war wegen seiner wiederholten Kompromisse und „Ausverkäufe" in in- sowie ausländischen Angelegenheiten kein Taft-Enthusiast im absoluten Sinne, und beim klimaktischen Treffen des Clubs, auf dem über die Unterstützung der Präsidentschaft abgestimmt wurde, wobei Taft eine ansehnliche Minderheit gewann, gaben Ronnie und ich unsere beiden Stimmen Senator Everett Dirksen (R., Illinois). In diesen unschuldigeren Tagen hatte Dirksen seine Lorbeeren als oberster politischer Opportunist noch nicht gewonnen; stattdessen hatte er damals – unter der Ägide der „Chicago Tribune" – eine „extremistische" Abstimmungsvergangenheit vorzuzeigen, inklusive eines der wenigen Voten gegen die Einberufung. Aber auf der folgenschweren Versammlung selbst war ich natürlich für Taft und noch mehr in Opposition zur linken – korporativ-liberalen – Wall-Street-Übernahme, die in einer empörenden Pressekampagne gipfelte, die implizierte, Taft habe die südlichen Delegationen „gestohlen“. Als Taft aus der Nominierung geschmiert wurde, verließ ich die Republikanische Partei und kehrte nie wieder zu ihr zurück. Bei der Wahl unterstützte ich Stevenson, hauptsächlich, weil es der einzige Weg war, den Rücken der Republikaner vom Alpdruck der Wall Street zu entlasten.

Es ist wichtig, festzustellen, dass der spätere rechte Flügel der Republikaner, die Goldwater-Buckley-Rechte, keine Verbindung mit der alten Taft-Rechten hatte, auch nicht auf organisatorischer Ebene. Sprich, Barry Goldwater selbst war ein Eisenhower-Delegierter aus Arizona; der konservative Kriegstreiber, Senator und General Pat Hurley war ein Mann Eisenhowers aus New Mexico; die beiden Doyens der China-Lobby waren anti-Taft: der Abgeordnete Walter Judd (R., Minnesota) war für Eisenhower und Senator William Knowland (R., Kalifornien) ein Unterstützer von Gouverneur Earl Warren, der mit Blick auf die südliche Delegation durch seine Unterstützung Ikes ausschlaggebend war. Auch Richard Nixon war beim Kalifornien-Deal behilflich, und sowohl Nixon als auch Warren erhielten ihre angemessene Belohnung. Überdies war der berühmte Kampf der südlichen Delegation kaum das, als was er oberflächlich betrachtet erschien. Die Abordnungen Tafts im Süden waren hauptsächlich schwarz, woher auch ihr Name „Black and Tan“ rührte [„Schwarz und Hellbraun“, Anm. d. Ü.] – sie wurden vom altgedienten schwarzen Republikaner Perry Howard aus Mississippi geführt –, wohingegen die Eisenhower-Delegationen, die Stellvertreter der „progressiven“ weißen, vorstädtischen Geschäftsleute der südlich-republikanischen Zukunft, passenderweise als „Lilywhites“ [„Lilienweiße“, Anm. d. Ü.] bekannt waren.

Unterdessen wollen wir uns an die bittere, aber zutreffende Darstellung der Niederlage Tafts durch Chesly Manly, einen Reporter der „Chicago Tribune“, zwei Jahre später erinnern, als Beispiel für den enthüllungsjournalistischen Stil des rechten Flügels:

„New Yorker Banken, verbunden mit den großen Konzernen des Landes durch finanzielle Beziehungen und verzahnte Direktorien, übten ihren mächtigen Einfluss auf die großen, freien Delegationen für Eisenhower aus. Sie taten dies subtiler, aber nicht weniger wirkungsvoll als im Jahre 1940, als sie die Versammlung der Republikaner für Willkie vereinnahmten. Nachdem sie enorme Profite aus der Entwicklungshilfe und Waffenbestellungen gezogen hatten, verstanden sich die Banker und Konzernlenker perfekt. Der Einfluss der Wall Street war in der Abordnung aus Pennsylvania besonders fruchtbar ... und in der aus Michigan ... Arthur Summerfield, Michigans nationaler Vertrauensmann und der größte Chevrolet-Händler der Welt, wurde für seine Ablieferung der Mehrheit der Michigan-Delegation zu Eisenhowers Kampagnenmanager ernannt, später zu seinem Bundespostvorsteher. Charles E. Wilson, Präsident von General Motors, der in der Michigan-Delegation großen Einfluss ausübte, wurde Verteidigungsminister. Winthrop W. Aldrich, Kopf der Chase National Bank, Verwandter der Rockefeller-Brüder und Frontmann der Wall Street, zog in Chicago die Fäden für Eisenhower; seine Arbeit zahlte sich durch eine Ernennung zum US-Botschafter in Großbritannien aus.“[141]

Mit der Wahl Eisenhowers verschwand der alte rechte Flügel der Republikanischen Partei allmählich aus dem Bild. Aber Senator Taft hatte einen letzten Augenblick des Ruhms. In seiner letzten Rede zur Außenpolitik vor seinem Tod griff Taft die außenpolitische Hegemonie an, die sich unter Außenminister John Foster Dulles abzuzeichnen begann,[142] dem Inbegriff der Kriegstreiberei und des Antikommunismus, dem Mann, der aus der Top-Anwaltskanzlei der Wall Street namens „Sullivan and Cromwell“ stammte und ein langjähriger Berater der Rockefeller-Interessen war. In seiner Rede vom 26. Mai 1953 übte Taft dieselbe Kritik an der Dulles-Politik, die er auch gegen ähnliche Politiken Harry Trumans vorgebracht hatte: Das System weltweiter militärischer Allianzen und Hilfen war „die vollständige Antithese zur UN-Charta", eine Bedrohung der russischen und chinesischen Sicherheit und darüber hinaus wertlos für die Verteidigung der Vereinigten Staaten.

Taft zentrierte seine Schüsse vor allem auf die sich anbahnende Politik Dulles' in Südostasien. Er war besonders besorgt, weil die Vereinigten Staaten ihre Finanzhilfen für den Kampf des französischen Marionettenregimes in Indochina gegen die Revolutionstruppen von Ho Chi Minh auf 70 Prozent hochfuhren. Taft befürchtete – mit großer Voraussicht! –, Dulles' Politik könnte nach der unausweichlichen Niederlage des französischen Imperialismus in Indochina zu dessen Austausch durch amerikanischen Imperialismus führen sowie – für Taft die schlimmste aller Möglichkeiten – der Entsendung amerikanischer Truppen nach Vietnam, um gegen die Guerillas zu kämpfen.

Taft erklärte:

> „Ich habe nie empfunden, dass wir amerikanische Soldaten auf den asiatischen Kontinent entsenden sollten, der natürlich China und Indochina einschloss, ganz einfach deshalb, weil wir in einem dortigen Landkrieg zahlenmäßig derart unterlegen wären, dass wir uns völlig erschöpfen würden, selbst wenn ein Sieg möglich wäre. ... Heute versuchen wir also wirklich, wie seit 1947 in Europa und 1950 in Asien, die Welt gegen das kommunistische Russland zu bewaffnen, oder zumindest sämtlichen Beistand zur Verfügung zu stellen, der ihr im Widerstand gegen den Kommunismus nützlich sein kann.
>
> Wird diese Politik der Vereinigung der freien Welt gegen den Kommunismus in Friedenszeiten eine praktikable Langzeit-Politik sein? Ich war immer skeptisch bezüglich der militärischen Praxistauglichkeit der NATO. ... Ich war immer der Meinung, dass wir nicht versuchen sollten, Russland auf dem europäischen Kontinent zu bekämpfen, ebenso wenig China auf dem asiatischen."[143]

In den Monaten unmittelbar nach Tafts Tod erhöhte Dulles die amerikanische Unterstützung französischer Armeen und der Puppenregierung Frankreichs in Vietnam stark, doch während Dulles und Nixon auf amerikanische Bombardements der Truppen Ho Chi Minhs drängten, hörte Eisenhower selbst, der von seinen kurzen, aber tiefen Verbindungen mit Taft während und nach der Kampagne von 1952 stark beeinflusst war, auf Unterstützer Tafts in seinem Kabinett wie zum Beispiel George Humphrey und entschied sich dazu, ohne vorherige Zustimmung des Kongresses keine amerikanischen Streitkräfte direkt in Vietnam einzusetzen. Diesem Taftschen Prinzip folgend, erlaubte die Eisenhower-Regierung der großen Debatte im Senat, ebenso wie die Opposition in Großbritannien, ein sofortiges Abenteuer in Vietnam zu blockieren. Der ex-isolationistische Alexander Wiley (R., Wisconsin) fasste die Gefühle der Mehrheit der Republikaner im Senat zusammen, als er erklärte: „Wenn es unter dieser Administration zum Krieg kommt, könntes dies sehr gut das Ende der Republikanischen Partei bedeuten." Und Senator Lyndon B. Johnson (D., Texas) bündelte den Standpunkt der Demokraten, indem er sagte, er stehe einer „Entsendung amerikanischer GIs in den Schlamm und Dreck von Indochina im Rahmen eines bluttriefenden Gelages zur Perpetuierung des Kolonialismus und der Ausbeutung Asiens durch den weißen Mann" ablehnend gegenüber.[144]

Als Ergebnis dieser Zwänge sowie Dulles, Nixon und dem Pentagon zum Trotz näherte sich Präsident Eisenhower dem Genfer Abkommen von 1954; eine umfassende amerikanische Intervention in Vietnam wurde glücklicherweise aufgeschoben, obschon leider nicht endgültig aufgegeben. Posthum war Senator Tafts Einfluss auf amerikanische Außenpolitik größer, zumindest für den Augenblick, als sie es zu Lebzeiten je gewesen war.

11. Abstieg der Alten Rechten

Nach dem Tode Tafts und als die Außenpolitik Eisenhowers begann, sich mit den starren Dullesschen Zügen dauerhafter Massenaufrüstung und der Drohung einer „massiven nuklearen Vergeltung“ rund um den Globus anzulegen, nahm ich wahr, wie die isolationistische Geisteshaltung allmählich verblasste, sogar unter alten libertären und isolationistischen Landsleuten, die es besser hätten wissen müssen. Alte Freunde, die über die „russische Bedrohung“ zu spotten pflegten und Washington, D.C. zum Feind erklärt hatten, fingen nun an, von der „internationalen kommunistischen Verschwörung“ zu murmeln. Ich bemerkte, dass junge Libertäre, die sich zu den Reihen gesellten, zunehmend infiziert waren mit der Mentalität des Kalten Krieges und von der isolationistischen Alternative noch nie etwas gehört hatten. Junge Libertäre wunderten sich, wie es denn komme, dass ich eine „kommunistische Außenpolitik“ aufrecht erhielte.

In dieser aufkeimenden Atmosphäre erschien das nonfiktionale Werk Louis Bromfields von 1954, „A New Pattern for a Tired World“[145] [„Ein neues Modell für eine müde Welt“, Anm. d. Ü.], ein schonungsloser Traktat zugunsten des freimarktwirtschaftlichen Kapitalismus und einer friedfertigen Außenpolitik, es war anachronistisch und entfaltete fast gar keine Wirkung auf den rechten Flügel dieser Tage.

Bromfield klagte:

> „Abgesehen vom tragischen Aderlass unserer Jugend, ob für zwei der besten Jahre ihres Lebens eingezogen oder verwundet oder getötet oder inhaftiert, bedeutet die grandiose ‚Einhegungs‘-Politik eine immense und kontinuierliche Verschwendung in finanzieller Hinsicht. ...“

Und weiter:

„Einer der großen Misserfolge unserer Außenpolitik rund um die Welt ist der Tatsache geschuldet, dass wir zugelassen haben, überall mit den alten, dem Untergang geweihten und verrottenden kolonialistisch-imperialistischen europäischen Kleinstaaten in eins gesetzt zu werden, die so vielen Teilen der Welt einst das Modell der Ausbeutung sowie ökonomischer und politischer Dominanz auferlegt hatten. Diese Tatsache bildet den Kern unseres Scheiterns, die Unterstützung und das Vertrauen der einstmals ausgebeuteten Länder und Völker zu gewinnen, die sich nun in allen Teilen der Welt, aber vor allem in Asien, in Aufstand und Revolution befinden. Wir haben diesen Völkern keine echte Wahl gelassen zwischen den Praktiken des russisch-kommunistischen Imperialismus oder Kommunismus und denen einer wahrhaft demokratischen Welt, in der Individualismus, amerikanischer Kapitalismus und freies Unternehmertum die wahren Säulen der Unabhängigkeit bilden, solide Ökonomie, Freiheit und gute Lebensstandards. Wir sind ihnen gegenüber selber aufgetreten ... in der Rolle von kolonialistischen Imperialisten ... in beinahe jedem Fall als Unterstützer der verrottenden, alten europäischen Reiche. ...

Keines dieser rebellischen, erwachenden Völker will uns vertrauen, weder in ihren Herzen noch auch nur oberflächlich, oder in irgendeiner Weise mit uns kooperieren, solange wir weiterhin identifiziert werden mit dem wirtschaftlichen Kolonialsystem Europas; das, selbst in seinen kapitalistischen Verhaltensmustern, die letzten Reste des Feudalismus verkörpert. ... Wir werden diesen asiatischen Völkern nicht als Freunde und Wohltäter erscheinen, solange wir gleichzeitig genau diejenigen Kräfte der sterbenden Kolonialreiche finanzieren, ihnen wieder zur Macht verhelfen oder ihnen sogar Waffen liefern, gegen die sie rebellieren.

Genau das ist es, was wir in Indochina tun, in Hongkong und überall sonst auf der Welt, unter einer verirrten Politik, die auf der todgeweihten Vergangenheit basiert, statt auf den unvermeidlichen, dynamischen Modellen der Zukunft. Wir lassen diesen erwachenden Völkern keine andere Wahl, als sich Russland zuzuwenden und den Vertröstungen und Versprechungen eines Utopia. Wir ermöglichen es den Kommunisten, überall ... den Eindruck zu erwecken, dass das, was in Wahrheit lediglich eine intensive Geltendmachung von Nationalismus ist, eine kommunistische Befreiung sei, geplant und ausgeführt von kommunistischem Einfluss. ...

Wir bedienen die Politiken einer entschwundenen Welt, indem wir blind und dumm versuchen, zu umzingeln und einzuhegen, was nicht eingehegt werden kann, indem wir den freien Austausch von Gütern blockieren und die Welt in einem konstanten Aufruhr halten, indem wir Allianzen schmieden und überall Militärbasen aufbauen. Es ist ein antikes Modell von Machtpolitik.“[146]

Wieder zu Asien:

„Der Kampf in Indochina bindet ... zahllose Indochinesen ... die die französische Herrschaft hassen. ... Dennoch gibt es sogar Leute, vorwiegend in den Streitkräften der Vereinigten Staaten, die, würden sie sich trauen, eine Einberufung amerikanischer Jungs aus Ohio, Iowa, Kansas und sonstwo und ihre Entsendung in diesen Konflikt befürworten würden, in dem sie oder die Nation selbst nichts verloren haben und in dem unsere Intervention uns auf lange Sicht nur tragischen Schaden brächte. ...

[Korea] könnte sich sehr gut gerade nicht als die gemarterte, heroische Nation herausstellen, zu der sie die Sentimentalen gemacht haben, sondern lediglich als Bürde um unseren Hals, die uns tiefer und tiefer in tragische Komplikationen und künftige Kriege hineinzieht. Weil wir keinen echten Grund haben, in Korea zu sein, abgesehen von, wie jeder Asiate vermutet, Gründen der Macht und Ausbeutung. Zu behaupten, ein so weit entferntes und unbedeutendes Land wie Korea sei unsere vorderste Verteidigungslinie, läuft daraus hinaus, jede Nation in jedem Teil der Welt sei ebenfalls die ‚erste Linie der Verteidigung' – ein offensichtlich phantastisches und groteskes Konzept an den Grenzen zur Megalomanie. ...

Unsere dauerhafte Besetzung von Korea zur künstlichen Aufrechterhaltung der ökonomischen und politischen Unabhängigkeit des Landes ist ein Akt gegen den gesamten Trend der Weltrevolution und die unwiderstehlichen Kräfte unserer Zeit. ... Wir müssen entweder auf unbegrenzte Zeit in Korea bleiben und irgendwann aufgeben und eine Niederlage akzeptieren oder uns und die ganze Welt in einen Krieg verwickeln, der für uns und ganz gewiss für ganz Europa das Ende der Straße bilden wird. ... Die Situation in Korea ... wird nicht gelöst, bis wir uns vollständig aus einem Gebiet zurückziehen, in dem uns aufzuhalten wir kein Recht haben, und den Völkern der Region die Lösung ihrer eigenen Probleme selbst überlassen."[147]

Bromfield schloss, unsere gesamte Außenpolitik sei nicht „die Folter oder das Leben eines unwilligen Einberufenen wert, selbst dann nicht, wäre sie nicht die gefährlichste und zerstörerischste Politik für den Frieden und das Wohlergehen der Welt".[148]

In dieser Zeit des Entgleitens der Hingabe an den Frieden, in einem rechten Flügel, den das Buch Bromfields wenig beeindruckte, wollte ich versuchen, die ältere außenpolitische Tradition in der konservativ-libertären Bewegung wiederzubeleben. Im April 1954 stellte William Johnson eine rundherum isolationistische, dem Frieden gewidmete Ausgabe von „Faith and Freedom" zusammen, einer der letzten intellektuellen Atemzüge der isolationistisch-libertären Rechten. Sie enthielt einen Artikel von Garet Garrett, „The Suicidal Impulse" („Der selbstmörderische Impuls“), in dem er seine Analyse des „Aufstiegs des Imperiums“ fortsetzte. Garrett erklärte, das amerikanische Reich habe „die schrecklichste der Menschheit jemals bekannte Tötungsmaschine aufgebaut“, wir fuchtelten mit unserem „gewaltigen Bestand an Atombomben“ herum, es seien amerikanische Truppen und Basen über die ganze Welt verteilt und es gebe von „Zeit zu Zeit eine leichtfertige Äußerung einer bedeutenden Person aus dem amerikanischen Militär dahingehend, die amerikanische Luftwaffe sei darauf vorbereitet, Bomben auf Russland zu werfen, auf bereits ausgewählte Ziele“. Garrett schlussfolgerte, die „Verlockungen der Weltführerschaft“ webten „einen fatalen Zauberspruch. Die Idee, der Welt ewigen Frieden durch Gewalt beizubringen, ist eine barbarische Phantasie.“[149]

In der Ausgabe von „Faith and Freedom“ kam auch Ernest T. Weir zu Wort, der rechtsorientierte, gewerkschaftskritische Industrialist der 1930er, im Zweiten Weltkrieg Isolationist und Kopf der „National Steel Corporation of Pittsburgh“. Weir, der Cyrus Eaton der 1950er, hatte das Land aufgemischt und Pamphlete veröffentlicht, in denen er Friedensverhandlungen mit der Sowjetunion und dem kommunistischen China forderte sowie ein Ende des Kalten Krieges. In seinem Artikel „Leaving Emotions Out of Our Foreign Policy“ [„Emotionsfreie Außenpolitik“, Anm. d. Ü.] legte Weir dar, dass

> „wir die Tatsache zu akzeptieren haben, dass es keine Mission der Vereinigten Staaten gibt, anklagend durch die Welt zu laufen mit dem Anspruch, sie von bösen Nationen oder bösen Regierungsformen zu befreien. Wir müssen uns mit der Tatsache anfreunden, dass es immer böse Nationen und böse Systeme geben wird und es unsere Aufgabe ist, eine andere Grundlage zu finden als Kriegsführung, um unsere Daseinsberechtigung in der Welt zu finden.“[150]

In meinem eigenen Beitrag zur Sache, „The Real Aggressor“ („Der wahre Aggressor“), geschrieben unter dem Pseudonym „Aubrey Herbert“, versuchte ich, ein libertäres Fundament für eine isolationistische und friedliche Außenpolitik zu legen, und forderte eine friedliche Koexistenz, eine gemeinsame Abrüstung, einen Ausstieg aus der NATO und den UN, eine Anerkennung des kommunistischen China sowie Freihandel mit allen Ländern.

Für unsere Bemühungen wurden Weir und ich im sozialdemokratischen „New Leader“ von William Henry Chamberlin als rot lackiert. Der Umstand, dass Chamberlins Einfluss auf die intellektuelle Rechte wuchs, war symptomatisch für ihren beschleunigten Verfall. Als ehemaliger kommunistischer Gesinnungsgenosse in den 1930ern schien Chamberlin die Fähigkeit zu besitzen, seine Prinzipien je nach Gusto zu ändern; er schrieb emsig sowohl für das „Wall Street Journal“ als auch den „New Leader“, wobei er in ersterer Publikation die freie Marktwirtschaft unterstützte und in letzterer den Etatismus. Er war außerdem imstande, ein Buch zu schreiben,[151] in dem er Isolationismus und das Münchner Abkommen des Zweiten Weltkriegs lobpries, während er gleichzeitig die Isolationisten der Gegenwart und Kritiker des Kalten Krieges als „Appeaser“ und Verfechter eines „anderen München“ verurteilte. Aber in einem Punkt war dieser neue Chamberlin konsequent; war er doch einer aus der wachsenden Legion ex-kommunistischer und ex-gesinnungsgenossenschaftlicher Journalisten, die zur Speerspitze der ideologischen Front für den Kalten Krieg und den weltweiten antikommunistischen Kreuzzug gehörten. In seinem Artikel „Appeasement on the Right“[152] [„Beschwichtigungspolitik der Rechten“, Anm. d. Ü.] erhob Chamberlin den Vorwurf, Weirs Artikel „hätte auch in der ‚Nation‘ erscheinen können, vielleicht sogar in ‚Masses and Mainstream‘“; was meinen Artikel betraf, so hätte ich eine „nach den Spezifikationen des Kreml maßgeschneiderte Blaupause für amerikanische Politik“ entworfen.

Es war das erste Mal, dass ich in die rote Ecke gestellt wurde – allerdings nicht das letzte –, ein Vorwurf, der für einen erklärten „extremen Rechten“ einer Art Schock gleichkam. Als ich im „New Leader“ darauf hinwies, dass Chamberlin selbst noch kurz zuvor Appeasement und München bejubelt hatte, antwortete er auf charakteristische Art: Ernest Weir sei unlängst in der Warschauer „Trybuna Ludu“ gelobt worden, und ich erhielte wahrscheinlich bald meine „angemessene Anerkennung aus derselben oder einer ähnlichen Quelle“.[153]

Bald darauf unterschrieb ich als Ersatz für Chodorov als monatlicher Washington-Kolumnist bei „Faith and Freedom“, und Monat für Monat, bis zum Ende des Jahres 1956, keilte ich gegen den Etatismus der Eisenhower-Regierung. Besorgt über die wachsende Anhänglichkeit des rechten Flügels an Militarismus und den Kalten Krieg, feuerte ich Salven vor allem gegen diese Trends. Während ich mich für einen Austritt aus den Vereinten Nationen aussprach, drängte ich darauf, diese sollten die Realität anerkennen und China Mitgliedschaft gewähren; die ständige Expansion der Vereinigten Staaten über unsere Küsten hinaus kritisierend, forderte ich, Hawaii, Alaska und Puerto Rico Unabhängigkeit zu gewähren, statt sie als dauerhafte Staaten einzuverleiben. Zu Beginn des Jahres 1956 griff ich die Eisenhower-Regierung dafür an,die zweite Genfer Konferenz und ihre Hoffnungen auf Entspannung und Abrüstung zu torpedieren: erstens durch Vorlage einer Forderung nach einer Wiedervereinigung Deutschlands unter der NATO als unserem obersten Anliegen bei der Konferenz; zweitens durch Widerruf unserer seit langer Zeit bestehenden Forderung nach gleichzeitiger Abrüstung *und* Inspektion, sobald die Russen unserer eigenen Position zugestimmt hätten, sowie späteren Ersatzes anstelle Ikes demagogischen Vorschlages der „offenen Himmel“. Einige Monate später kritisierte ich die Rechte scharf dafür, der Verteidigung eines Marine-Ausbilders beigesprungen zu sein, der brutalerweise sechs Männer in einem sinnlosen Todesmarsch auf Paris Island in ein nasses Grab geschickt hatte. Wie kann es sein, fragte ich, dass nur die Linksliberalen aufgestanden waren, um sich gegen Brutalität und Militarismus für die Freiheit auszusprechen?

Am heftigsten geriet ich mit der Pro-Kriegs-Rechten in einer Reihe von Debatten zu Beginn des Jahres 1955 aneinander bezüglich der Frage, ob man für Formosa kämpfen sollte oder nicht, eine Frage, die sich in diesem Jahr besonders stark abzeichnete.

In meiner März-Kolumne sprach ich mich für einen Rückzug von Formosa aus, attackierte die manische Logik, die eine endlose Reihe von Basen zum „Schutz unserer früheren Basen" verlangte und fragte, wie *wir* uns wohl fühlen würden, würden die Chinesen drei Meilen vor *unserer* Küste eine Insel besetzen und zur Festung ausbauen. Des weiteren begrüßte ich den Ruf nach Frieden, der kürzlich vom Held der Kriegsrechten, Douglas MacArthur, erklang, außerdem lobte ich Eugene R. Siler (R., Kentucky) dafür, den alten isolationistischen Staffelstab aufgegriffen und gegen die Blankoscheck-Kongressresolution vom 29. Januar bezüglich Formosa gestimmt zu haben, da er seinen Wählern versprochen hatte, er würde nie dabei helfen, „ihre Jungs in einen Krieg auf fremdem Boden zu verwickeln".

Dieser Artikel beschleunigte eine Debatte mit einem Kolumnen-Kollegen bei „Faith and Freedom", William S. Schlamm, einem anderen Wortführer der neuen Strömungen im rechten Flügel, vormals Redakteur für Buchbesprechungen beim damals bedeutenden intellektuellen Magazin der Rechten, dem „Freeman". Schlamm war typisch für Neurechte: ehemals ein führender deutscher Kommunist und Redakteur von „Die Rote Fahne", widmete Schlamm seine Karriere nun enthusiastischer Stimmungsmache zur Zernichtung seiner alten Kameraden, daheim wie in Übersee. In seinem Eifer für den antikommunistischen Kreuzzug konnte ich nie – und kann es heute noch nicht – auch nur ein Jota von Freiheitsliebe in seinem Weltbild entdecken. Was machte er überhaupt bei „Faith and Freedom"? Als die „National Review" gegen Ende 1955 gegründet wurde, wurde Schlamm dort Buchkritiker und, für eine Weile, ihr Cheftheoretiker; später kehrte er nach Deutschland zurück und scharte für seine ultraharte Außenpolitik gegen den Osten eine große Gefolgschaft um sich.

Schlamm und ich hatten eine Reihe von Pro- und Contra-Debatten – „Kämpfen für Formosa – oder nicht?" – in den Mai- und Juni-Ausgaben von „Faith and Freedom". Ich beschuldigte ihn, Präventivkriege zu befürworten, erinnerte unsere Leser daran, dass wir weder von Russland noch China angegriffen worden waren und dass ein Weltkrieg die totale Zerstörung der Zivilisation bedeuten würde. Und warum, fragte ich, wie schon zuvor in meinen Kolumnen, billigen die Kriegsbefürworter unter den Konservativen, die doch angeblich für die Überlegenheit des Kapitalismus über den Kommunismus stehen, durch ihr Lechzen nach einem zügigen Showdown implizit, dass es dieses Mal zugunsten des Kommunismus ausgeht? Ich bekräftigte daraufhin nochmal, dass sicher jeder Libertäre den „Feind" nicht im russischen Kommunismus ausmachen würde, sondern in jedem staatlichen Eingriff in unsere Freiheiten; unsere Freiheit aufzugeben, um sie zu „bewahren", bedeute, sich der Orwellschen Dialektik „Freiheit ist Sklaverei" zu unterwerfen. Was Schlamms Position betraf, wir seien vom Kommunismus bereits „angegriffen" worden, stellte ich den wichtigen Unterschied zwischen einem *militärischen* und einem „ideologischen" Angriff heraus, ein Unterschied, dessen sich der Libertäre, dessen gesamte Philosophie auf dem Unterschied zwischen gewalttätiger Aggression und nicht gewalttätiger Überzeugung basiert, ganz besonders bewusst sein sollte. Meine Verwirrung hätte durch die Erkenntnis geklärt sein sollen, dass Schlamm am weitesten davon war, ein „Libertärer" zu sein. Ich rief außerdem nach realistischen Verhandlungen mit der kommunistischen Welt, die zu einer beiderseitigen atomaren und bakteriologischen Abrüstung führen würden.

Noch wichtiger für den Versuch, die Bemühungen des Kriegsvölkchens zur Übernahme der Rechten einzudämmen, war der gefürchtete Frank Chodorov. Es sollte sich als Tragödie für die libertäre Sache herausstellen, dass Frank seine großartige „analysis" in den frühen 1950er Jahren eingestellt und mit „Human Events" zusammengelegt hatte, wo er als Mitherausgeber fungierte. Frank war außerdem mein Vorgänger als Washington-Kolumnist in „Faith and Freedom". Im Sommer 1954 übernahm Frank die Chefredaktion des „Freeman", des führenden Organs der intellektuellen Rechten, vormals wöchentlich und zu diesem Zeitpunkt von der Stiftung für ökonomische Erziehung monatlich herausgegeben. In seinem

September-Editorial des „Freeman“, „The Return of 1940?“ („Die Rückkehr von 1940?“), verlautbarte Chodorov, die alte isolationistisch-interventionistische Kluft zwischen Konservativen und Libertären komme wieder einmal zum Tragen. „Die Libertären debattieren unter sich bereits über die Notwendigkeit, den Kampf für die Freiheit einzustellen, bis die Bedrohung des Kommunismus im Moskau-Stil beendet ist, sogar durch Krieg.“ Frank stellte die Konsequenzen unseres Eintritts in den Zweiten Weltkrieg heraus: ein massiver Schuldenberg, ein gigantisches Steuersystem, der Alpdruck der Wehrpflicht, eine enorme Bürokratie auf Bundesebene und der Verlust unseres Sinnes für persönliche Freiheit und Unabhängigkeit. „All das“, schloss Chodorov,

> „sahen die ‚Isolationisten‘ von 1940 voraus. Nicht weil sie mit hellseherischen Fähigkeiten ausgestattet waren, sondern weil sie die Geschichte kannten und ihre Lektion nicht verleugnen würden: Der Staat akquiriert in Kriegszeiten Macht zu Lasten der Freiheit und ist wegen seines unersättlichen Machthungers unfähig, wieder etwas von ihr aufzugeben. Der Staat dankt niemals ab.“[154]

Jeder weitere Krieg wäre nur unendlich schlimmer und könnte die Welt in seinem Verlauf vielleicht sogar zerstören.

Chodorovs Editorial zog eine Gegenrede des unermüdlichen Willi Schlamm auf sich, beide diskutierten über die Kriegsfrage auf den Seiten der Novemberausgabe des „Freeman“ von 1954. Chodorovs Erwiderung, „A War to Communize America“ („Ein Krieg zur Kommunalisierung Amerikas“), war seine letzte große Beteuerung der isolationistischen Position der Alten Rechten. Chodorov hob an:

> „Wieder wird uns erzählt, wir müssten Angst haben. Wie schon vor den zwei Weltkriegen ist es auch heute; Politiker reden in beängstigenden Begriffen, Journalisten erfinden Schreckzeilen, selbst die Nachbarn eine Tür weiter nehmen den Schrei auf: Der Feind steht vor den Toren der Stadt; wir müssen uns für den Kampf rü-

sten. Falls Sie es noch nicht wissen, ist der Feind diesmal die UdSSR."[155]

Chodorov konzentrierte sich auf die Frage der Wehrpflicht, da „einen Krieg mit Russland auf fremdem Boden zu führen" laut Meinung der Interventionisten diese Art der Sklaverei verlange. „Ich glaube nicht, dass auf freiwilliger Basis auch nur eine einzige Division für das Abenteuer in Korea hätte aufgestellt werden können." Wenn die Menschen Amerikas solche Kriege nicht führen wollen, mit welchem Recht sollten sie „dazu genötigt werden, sie auszufechten?". Und: „Uns wird gesagt, wir müssten die Russen fürchten. Ich habe mehr Angst vor denen, die, wie ihre Vorväter, uns gegen unseren Willen zum Kampf gegen die Russen zwingen wollen. Sie leiden unter dem Diktator-Komplex."[156] Chodorov bekräftigte noch einmal, dass jeder weitere Krieg alle Freiheit, die wir noch hatten, abschaffen würde, dass Sklaverei vor einem amerikanischen Meister nicht besser sei als Sklaverei vor einem ausländischen: „Warum in den Krieg ziehen für das Privileg" der Wahl zwischen dem einen oder anderen? Was eine Invasion unseres Landes betrifft, bestehe keine reale Möglichkeit, dass dergleichen geschähe. Das einzige, was wir in der gegenwärtigen Situation fürchten müssten, sei die „Hysterie der Angst" selbst. Der einzige Weg, diese Angst auf beiden Seiten abzubauen, schloss Chodorov, sei, „unsere globalen militärischen Engagements aufzugeben" und nach Hause zurückzukehren.

Bezüglich der angeblichen russischen Bedrohung Westeuropas wäre es im Falle unseres Rückzugs „hart für die Europäer, fielen sie in die Hände der Sowjets; aber auch nicht schlimmer, als wenn wir einen Krieg herbeiführen würden, in dem ihr Zuhause zum Schlachtfeld würde".[157] Und sollten diese Länder tatsächlich den Kommunismus bevorzugen, wäre „unsere Präsenz in Europa eine impertinente Einmischung in die inneren Angelegenheiten dieser Länder; lasst sie kommunistisch werden, wenn sie das wollen."[158]

Unglücklicherweise wurde Chodorov kurz darauf als Redakteur hinausgeworfen; da er ein Mann von beharrlicher Unabhängigkeit und Integrität war, hätte er sich keiner Form mentaler Kastration unterworfen. Nach Chodorovs Fortgang konnte Leonard Read zu seiner langjährigen Politik zurückkehren, sich niemals in direkte politische oder ideologische Kontroversen einzuschalten, und der „Freeman" versank weiter im Tümpel unverfänglicher Unbrauchbarkeit, in dem er bis heute treibt. Chodorov war nun seiner libertären Plattform beraubt, seine große Stimme zum Schweigen gebracht worden; dieser Verlust wurde von der tragischen Krankheit besiegelt, der er 1961 anheimfiel und in der Frank die letzten Jahre seines Lebens verbrachte. Die Tragödie wurde vom ideologischen Betrug durch enge Freunde noch verschlimmert, wie zum Beispiel den jungen William F. Buckley, den Frank als Autor während seiner Herausgeberschaft der „Human Events" entdeckt hatte (und der es bei einem „Feuergefecht" mit Karl Hess kürzlich wagte, den Namen des verstorbenen Chodorov als libertäre Bestätigung seines eigenen Pro-Kriegs-Standpunktes heranzuziehen). Noch schmerzlicher ist die Geschichte der „Intercollegiate Society of Individualists" [„Interdisziplinäre Gesellschaft der Individualisten", Anm. d. Ü.], die Frank 1952 als „50-Jahre-Projekt" gegründet hatte, um die College-Campusse vom Etatismus abzubringen und für den Individualismus zu gewinnen. Im Jahre 1956 verließ die ISI die Büros der FEE, um ihr Hauptquartier in Philadelphia zu beziehen. Franks Wahl für seine Nachfolge der Führung der ISI, E. Victor Milione, führte diese direkt in das traditionalistisch-konservative Lager, sogar so weit – ungefähr zum Zeitpunkt von Franks Tod gegen Ende 1966 –, den Namen von Chodorovs Schöpfung in „Intercollegiate Studies Institute" zu ändern [„Institut für interdisziplinäre Studien", Anm. d. Ü.]. Es scheint, als habe die Bezeichnung „Individualist" konservative Geschäftsleute verärgert, bei denen sie Visionen von Rebellen der Neuen Linken erzeugte. Oh Freiheit! Welche Verbrechen werden in deinem Namen begangen![159]

Ein weiterer schwerer Schlag für den Isolationismus und die Alte Rechte war der Verlust der „Human Events". Von Anfang an waren die drei Eigentümer der „Human Events": Felix Morley, Theoretiker; Frank Hanighen, Journalist; und Henry Regnery, Geldgeber. Vor und während des Zweiten Weltkrieges waren alle Isolationisten, aber nach dem Krieg sprang Hanighen, gefolgt von Regnery, auf den anti-kommunistischen und pro-interventionistischen Zug auf, gegen den Widerstand Morleys. Morley, der in seiner Autobiographie dem Nockschen Einfluss großen Tribut zollte, spottete über die Betonung der Sache Hiss durch seine Kollegen. Nachdem Franklin Roosevelt, angeleitet durch Harry Hopkins, einen „Sieg des Kommunismus" herbeigeführt hatte, führte Morley aus, „erschien es albern, sich um die Winkelzüge einiger Kameraden zu sorgen, die beschuldigt wurden, kommunistische Abtrünnige zu sein". Zusätzlich zur ideologischen Motivation wurde Hanighen vor allem von finanzieller getrieben: Hanighen

> „glaubte, dass die Causa Hiss sich als sensationell herausstellen würde, was tatsächlich der Fall war, und dass wir durch ihre Ausbeutung unsere Reichweite stark erhöhen könnten, so wie auch Senator McCarthys dramatische Anklagepunkte. Er hatte wahrscheinlich recht, denn seit meinem Weggang wuchs die kleine Publikation rasant, nachdem sie den anti-kommunistischen Zug bestiegen hatte."[160]

Schließlich kam im Februar 1950 die Spaltung wegen Hanighens Beharren, „Human Events" solle die amerikanische Intervention zugunsten Chiang Kai-sheks Regime, das sich nun in Taiwan versteckte, vollumfänglich unterstützen. Regnery stellte sich auf Hanighens Seite, wodurch Morley von seinen Partnern ausverkauft wurde. Zurückblickend auf diese erzwungene Trennung schloss Morley:

> „In der Retrospektive betrachte ich diese Episode als symptomatisch dafür, was die konservative Bewegung in den Vereinigten Staaten gespalten hat. Frank und Henry verbanden sich, jeder auf seine Weise, mit der extremen Rechten in der Republikanischen Partei. Meine Position blieb im wesentlichen ‚libertär', obwohl ich den alten Begriff ‚liberal' nur mit großem Widerwillen

den Sozialisten überlasse. Ich habe und werde auch weiterhin der Zentralisierung politischer Macht opponieren, weil ich denke, dass dieser Prozess unsere Bundesrepublik schlussendlich zerstören wird, falls er dies nicht eh schon vollbrachte. Die Ausstattung des HEW [Department of Health, Education and Welfare, Anm. Rothbards, ‚Ministerium für Gesundheit, Erziehung und Wohlfahrt', Anm. d. Ü.] mit Macht ist nachweislich schlecht, aber seine Konzentration im Pentagon und in der CIA ist schlimmer, da diese Autorität oft verhüllt und im Verborgenen ausgeübt wird. Ein Versagen bei der Kontrolle beider Extreme bedeutet kontinuierliche Schuldenmacherei und folgerichtig Inflation, die sich mit der Zeit als fatal für das System des freien Unternehmertums auswirken kann."[161]

Morley, ein Freund Bob Tafts, wurde wegen seiner Berufung in ein hohes Amt des State Department im Falle des Einzugs Tafts ins Weiße Haus 1953 verrissen; aber es sollte nicht sein.

Aber in der Mitte der 1950er Jahre war der Kampf für den Isolationismus der Alten Rechten noch nicht vollständig verloren. So gab gegen Ende 1955 „For America", eine führende politische Aktionsgruppe des rechten Flügels, angeführt von der Dekanin der Notre Dame Law School, Clarence Manion, ihre politische Plattform heraus. Zwei ihrer großen Säulen in Sachen Außenpolitik waren „Abolish Conscription" [„Schafft die Wehrpflicht ab", Anm. d. Ü.] und „Enter No Foreign Wars unless the Safety of the United States is directly threatened" [„Keine Beteiligung an Kriegen im Ausland, solange die Sicherheit der Vereinigten Staaten nicht direkt bedroht ist", Anm. d. Ü.]. Kein Wort über die Befreiung kommunistischer Länder oder darüber, den Kommunismus rund um den Globus aufzuhalten. Was unsere kleine libertäre Gruppe betraf, waren die rechtsgerichteten Anarchisten Robert LeFevre und Thaddeus Ashby in der Lage, für kurze, aber ruhmreiche Zeit die Kontrolle über den rechten Flügel des „Congress of Freedom" zu übernehmen, geleitet vom

Washingtonianer Arnold Kruckman. Am 24. April 1954 gelang es LeFevre und Ashby, ein libertäres Podium durch diesen Kongress zu bringen, das speziell eine Abschaffung der Wehrpflicht forderte, die „Durchtrennung unserer verwickelten Bündnisse mit Nationen im Ausland“ und die Einstellung sämtlicher Entwicklungshilfe. Das Podium erklärte: „Wir prangern den Krieg in Korea an, den wir verloren haben, und wir werden uns einer amerikanischen Einmischung in den Krieg in Indochina entgegenstellen.“ Wie dem auch sei, schafften es eher orthodoxe Rechte im darauffolgenden Jahr, die Kontrolle über diesen Kongress wiederzuerlangen.

Der letzte große politische Griff der isolationistischen Rechten erfolgte im Kampf um den Bricker-Verfassungszusatz, den großen außenpolitischen Plan der konservativen Republikaner während der ersten Amtszeit Eisenhowers. Senator John W. Bricker (R., Ohio) war der glücklose Präsidentschaftskandidat des rechten Flügels im Jahre 1948 und Tafts natürlicher Nachfolger nach dem Tod seines Landsmannes aus Ohio. Der Bricker-Verfassungszusatz wurde entwickelt, um der Bedrohung vorzubeugen, dass internationale Abkommen und exekutive Vereinbarungen zum obersten Landrecht werden und vorherige interne Gesetze oder Bestimmungen der Verfassung außer Kraft setzen. Er sah vor, dass ein Vertrag oder exekutives Abkommen, das mit der Verfassung konfligiert oder nicht in Übereinstimmung mit dieser getroffen wurde, keinerlei Wirksamkeit haben sollte; und dass kein Vertrag oder kein exekutives Abkommen als internes Gesetz Rechtsgültigkeit erlangen solle, ausgenommen durch inländische Gesetzgebung, die bei Fehlen des Abkommens gültig gewesen wäre. Eine Batterie von rechten Gruppen favorisierte den Zusatz: Veteranen und patriotische Organisationen, die „American Farm Bureau Federation“ [größter US-Bauernverband, Anm. d. Ü.], die Handelskammer, Pro America, die „National Small Business Association“ [Nationaler Kleinunternehmerverband, Anm. d. Ü.], die „Conference of Small Business Organizations“, Merwin K. Harts „National Economic Council“, das „Committee for Constitutional Government“, Rev. Fifields „Freedom Clubs, Inc.“ und große Teile der „American Bar Association“. Der große Gegenspieler des Zusatzes war die Eisenhower-Regierung, vor allem Außenminister Dulles und Generalbundesanwalt Herbert Brownell, geschickt sekundiert von den Kräften des organisierten Liberalismus: den „Americans for Democratic Action“, der AFL, B‘nai B‘rith, dem „American Jewish Congress“, der „American Association for the United Nations“ und den „United World Federalists“.

Die klimaktische Abstimmung über den Bricker-Zusatz erfolgte im Februar 1954 im US-Senat, er erlitt dort eine harte Niederlage. Obwohl eine überwältigende Mehrheit der Republikaner des rechten Flügels dafür stimmte, gab es einige bedeutende Abtrünnige, inklusive William Knowland und Alexander Wiley (R., Wisconsin), eines ehemaligen Isolationisten, der als Vorsitzender des Komitees für auswärtige Beziehungen die inquisitorische „Vandenberg-Rolle“ in etwas spielte, das sehr gut der letzte von Republikanern kontrollierte Senat gewesen sein mag.[162]

Es war ein Zeichen für den späteren Verfall der Alten Rechten, dass der Bricker-Zusatz in rechte Räte davonzog, vollständig verschwand und nie wieder etwas von ihm gehört wurde. Besonders der nach 1955 machtvoll hervortretenden Neuen Rechten gelang es, den Bricker-Zusatz in einer Art Orwellschem „Erinnerungsloch“ zu beerdigen, ebenso wie die durch ihn verkörperte isolationistische Geisteshaltung.

Wenn der Bricker-Zusatz die letzte isolationistische Hochdruck-Kampagne der Alten Rechten war, so war das Drittpartei-en-Ticket von 1956 ihr letzter direkter politischer Inbegriff. Seit der erbärmlichen Versammlung der Republikaner im Jahre 1952 schmachtete ich nach einer dritten Partei der Alten Rechten; einige Tafties versuchten, eine Verfassungspartei aufzustellen, und nominierten im Herbst Douglas MacArthur, nur um dann zu lamentieren, es gebe nicht genug Zeit, aber 1956 sei das Jahr. Diskussionen über dritte Parteien und Bewegungen von verärgerten Altrechten starteten gegen Ende 1955, und zahlreiche konservative, „neue“ und Verfassungs-Parteien schossen in verschiedenen Staaten aus dem Boden. Aber diesen Versuchen war nur herzlich wenig Organisation, Geld oder politische Cleverness beschieden; keine der oberen Führungskräfte des rechten Flügels befürwortete ihre Bemühungen.

Ich selbst war an zwei Drittpartei-Versuchen in New York beteiligt, einer unbedeutenden Verfassungs- und einer größeren Unabhängigkeitspartei, die von einem älteren Herrn namens Dan Sawyer geführt wurde. Ich erinnere mich lebhaft an eine ziemlich große Kundgebung der Unabhängigen zu Beginn des Jahres 1956. Einer der Redner war Kent Courtney aus New Orleans, der mit seiner Frau Phoebe der Hauptgründer der neuen Partei war. Besonders aufallend war ein schillernder alter Gentleman, an dessen Namen ich mich nicht erinnern kann, der aussah wie ein stereotypischer Colonel aus Kentucky und den Weg zum Stand humpelte. Der Colonel – zumindest hielt ich ihn dafür – verkündete, er sei der unbesungene Gründer der Wissenschaft öffentlicher Meinungsumfragen, außerdem sei er Präsident Coolidges Berater in Sachen Meinungserhebungen gewesen (und wenn Hoover nur auf ihn gehört hätte! ...). Jedenfalls versicherte uns der Colonel aus den Tiefen seines Know-Hows über Meinungsumfragen heraus, *jeder* Demokrat sei sich sicher, Eisenhower in der Wahl von 1956 zu besiegen. Das war die Klugheit der Führerschaft der Drittpartei. Wenig überraschend hielt die Unabhängigkeitspartei von New York keine weiteren Treffen ab.

Die Verfassungspartei von New York lebte sogar noch kürzer. Wieder wohnte ich nur einem „Massen"-Treffen bei, dem ein Anwalt namens Ed Scharfenberger in einem kleinen Restaurant in Manhattan vorstand. Scharfenberger gab mir zu verstehen, dass ich bei der Abfassung des Grundsatzprogramms der Partei helfen könnte, aber irgendetwas sagte mir, dass die Partei in dieser Welt nicht lange leben würde. Das große Thema der Verfassungspartei war ihre Verbindung zu einem Mini-Netzwerk von Verfassungsgruppen, das von der Partei in Texas geführt wurde und tatsächlich an der Wahl teilnahm, bei der sie einige Kandidaten stellte.

Mein persönlicher Kandidat für das Präsidentenamt 1956 war Gouverneur Bracken Lee aus Utah, der im politischen Leben einem Libertären am nächsten kam. Es gab noch einige wenige andere Gouverneure, die für eine Widerrufung der Einkommenssteuer stimmten, staatliche Colleges an Privatunternehmen verkauften, Bundeshilfen für Autobahnen ablehnten, die Sozialversicherung aufkündigten, auf einen Ausstieg aus den UN drängten oder erklärten, Entwicklungshilfe sei nicht verfassungsgemäß.

Tatsächlich kam eine dritte Partei in die Puschen, allerdings erst sehr spät – gegen Mitte September dieses Wahljahres –, weshalb sie nur in einigen wenigen Staaten am Wahlgang teilnehmen konnte. Die neue Partei nominierte auf einer „States' Rights"-Versammlung T. Coleman Andrews aus Virginia als Präsidenten und den ehemaligen Repräsentanten Thomas H. Werdel (R., Kalifornien) zum Vizepräsidenten. Andrews hatte sich dadurch zum Antisteuer-Helden gemacht, einige Jahre als Eisenhowers Beauftragter für die Einkommenssteuer zu dienen und dann zurückzutreten, um das Land durch seine Ablehnung des 16. Zusatzartikels (Einkommenssteuergesetz) zu verblüffen. Ich unterstützte nachdrücklich die Andrews-Werdel-Wahlliste, deren Charme nicht zuletzt darin bestand, nach keinem antikommunistischen Kreuzzug zu schreien. Ihr außenpolitisches Programm umfasste den Bricker-Zusatz, Widerstand gegen Entwicklungshilfe und einen Austritt aus den UN; dasselbe könnte auch über die Verfassungsparteien gesagt werden. Andrews-Werdel erreichten ihre Spitzenwerte in Virginia und Lousiana, wo sie ungefähr sieben Prozent der Stimmen gewannen und einen Bezirk – Prince Edward in Virginia –, während J. Bracken Lee in Utah im Rahmen eines unabhängigen Wettlaufs um die Präsidentschaft in seinem Heimatstaat über 100.000 Stimmen sammelte.

Obwohl ich Andrews-Werdel unterstützte, machte ich meinen Lesern bei „Faith and Freedom" klar, dass ich von den beiden großen Kandidaten Adlai Stevenson favorisierte. Das Hauptmotiv war nicht – wie 1952 –, die linken Republikaner für die Übernahme der Partei zu bestrafen. Meine spätere politische Karriere vorausahnend war mein eigentlicher Grund die entschieden friedlichere Haltung, die Stevenson einnahm: vor allem wegen seiner Forderung nach einem Stopp von Wasserstoffbombentests sowie seines Vorschlags, die Wehrpflicht abzuschaffen. Das genügte schon, um mich in eine Stevensonsche Richtung zu schieben.

Bald nach der Wahl flog Bill Johnson, der meine Kolumnen immer gelobt hatte, zur Ostküste, um mich zu informieren, dass ich als Washington-Kolumnist fallen gelassen wurde. Warum? Weil seine protestantische Ministranten-Leserschaft zum Schluss gekommen war, ich sei „Kommunist". Und wurde roter Lack, diesmal von „Libertären"! Ich protestierte, dass ich allmonatlich die Regierung angegriffen und das Individuum verteidigt hätte; wie könne das wohl „kommunistisch" sein? Die Linien wurden enger gezogen. „Faith and Freedom" selbst ging kurz danach ein (aber nicht, wie ich sogleich hinzufügen muss, wegen meiner Entlassung). Bill Johnson schloss sich Dick Cornuelle in der Volker-Fund-Operation an.

Das Hinscheiden von „Faith and Freedom" und seiner tonangebenden Organisation „Spiritual Mobilization" (SM) war symptomatisch für den schmerzlichen Niedergang des libertären Flügels der Alten Rechten in der zweiten Hälfte der 1950er Jahre. Statt in diesen stürmischen Zeiten Führung zu bieten, wandte sich „Spiritual Mobilization" mitten in der schwersten Krise des Libertarismus und der Alten Rechten seit dem Zweiten Weltkrieg neo-buddhistischem, mystischen Geschwätz zu. In der Mitte der 1950er Jahre hatte Reverend Fifield das Tagesgeschäft der SM an Jim Ingebretsen abgetreten, einen Libertären und alten Freund von Leonard Read, der Beamter in der Handelskammer gewesen war. Er nahm die Zügel bei SM allerdings nicht eher in die Hand, bis er – und der Rest der einflussreichen SM-Gruppe – dem charismatischen Einfluss des gnomartigen englischen, neobuddhistischen Mystikers Gerald Heard anheimgefallen war. Heard, der seine trüben Geistesergüsse für wissenschaftliche Ansprüche hielt, hatte bereits Aldous Huxley und Christopher

Isherwood zum Heardschen Mystizismus konvertiert (es war Heard, der Modell für den Guru stand, der Huxleys komplexen Helden in „Geblendet in Gaza“ zum Mystizismus konvertieren ließ). Heard hatte seine Zelte an einem Rückzugsort aufgeschlagen, der von einem Geschäftsmann und Gönner auf einem Anwesen namens „Idyllwild“ im Gebiet von Los Angeles bereitgestellt wurde; dort organisierte er Einkehrtage für all die einstmals aktiven libertären Geschäftsleute der Alten Rechten. Heard schwafelte vor allem über die „Growing Edge“ [in diesem Kontext soviel wie „Erweiterte Bewusstseinsgrenze“, Anm. d. Ü.] und das Paranormale und organisierte Sitzungen, in denen mit halluzinogenen „Mad Mushrooms“ und sogar LSD experimentiert wurde. Es ist faszinierend, dass Heard und sein Team vom Typ „proto-Timothy Leary“ waren – ein unpassender Sprung in eine vornehme, aber hochgradig hemmende Form von rechtsgerichteter „Gegenkultur“. Eine der Folgen des Abtauchens in diesen Mumpitz war, dass Freiheit, Etatismus, Ökonomie, Politik und sogar Ethik nicht wirklich wichtig sein sollten; das einzige, was wirklich zählte, sollten Fortschritte beim persönlichen spirituellen „Erwachen“ sein.

Auch wenn er vielleicht nicht zu diesem Zweck geschaffen wurde, war dies natürlich ein schöner Weg, eine aktive ideologische Bewegung zu zerstören. Sämtliche Teilnehmer wurden auf die eine oder andere Art befleckt. Thaddeus Ashby, der bei „Faith and Freedom“ zum stellvertetenden Herausgeber aufgestiegen war, beeinflusste Johnson, und Gerald Heard erhielt dort eine reguläre Kolumne, die jeden Monat unverständliche konfuzianische Erklärungen feilbot (eine typische Kolumne begann ungefähr so: „Leute fragen mich: Herr Heard, wird es Krieg geben? Und ich antworte: ‚Haben Sie Maeterlincks „Das Leben der Biene“ gelesen?‘“ – eine äußerst nützliche Antwort auf die brennende Frage der Außenpolitik, da bin ich mir sicher). Ashby endete damit, völlig aus der libertären Ideologie zu fallen und verrückten Pilzen in Mexiko nachzujagen sowie den bizarren Weg des tantrischen Yoga zu beschreiten. Bill Mullendors Enthusiasmus für die Freiheit schrumpfte. Und Ingebretsen war soweit beeinflusst, sich nahezu vollständig zurückzuziehen. Spenden von Geschäftsleuten trockneten rapide aus, trotz eines verzweifelten Versuches in letzter Minute, „Faith and Freedom" in eine exklusiv anti-gewerkschaftliche Publikation zu verwandeln, und Reverend Fifield, der SM seit den 1930ern geleitet hatte, trat 1959 zurück und läutete somit die Todesglocke für eine einst aktive und wichtige Organisation.[163]

Sogar Leonard Read war betroffen, sein Flirt mit den Randzonen der „Growing Edge"-Gruppe konnte den stetigen Verfall der FEE nur beschleunigen. Leonard hatte immer einen mystischen Zug an sich; daher verpasste er jedem Neuankömmling in der FEE einen einstündigen Monolog nach der Art „Wissenschaftler sagen mir, wenn man ein Atom auf die Größe dieses Raumes bringen und betreten könnte, würde man wundervolle Musik hören" (ich nahm davon Abstand, ihn zu fragen, ob es Bach oder Beethoven sein würde). Anscheinend kam dieser Unsinn bei vielen FEE-Anhängern gut an. Natürlich konnte er Frank Chodorov überhaupt nicht beeindrucken, einen bodenständigen Typ, der sich an Diskussionen echter Ideen und Probleme erfreute. Kein Wunder, dass Chodorov es in so einer intellektuell lähmenden Atmosphäre nur kurze Zeit aushielt.

Unterdessen war das libertäre Gesellschaftsleben in New York City eine bescheidene Angelegenheit. Es gab keine jungen Libertären in New York, nachdem Dick Cornuelle gen Westen abgewandert war, und die wenigen, die es gab – ohne einen einzigen Anarchisten –, scharten sich um das Mises-Seminar an der Universität von New York. Ein Weg aus der Wildnis eröffnete sich gegen Ende 1953, als ich im Seminar eine brillante Gruppe junger und kumpelhafter Libertärer traf; die meisten gehörten damals zum Abschlussjahrgang der High School; einer, Leonard Liggio, war Student an der Georgetown. Manche aus dieser Gruppe hatten einen „Cobden Club" an der Bronx High School für Wissenschaften geformt, die Gruppe als ganze hatte sich als Aktivisten in der „Jugend für Taft"-Kampagne von 1952 betätigt. Die Hinwendung dieser Gruppe zum Anarchismus war ein simpler Fall libertärer Logik, wir freundeten uns schnell an und bildeten eine hochgradig informelle Gruppe namens „Circle Bastiat“, benannt nach dem französischen Laissez-faire-Ökonomen des 19. Jahrhunderts. Wir führten endlose Diskussionen über libertäre politische Theorie und gegenwärtige Ereignisse, wir sangen und komponierten Lieder, scherzten darüber, wie zukünftige Historiker wohl mit uns umspringen würden, prosteten schonmal dem Tag des künftigen Sieges zu und spielten Brettspiele bis in die frühen Morgenstunden. Es waren wahrlich freudvolle Zeiten.

Als ich ihn das erstemal traf, hatte der Zirkel – nach der Niederlage Tafts – den libertären Flügel einer konservativ-libertären Koalition gebildet, die die „Students for America“ konstituiert hatten; tatsächlich kontrollierten die Kids des Zirkels den östlichen Ableger der SFA vollkommen, während ihr Präsident, Bob Munger, ein Konservativer mit rechten politischen Verbindungen, den Westen vereinnahmte. Unglücklicherweise hatte Munger Zugang zu den Finanzmitteln,und als er bald darauf eingezogen wurde, fielen die SFA auseinander. Von da an existierten wir durch die 1950er Jahre als isolierte, aber ausgelassene Truppe in New York.

Gegen Mitte 1950 war die Alte Rechte nach dem Tode Tafts politisch demoralisiert, der Bricker-Zusatz abgeschmettert und der Eisenhower-Republikanismus triumphierte, während das Verblassen der Alten Rechten ein intellektuelles Vakuum hinterließ: Der „Freeman“ war faktisch erledigt, die FEE befand sich auf dem absteigenden Ast, Chodorov war lahmgelegt, Garrett tot und Felix Morley wurde für seinen hartnäckigen Isolationismus aus „Human Events“ hinausgeworfen, bei deren Gründung er geholfen hatte. „Faith and Freedom“ sowie „Spiritual Mobilization“ waren ebenfalls tot.

Schließlich beraubte der Tod Colonel McCormicks im April 1955 den Isolationismus und seine mittelwestliche Basis seiner wichtigsten und engagiertesten Stimme, der als Herausgeber die „Chicago Tribune“ in Form gebracht hatte. Nun waren buchstäblich keine libertären oder isolationistischen Sprachrohre mehr verfügbar. Die Zeit war reif, das Vakuum zu füllen, um diesen verlorenen Kontinent und diese verlorene Armee in Besitz zu nehmen, reif für ihre Mobilisierung durch einen Mann und eine Gruppe, die Intelligenz, Zungenfertigkeit, Gelehrsamkeit, Geld und politisches Fachwissen bereitstellen würden, um den rechten Flügel für eine ganz andere Sache einzunehmen und einen ganz anderen Trommeltakt. Die Zeit war gekommen für Bill Buckley und die „National Review“.

12. „National Review" und der Triumph der Neuen Rechten

Garet Garrett hatte den richtigen Ton getroffen: Hinsichtlich des Triumphs des „New Deal" und dann des „American Empire" fasste er die Strategie wie folgt zusammen: „Revolution in der Form." Der Neuen Rechten war's egal, sie weckte keinen möglichen Widerstand durch einen Frontalangriff auf die alten Idole: auf den verstorbenen Senator Taft, den Bricker-Verfassungszusatz oder auf die alten Ideale des Individualismus und der Freiheit. Stattdessen ignorierte sie manches, ließ anderes fallen und behauptete, sie sei angetreten, um den allgemeinen Wertvorstellungen des Individualismus in einer neuen und überlegenen „Fusion" von Freiheit und verordneter Tradition gerecht zu werden.

Doch wie wurde die Tat genau vollbracht? Zum einen dadurch, unseren wundesten Punkt zu treffen: den Schandfleck des Anti-Kommunismus. Denn das Rotlackieren fiel uns allen leicht, sogar den Libertärsten. Erstens waren da die schrecklichen Erinnerungen an den Zweiten Weltkrieg: die Art und Weise, in der die Kommunistische Partei sich fröhlich den Mantel von Kriegspatrioten umgeworfen hatte, des „Amerikanismus des 20. Jahrhunderts", und indem sie schamlos alle Kriegsgegner als Agenten Hitlers verunglimpfte. Konservative und ehemals linke Isolationisten konnten nur schwer vergessen und vergeben; als der Kalte Krieg begann, als die „große patriotische Koalition" der USA mit Russland auseinanderfiel,war es für die Alte Rechte deshalb schwierig, der Versuchung zu widerstehen, sich selbst zu rächen, das Auslandsagenten-Fett nicht an ihren früheren Folterern abzuschmieren. Weiterhin glaubten wir irrtümlicherweise – geblendet durch Hass auf Russland als interventionistische Macht –, Nichtanerkennung der Früchte der russischen Allianz, inklusive Teheran und Jalta, könne in sich schon den Zweiten Weltkrieg vergessen machen. Unglücklicherweise wurde uns nicht bewusst – worauf spätere Historiker der Neuen Linken hinweisen sollten –, dass der Kalte Krieg und der Eintritt in den Zweiten Weltkrieg Bestandteile derselben Entwicklung waren: Eins war der unvermeidliche Auswuchs des anderen, beide waren integrale Elemente des ungezügelten amerikanischen Imperialismus.

Aber das Problem reichte noch tiefer. Denn unser Hauptproblem war unsere simplizistische Sicht des ideologisch-politischen Spektrums. Wir nahmen alle an, es gebe zwei Pole: den „linken" des Kommunismus, Sozialismus und der totalen Regierung; und den „rechten" des Libertarismus und individualistischen Anarchismus. Links der Mitte waren die Linken und Sozialdemokraten; rechts davon die Konservativen. Aus diesem vereinfachten Spektrum zogen wir den Schluss, dass erstens Konservative, egal wie unterschiedlich, unsere „natürlichen" Verbündeten seien, und zweitens, dass es nur wenige echte Unterschiede zwischen Linken und Kommunisten gebe. Warum dann nicht die Wahrheit nur ein wenig verwischen und die antikommunistische Keule den Linken überziehen, vor allem, weil sie zur etablierten Macht gehörten und das Land regierten? Das war eine Versuchung, der nur wenige von uns widerstehen konnten.

Was wir zu diesem Zeitpunkt noch nicht begriffen hatten, war, dass die Kommunisten und Sozialisten Etatismus und Regierungen nach Leviathan-Art nicht erfunden hatten, sondern letztere seit Jahrhunderten bestanden und der sich gegenwärtig entwickelnde liberal-konservative Konsens, vor allem der Triumph des Liberalismus, ein Rückfall in das alte, despotische Ancien Régime war. Dieses Ancien Régime war die alte Ordnung, gegen die der Libertarismus und die Laissez-faire-Bewegungen des 18. und 19. Jahrhunderts als revolutionäre Opposition aufgetreten waren: Widerstand auf Seiten wirtschaftlicher Freiheit und individueller Freiheit. Jefferson, Cobden und Thoreau waren unsere Vorväter in mehr als nur einem Sinne; denn sowohl sie als auch wir kämpften gegen einen merkantilistischen Etatismus, der bürokratischen Despotismus und Firmenmonopole daheim hervorbrachte und im Ausland imperiale Kriege führte. Aber wenn Sozialismus und Liberalismus Rückfälle in den alten europäischen Konservatismus darstellen, ist klar, dass es sich um etatistischen Konservatismus handelt – nun verbunden mit dem Liberalismus und der Sozialdemokratie –, der nach wie vor, nicht einfach nur um 1800, der große Feind der Freiheit ist. Und wenn Liberale und Kommunisten sich ähnlich anhören, bedeutet dies nicht, wie wir damals glaubten, Liberale seien irgendwie Kryptokommunisten geworden; im Gegenteil war es ein Zeichen dafür, dass Kommunisten Liberale geworden waren!

Aber für uns lag diese Analyse – die von Leonard Liggio entwickelt werden sollte – noch weit in der Zukunft. Während der 1940er und 50er beteiligten wir uns fröhlich an Rotlackiererei. Meine eigene Position war typisch libertär: Ich unterschied zwischen „verpflichtender" Rotstempelei, die sich der Macht des Staates zur Unterdrückung von Kommunisten und Linken bediente, was ich ablehnte, und „freiwilliger" Rotbackpfeiferei durch private Organisationen und Gruppen, die ich befürwortete. Ersteres schloss die Verfolgungen durch den Smith Act, den MacCarran Act und die Inquisitionen des HUAC ein [HUAC, „House Un-American Activities Committee", Komitee für unamerikanische Umtriebe, Anm. d. Ü.]. Ein weiterer blinder Fleck meinerseits bestand darin, die praktische Unmöglichkeit nicht begriffen zu haben, Rotlackiererei im In- und im Ausland nicht strikt auseinanderhalten zu können; es war psychologisch und politisch unmöglich, Kommunisten oder Linke daheim zu verfolgen oder zu drangsalieren und gleichzeitig eine Politik des Friedens, der Neutralität und Freundschaft mit kommunistischen Ländern in Übersee zu pflegen. Die globalen anti-kommunistischen Kreuzritter kannten diese Wahrheit nur zu gut.

Früh in der Nachkriegszeit waren die großen Träger der anti-kommunistischen Infektion ex-kommunistische und ehemals linke Intellektuelle. In einem Klima wachsender Desillusionierung mit der törichten Propaganda des Zweiten Weltkriegs platzten die Ex-Kommunisten in die intellektuellen und politischen Welten wie eine Bombe und bildeten sowohl daheim als auch im Ausland die Speerspitze des anti-kommunistischen Kreuzzugs. Als anspruchsvolle, weltliche, langgediente Polemiker waren sie da: Naiven und atemlosen Amerikanern erschienen die Ex-Linken wie Reisende aus einem unbekannten und somit furchteinflößenden Land, die mit authentischen, horrenden und warnenden Geschichten zurückkehrten. Da sie mit ihrem speziellen Wissen punkten konnten und schreckliche Warnungen aussprachen – wer waren wir, diese Wahrheit zu bestreiten? Die Tatsache, dass „Exen" quer durch die Geschichte verzweifelt versuchten, ihre Schuld abzubüßen und ihre Angst, ihr Leben dadurch verschwendet zu haben, ihre vormalige Liebe zu verleugnen und auszulöschen – diese Tatsache entging uns ebenso wie dem Großteil Amerikas.

Direkt nach Ende des Krieges waren die „Exen" überall in der Rechten, rührten Angst auf und zeigten mit dem Finger, eifrig darum bemüht, alle Kommunisten zu verfolgen oder auszuradieren, die sie finden konnten, daheim wie im Ausland. Einige aus der älteren „Exen"-Generation der Vorkriegsära stachen heraus. Einer war George E. Sokolsky, Kolumnist bei der „New York Sun", der in den frühen 1920ern Kommunist gewesen war. Besonders bekannt auf Seiten der Rechten war Dr. J.B. Matthews, ein führender kommunistischer Gesinnungsgenosse in den frühen 1930ern, der am Ende des Jahrzehnts leitender Ermittler im Dies-Komitee war; Matthews sollte ein Vermögen mit seinen berühmten „Card Files" machen, einer Mammut-Sammlung von Namen der „kommunistischen Front", die er dazu nutzte, seine Dienste als Petzer Industrien und Organisationen anzubieten; Matthews, freundlich und gebildet, wurde vom Sozialismus teilweise durch die Lektüre von Mises' „Socialism" [„Die Gemeinwirtschaft: Untersuchungen über den Sozialismus", Anm. d. Ü.] geheilt. Aber die erste Ehe zwischen dem Libertarismus und der Rotstempelei wurde kurz nach Ende des Krieges vom altgedienten Rotlackierer Isaac Don Levine geschlossen, der eine wenig bekannte, monatlich erscheinende Publikation namens „Plain Talk“ gründete, die eine merkwürdige Mischung aus libertärer politischer Philosophie und wilden Enthüllungsberichten über angebliche „Rote“ in Amerika enthielt. Es war vor allem seltsam, weil Don Levine niemals, weder vor noch seit diesem kurzlebigen Unternehmen, jemals irgendein Interesse an Freiheit oder Libertarismus gezeigt hatte. Als „Plain Talk“ eingestellt wurde, zog Don Levine nach Westdeutschland, um sich an der revanchistischen Politik osteuropäischer Emigrantengruppen zu beteiligen.

„Plain Talk“ verschwand nach einigen Jahren, um den Weg für den wöchentlichen „Freeman“ im Jahre 1950 freizumachen, ein weitaus ehrgeizigeres und besser finanziertes Projekt, das allerdings nie an den Einfluss oder die Leserzahlen der späteren „National Review“ heranreichte. Nochmal: Es handelte sich um ein Gemeinschaftsprojekt libertär-konservativer Rotlackiererei. Ko-Herausgeber waren zwei altgediente Autoren und Journalisten: Henry Hazlitt, ein Laissez-faire-Ökonom, der aber nie Isolationist war, sowie John Chamberlain, ein Mann mit libertären Instinkten und vormaliger Isolationist, aber ein Ex-Linker, der tief vernarbt war durch eine kommunistische Zelle, die ihm im „Time“-Magazin übel zugesetzt hatte.[164] Und so war die Sache des Isolationismus im „Freeman“ nie sonderlich gut repräsentiert; darüber hinaus stieß Willi Schlamm später als Buchrezensent hinzu und Chamberlain holte den zutiefst antilibertären Forrest Davis als als dritten Ko-Herausgeber mit ins Boot. Zusammen mit Ernest K. Lindley hatte Davis die offizielle Apologie der Roosevelt-Regierung für Pearl Harbor geschrieben, um dann Ghostwriter für Joe McCarthy zu werden.[165]

Es waren tatsächlich McCarthy und der „McCarthyismus“, die als Hauptkatalysator in der Transformation der Massenbasis des rechten Flügels weg vom Isolationismus und Quasi-Libertarismus hin zu simplem Anti-Kommunismus dienten. Bevor McCarthy seinen berühmten Kreuzzug im Februar 1950 startete, gab es keine besonderen Verbindungen mit dem rechten Flügel der Republikanischen Partei; im Gegenteil war sein Ruf eher der eines Linken und Zentralisten, eher etatistisch als libertär.

Man sollte sich daran erinnern, dass Rotstempelei und anti-kommunistische Hexenjagden von den Linken losgetreten wurden und, sogar nach McCarthys Aufstieg, von ihnen höchst effektiv betrieben wurden. Letztendlich war es die linke Roosevelt-Regierung, die den Smith Act verabschiedet hatte, der während des Zweiten Weltkrieges gegen Trotzkisten und Isolationisten zur Anwendung kam und nach dem Krieg gegen Kommunisten; es war die linke Truman-Regierung, die Alger Hiss und die Rosenbergs verfolgte – was den Kalten Krieg startete; es war der überaus linke Hubert Humphrey, der im McCarran Act von 1950 eine Klausel durchsetzte, die „Subversiven" mit Konzentrationslagern drohte.

Tatsächlich haben zwei Historiker der Neuen Linken, Steinke und Weinstein, aufgezeigt, dass McCarthy sein rotstempelndes Handwerk von niemand geringerem als dem heiligen Sozialdemokraten Norman Thomas gelernt hatte. Während der Kampagne von 1946 trat McCarthy für den Senat zunächst gegen den großen isolationistischen Spitzenreiter Robert LaFollette, Jr. an. Obwohl McCarthy in den Vorwahlen ein bisschen Rotfärberei des beständig isolationistischen LaFollette betrieb, war er zu diesem Zeitpunkt ein Standard-Internationalist, oder Vandenberg-Republikaner, mit einigen in der Tat unkonventionellen Vorschlägen zur Idee von Friedensverhandlungen mit der Sowjetunion. Dann, am 26. August 1946, übergoss Norman Thomas bei einer Rede des jährlichen Picknicks der Sozialistischen Partei Wisconsins den Kandidaten der Demokraten für den Senat, Howard J. McMurray, mit roter Soße. Thomas beschuldigte McMurray vor allem, vom „Daily Worker" unterstützt zu werden, eine Anschuldigung, die McCarthy einige Wochen später eifrig aufgriff. McCarthy hatte seine Zähne in den Bissen geschlagen; wie man das macht, hatte er von einem Veteran der selbstzerstörerischen Kämpfe der Linken gelernt.[188]

McCarthys Kreuzzug transformierte die Massenbasis des rechten Flügels wirksam, indem er eine Menge urbaner Katholiken von der Ostküste in die Bewegung brachte. Vor McCarthy rekrutierte sich die Basis der Rechten aus dem kleinstädtischen, isolationistischen Mittelwesten, den typischen Lesern der alten „Chicago Tribune". Im Kontrast zur alten Basis war das Interesse der neuen, städtischen katholischen Wählerschaft an individueller Freiheit – falls überhaupt vorhanden – negativ; man könnte sagen, ihr politisches Hauptinteresse habe in der Ausradierung von Blasphemie und Pornographie daheim und im Töten von Kommunisten in Übersee bestanden. In gewissem Sinne spiegelte der nachfolgende Aufstieg Bill Buckleys und seiner hoch katholischen „National Review" diesen Massenzustrom, diese Transformation. Es ist sicher kein Zufall, dass Buckleys erstes Auftreten auf der politischen Szene darin bestand, die führende pro-McCarthysche Publikation, „McCarthy and His Enemies" (1954) [„McCarthy und seine Feinde", Anm. d. Ü.] zusammen mit seinem Schwager, dem zum Katholizismus konvertierten L. Brent Bozell, verfasst zu haben. Unter dem McCarthy-Banner versammelte sich die zunehmend mächtige Gänseschar von Ex-Kommunisten und Ex-Linken: insbesondere George Sokolsky, ein führender Berater McCarthys, und J.B. Matthews, der Chefermittler McCarthys war, bis er dadurch auf zuviele Zehen trat, die angeblich massive „Infiltration" des protestantischen Klerus durch die Kommunistische Partei zu brandmarken.

Da ich mir damals dieses Transformationsprozesses nicht bewusst war, gehörte ich selber zu den McCarthy-Enthusiasten. Im wesentlichen aus zwei Gründen. Zum einen, weil der Großteil von McCarthys Opfern, obwohl er die Waffen eines Regierungskomitees führte, keine Privatleute waren, sondern Regierungsbeamte: Bürokraten und Armeeoffiziere. Seine Rotstempelei war deshalb größtenteils eher „freiwillig" als „zwingend", da die angegriffenen Personen als Angestellte der Regierung aus libertärer Sicht vogelfrei waren. Abgesehen davon erzählten uns Organe des Establishments wie die „New York Times" tagein, tagaus, McCarthy „zerstöre die Moral der Exekutive"; worauf könnte ein Libertärer sonst hoffen? Und obendrein „die Moral der Armee aufweichen"! Welch Balsam für einen Antimilitaristen!

Kürzlich hatte ich Gelegenheit, nach all den Jahren noch einmal Emile D'Antonios Film über die Zensur-Anhörungen

McCarthys zu sehen, „Point of Order". Ich sah ihn zusammen mit einem langjährigen Mitglied des Kreises, der dem rechten Flügel ebenfalls schon vor langer Zeit abgeschworen hatte, und wir waren neugierig, wie wir wohl reagieren würden; denn keiner von uns hatte die schon längst verschiedene McCarthy-Episode noch einmal neu durchdacht. Innerhalb von Minuten jubelten wir einmal mehr, wenn auch auf unterschiedliche Art, für dieses zielstrebige Symbol der Hexenjagd. Denn der Film begann mit McCarthy, der zur Begründung seines Vorgehens auf eine durchgeknallte Karte der Vereinigten Staaten zeigte, die darstellte, wie die „internationale kommunistische Verschwörung" in Form einer Reihe koordinierter Pfeilbewegungen die Vereinigten Staaten ins Visier nahm (es wirkte wie eine Ausgabe des Harvard-„Lampoon" aus den 50er Jahren, satirisch eine absurde „Bedrohung" aufs Korn nehmend). Aber der wichtige Punkt ist, dass McCarthys Gegner in der Armee und im Senat dieses absurde Axiom nie in Frage stellten; und auf dessen Basis war McCarthys unbarmherzige Logik unfehlbar. Wie Steinke und Weinstein zeigen, waren Hexenjagden und Rotlackiererei nicht McCarthys Erfindung. „Ebensowenig missbrauchte oder zweckentfremdete er ein ansonsten nützliches Werkzeug, wie manche Linke monieren; er trieb es lediglich auf seine logische Spitze." Tatsächlich wendete er die eigene Kreation der Linken gegen diese selbst sowie gegen die aufgeblähten Beamten der Leviathan-Armee; zu sehen, wie sie ein gewisses Maß an wohlverdienter Strafe erhielten, wie Linke und Zentralisten sich in ihrer eigenen Schlinge verfingen, war in der Tat zuckersüß. In den Worten Steinkes und Weinsteins ritt McCarthy

> „das Monster zu hart und wandte es gegen seine Schöpfer. Als diesen bewusst wurde, dass ihre Kreation außer Kontrolle war, versuchten sie im Rahmen einer saft- und kraftlosen Verteidigung, es ihm auf den Hals zu hetzen."[167]

Zur kleinen persönlichen Bestätigung erinnere ich mich vollumfänglich an die Reaktion eines engen Bekannten, eines alten russischen Menschewik, Mitglied des „Sozialdemokratischen Bundes Russlands“ und altgedienten Antikommunisten, zu Beginn von McCarthys Bewegung. Er war richtig schadenfroh und unterstützte den Kreuzzug McCarthy leidenschaftlich; bis er später, als McCarthy „zu weit ging“, die Ansicht vertrat, dieser müsse ausrangiert werden.

Aber es gab noch einen anderen Grund für meine eigene Faszination für das McCarthy-Phänomen: sein Populismus. Denn die 50er Jahre waren eine Ära, in der Liberalismus – nun genauer definiert als „korporatistischer Liberalismus“ – triumphiert hatte und dauerhaft im Sattel zu sitzen schien. Nun in die Sessel der Macht gelangt, gaben die Linken ihre radikale Fassade der 30er Jahre auf und erfreuten sich nun an den lauschigen Errungenschaften ihrer Macht und Nebeneinkünfte. Es war eine behagliche Allianz aus Wall Street, Großkapital, großer Regierung, großen Gewerkschaften und linken Ivy-League-Intellektuellen; obwohl diese unheilige Verbindung sich langfristig gesehen nur durch Unterrichtung einer neuen Generation von Intellektuellen stürzen ließe, erschien mir kurzfristig die einzige Hoffnung, diese neue herrschende Elite abzuschütteln, ein populistischer Kurzschluss zu sein. Oder zusammengefasst, dass es ein wichtiges Bedürfnis gab, sich direkt an die Massen zu wenden, emotional und sogar demagogisch und *über die Köpfe* des Establishments hinweg: der Ivy League, der Massenmedien, der linken Intellektuellen der republikanisch-demokratischen politischen Parteienstruktur. Dieser Aufruf könnte – erst recht in dieser Zeit, in der es keinerlei organisierte Opposition gab – nur durch einen charismatischen Anführer erfolgen, einen, der sich direkt an die Massen wenden und dadurch die herrschende und meinungsbildende Elite untergraben könnte; also kurz in Form eines populistischen Kurzschlusses. Mir schien, als habe McCarthy genau das versucht; und dass es hauptsächlich diese Anziehungskraft war, das Bewusstsein, dass es keine Kühnheit gab, zu der McCarthy nicht fähig war, die den Linken einen Schrecken einjagte, die, von ihrer Seite des Zauns aus gesehen, ebenfalls erkannten, dass die einzige Gefahr für ihre Herrschaft eine ebensolche Anstimmung populistischer Emotionen war.[168]

Der Witz meiner eigenen Einstellung, die diese Position grob zusammenfasste, bestand darin, dass ich im Gegensatz zu den Linken – die McCarthys „Ziele“ befürworteten (Rauswurf von Kommunisten aus Ämtern und Berufen), seine radikalen und demagogischen Mittel jedoch ablehnten – seine Methoden begrüßte (radikaler Angriff auf die Machtstruktur des Landes), aber nicht notwendigerweise seine Ziele.

Es ist gewiss kein Zufall, dass die linken Intellektuellen – nach Konsolidierung ihrer Macht und mit populistischen Ansätzen als ihrer einzigen Angst – damit begannen, lauthals das „Ende der Ideologie“ auszurufen. Daraus erklärt sich auch ihre Behauptung, Ideologien oder kompromisslose Doktrinen seien nicht länger nützlich oder machbar, sowie ihr leidenschaftliches Zelebrieren des neugefundenen amerikanischen Konsenses. Mit solchen Feinden und aus solchen Gründen war es schwer für mich, kein „McCarthyist“ zu sein.

Der führende Ausdruck dieser Feier des Konsenses, kombiniert mit der neuentdeckten Angst vor Ideologie und Populismus, war Daniel Bells Sammlung „The New American Right“ (1955). Diese Anthologie war auch bedeutsam, weil sie Ex-Radikale (Bell, Seymour Martin Lipser, Richard Hofstadter, Nathan Glazer) mit einem antipopulistischen Links-„Konservativen“ (Peter Viereck) in diesem pro-elitistischen und antipopulistischen Konsens zusammenbrachte. Erwähnenswert ist auch die Widmung des Buches an S.M. Levitas, Herausgeber des sozialdemokratischen „New Leader“, derjenigen Publikation, die „verantwortungsbewusste“ Rotstempler und Linke im Konsensus des Kalten Krieges der Nachkriegszeit verband.[169] Den Gipfel meiner populistischen und McCarthyschen Aktivitäten erreichte ich während des McCarthy-Tumults, des Furors wegen der Handlungen Roy Cohns und S. David Schines. Es war kurz nach Gründung des „Circle Bastiat“, und die Kids des Zirkels wurden in ihrer Funktion als Leiter der immer noch arbeitstüchtigen „Students for America“ eingeladen, eine Rede bei einem großen Dinner zu Ehren Roy Cohns im Hotel Astor am 26. Juli 1954 zu halten, zur Erinnerung an seinen Rauswurf aus dem McCarthy-Komitee. Hauptredner waren McCarthyisten wie Godfrey P. Schmidt, Colonel Archibald Roosevelt, George Sokolsky, Alfred Kohlberg, Bill Buckley und Rabbi Benjamin Schultz. Aber die Rede, die den meisten Applaus erntete und es zu beträchtlichem Berüchtigtsein brachte, war eine kurze Rede durch eines unserer Zirkelmitglieder (George Reisman), die ich geschrieben hatte. In ihr wurde gefragt, woher der intensive Hass gegen Cohn und McCarthy seitens der Linksintellektuellen rührte; die Antwort war, dass eine Drohung gegen die Kommunisten in einer Regierung auch als Drohung gegen die „Sozialisten und New Dealers aufgefasst werden musste, die unser politisches Leben die letzten 21 Jahre bestimmt hatten und dies noch immer tun!“. Die Rede kam in einem stürmischen populistischen Aufruf zum Schluss, dass,

> „wie die ‚Chicago Tribune‘ so treffend feststellte, der Fall Roy Cohns die amerikanische Causa Dreyfus darstellt. So wie Dreyfus entlastet wurde, wird es auch Cohn ergehen, sobald das amerikanische Volk seine Regierung der kriminellen Allianz aus Kommunisten, Sozialisten, New Dealers und Eisenhower-Dewey-Republikanern entwunden haben wird.“

Rabbi Schultz, der dem Dinner vorsaß, bezog sich auf den tosenden Applaus für die Reisman-Rede als eine „außer Kontrolle geratene Grand Jury“; der Applaus und die Rede wurden in Berichten des „New York Journal-American“, der „New York Herald Tribune“, in Jack Laits Kolumne im „New York Mirror“, der „New York World-Telegram and Sun“, Murray Kemptons Kolumne in der „New York Post“ und dem „Time Magazine“ erwähnt. Besonders verärgert war der langgediente linke „Extremistenstempler“ und Radiokommentator George Hamilton Combs. Combs warnte, dass „die Ähnlichkeit zwischen diesem Völkchen und den ihnen gegenüberstehenden Mitgliedern der extremen Linken beunruhigend groß“ sei. „Dies war eine rechte Version der Henry-Wallace-Versammlung, also derjenigen der ‚Progessive Party‘ von 48.“

Von besonderem Interesse ist die Tatsache, dass die nunmehr berüchtigten Abschlusszeilen der Rede in Peter Vierecks Beitrag zum Buch Daniel Bells, „The Revolt Against the Elite" [„Der Aufstand gegen die Elite", Anm. d. Ü.], verewigt wurden. Viereck sah die Phraseologie Reismans als gefährlichen „Ausbruch direkter Demokratie", der „geradewegs von der linken Rhetorik der alten Populisten und Progressiven" abstamme, „eine Rhetorik, die das Volk stets dazu drängt, ‚seine' Regierung den herrschenden, verschworenen Kräften zu entwinden". Genau. Viereck erklärte außerdem, unter „direkter Demokratie" verstehe er „unsere Mob-Tradition Tom Paines, des Jakobinismus und der mittelwestlichen populistischen Parteien", „Regieren durch Referenden und Massenpetitionen, wie zum Beispiel das McCarthysche Komitee der zehn Millionen". Da sie „unmittelbar und hitzköpfig" sei, beschwöre direkte Demokratie „Revolution, Demagogie und Robespierrsche Gedankenkontrolle" herauf – im Gegensatz zur stilleren, aber tiefergreifenden elitistischen „Gedankenkontrolle" des korporatistischen Liberalismus, nehme ich an.[170]

Da ich die Wechselwirkung zwischen inländischer und ausländischer Rotstempelei nicht verstand, die in der McCarthy-Bewegung wirkte, war ich verwundert, als McCarthy nach seiner unerhörten Zensur durch den Senat gegen Ende 1954 damit begann, sich für Krieg zugunsten Chiang Kai-sheks in Asien auszusprechen. Warum diese Kehrtwende? Es war klar, dass die Kräfte der Neuen Rechten, die hinter McCarthy standen, nun davon überzeugt waren, heimische Rotlackiererei, die das Mitte-rechts-Establishment verärgert hatte, sei kontraproduktiv geworden und von nun an müsse das Gewicht auf Kriegsgetrommel gegen den Kommunismus in Übersee gelegt werden. Im Rückblick ist klar, dass eine treibende Kraft hinter dieser Wende die sinistre Figur des millionenschweren Fernost-Importeurs Alfred Kohlberg war, eines bedeutenden Unterstützers McCarthys, der ihm einen beträchtlichen Teil seines Materials lieferte und mit seiner Position als Vorsteher der mächtigen „China-Lobby" im Namen Chiang Kai-sheks prahlte. Obwohl kurzfristig ein

Misserfolg, hatte die McCarthy-Bewegung ihre Arbeit dahingehend verrichtet, den gesamten Fokus des rechten Flügels von libertären, anti-etatistischen und isolationistischen Überlegungen hin zu einer Konzentration auf die angebliche kommunistische „Bedrohung" zu verschieben. Eine Ablenkung von häuslichen auf ausländische Angelegenheiten würde nicht nur den rechten Flügel konsolidieren; sie würde auch keinen Widerstand von Linken und internationalistischen Republikanern auf sich ziehen, die den Kalten Krieg überhaupt erst begonnen hatten.

Des weiteren war der kurzfristige Kollaps der McCarthy-Bewegung klar einem Mangel an *Organisation* geschuldet. Es gab Anführer, es gab Unterstützung durch die Presse, eine große Massenbasis, aber es gab keine Organisationskanäle, keine vermittelnden Verbindungen – sei es in meinungsbildenden Zeitungen oder mehr direkten, populären Organisationen – zwischen der Spitze und der Basis. Gegen Ende 1955 machten sich William F. Buckley und seine neu gegründete Wochenzeitung „National Review" daran, diese Lücke zu stopfen.

Als Bill Buckley 1951 mit seinem „God and Man at Yale" in die Szene platzte, bezeichnete er sich selbst gerne als „Libertären" oder manchmal sogar als „Anarchisten"; denn in diesen frühen Tagen war Buckleys hauptsächlicher ideologischer Mentor eher Frank Chodorov als, was bald der Fall sein sollte, der notorische Whittaker Chambers. Aber selbst in diesen frühen „libertären" Tagen gab es einen Patzer, der seinen Libertarismus nur als unaufrichtige Rhetorik entlarvte: der globale antikommunistische Kreuzzug. Nehmen Sie nur eine von Buckleys frühen Bemühungen, „A Young Republican's View" [„Blickwinkel eines jungen Republikaners", Anm. d. Ü.], veröffentlicht am 25. Januar 1952 in „Commonweal". Buckley begann den Artikel in gewöhnlicher libertärer Manier, bestätigte, dass der Feind der Staat sei, und bekräftigte die Perspektive Herbert Spencers, der Staat sei „geboren aus Aggression und mit Hilfe von Aggression". Buckley führte außerdem exzellente Zitate von führenden Individualisten der Vergangenheit wie H.L. Mencken und Albert Jay Nock an und kritisierte die Republikanische Partei dafür, keine echte Alternative zum Anwachsen des Etatismus zu bieten. Im Rest des Artikels aber ließ er das alles fallen, schließlich gab es die sowjetische Bedrohung, für deren Dauer alle libertären Prinzipien über Bord geworfen werden dürften. Folglich erklärte Buckley, die „unbesiegbare Aggressivität der Sowjetunion" bedrohe direkt die Sicherheit Amerikas, und deshalb müssten „wir für die Dauer ihres Bestehens einen starken Staat akzeptieren – denn weder ein offensiver noch ein defensiver Krieg kann geführt werden ... höchstens mit Hilfe des Instrumentes einer totalitären Bürokratie innerhalb unseres Landes". Kurz, eine totalitäre Bürokratie muss akzeptiert werden, solange die Sowjetunion existiert (wahrscheinlich im Zuge ihrer angeblichen Drohung, uns mit einer totalitären Bürokratie zu überziehen?). Als Konsequenz, schloss Buckley, müssten wir alle „die ausgedehnten und produktiven Steuergesetze" unterstützen, „die nötig sind, um eine energische antikommunistische Außenpolitik zu fördern", ebenso wie „große Armeen und Luftstreitkräfte, Atomenergie, Geheimdienste, Kriegsproduktions-Gremien und die dazugehörige Zentralisierung von Macht in Washington – selbst mit einem darüber thronenden Truman".[171] Somit war sogar an seinem libertärsten Punkt, sogar noch bevor Buckley Big Government und Moralitätsgesetze als Selbstzweck akzeptierte, die angebliche „Fusion" der „National Review" zwischen Freiheit und Ordnung, zwischen Individualismus und Antikommunismus eine Täuschung – der individualistische und libertäre Teil der Verbindung war strikt rhetorisch, nur etwas für abstraktes Theoretisieren und Gespräche beim Abendessen. Die Eingeweide des neuen Konservatismus bestanden aus Big Government und einem weltweiten Kreuzzug gegen den Kommunismus.

Als die „National Review" mit viel Expertise und Geld gegen Ende 1955 gegründet wurde, war das Magazin somit eine Zusammenkunft zur Steuerung des neu ausgerichteten rechten Flügels seitens zweier Gruppen: alle altgedienten, ex-kommunistischen Journalisten und Intellektuellen und die neue Gruppe jüngerer Katholiken, deren großes Ziel der Antikommunismus war. Somit war das zentrale und leitende Thema beider Gruppen dieser unheiligen Koalition die Ausrottung des Kommunismus, daheim und vor allem in Übersee. Vorherrschend im neuen Magazin waren führende Ex-Linke: James Burnham, ehemaliger Trotzkist; Frank S. Meyer, vormals im Nationalkomitee der Kommunistischen Partei und Kopf ihrer Chicagoer Ausbildungsschule; der ex-deutsche kommunistische Führer William S. Schlamm; Dr. J.B. Matthews; der Ex-Linke Max Eastman; Ex-Kommunist Ralph DeToledano; der ehemals führende deutsche kommunistische Theoretiker Professor Karl Wittfogel; John Chamberlain, ein führender linker Intellektueller der 30er Jahre; Ex-Gesinnungsgenosse Eugene Lyons; Ex-Kommunist Will Herberg; der ehemalige kommunistische Spion Whittaker Chambers; sowie eine ganze Reihe anderer.

Der katholische Flügel bestand aus zwei Teilen. Einer war eine charmante, aber ineffektive Gruppe älterer europäischer oder europäisch ausgerichteter Monarchisten und Autoritären: beispielsweise der gebildete Österreicher Erik von Kuehnelt-Leddihn; der Dichter Roy Campbell; der pro-spanische Carlist Frederick Wilhelmsen sowie der Engländer Sir Arnold Lunn. Ich erinnere mich an eine hitzige abendliche Diskussion bei einem konservativen Treffen über die jeweiligen Verdienste der Habsburger, der Stuarts, der Bourbonen, der Carlisten, der Krone von St. Stephan und der Krone von St. Wenzel und darüber, welche Monarchie zuerst wiederhergestellt werden sollte. Was auch immer die Vorzüge der monarchistischen Position sein mögen, war dies kein Argument von Belang für die amerikanische Tradition, ganz zu schweigen von der amerikanischen kulturellen und politischen Szene dieser Zeit. Im Rückblick wäre zu fragen: Umgab sich Buckley mit dieser Gruppe zur exotischen Verbrämung, als intellektuelles Gegengewicht zu seinem eigenen sozialen Jet Set?

Der andere Flügel jüngerer Katholiken war weitaus wichtiger für die Zwecke des neuen Magazins. Dies waren die jüngeren amerikanischen Antikommunisten, vor allem die verschiedenen Mitglieder der Buckley-Familie (die bezüglich ihrer Verbundenheit und des Lebensstils als rechte Version der

Kennedys erschien), zu denen zunächst Buckleys Schwager und College-Zimmergenosse L. Brent Bozell zählte sowie sein damals bevorzugter Schüler Gary Wills, der später zu den Linken wechseln sollte. Abgerundet wurde die katholische Aura in der „National Review" durch die Tatsache, dass zwei ihrer führenden Redakteure katholische Konvertiten wurden: Frank Meyer und der Politikwissenschaftler Willmoore Kendall. Es war die Essenz der „National Review" als antikommunistisches Organ, die für ihren Charakter als Koalition aus Ex-Stalinisten, -Trotzkisten und jüngeren Katholiken verantwortlich zeichnete und Beobachter anmerken ließ, dem Herzen der Buckleyschen Neuen Rechten mangele es auf merkwürdige Art an amerikanischen Protestanten (die natürlich Stallpferde der Alten Rechten gewesen waren).[172]

In dieser beeindruckenden, aber zutiefst etatistischen Zusammensetzung war das Interesse an individueller Freiheit nur minimal oder negativ, größtenteils beschränkt auf einige der Buchbesprechungen von John Chamberlain sowie auf die wie gering auch immer ausfallende Zeit, die Frank Meyer seiner Fürsprache eines umfassenden Krieges gegen den Sowjetblock abzwacken konnte. Das Interesse an freimarktwirtschaftlicher Ökonomie war minimal und größtenteils theoretisch, begrenzt auf gelegentliche Beiträge von Henry Hazlitt, der seinerseits nie ein Isolationist gewesen war und die außenpolitisch harte Linie des Magazins unterstützte.

Rückblickend sollten wir nun fragen, ob eines der Hauptziele der „National Review" von ihrer Gründung an nicht darin bestanden haben könnte, den rechten Flügel von einer isolationistischen Bewegung in eine global kriegstreibende, antikommunistische zu verwandeln; vor allem, ob die ganze Chose in Essenz nicht eine CIA-Operation war. Wir wissen heute, dass Bill Buckley in den zwei Jahren vor Gründung der „National Review" anerkanntermaßen ein Agent der CIA in Mexico City war und der finstere E. Howard Hunt sein Handler. Seine Schwester Priscilla, die Herausgeberin der „National Review" wurde, war ebenfalls in der CIA; die anderen Redakteure James Burnham und Willmoore Kendall kamen beim antikommunistischen Kongress für kulturelle Freiheit zumindest in den Genuss von CIA-Freigiebigkeiten. Zusätzlich wurde Burnham von zuverlässigen Quellen als Berater der CIA in den Jahren nach dem Zweiten Weltkrieg identifiziert.[173] Darüber hinaus berichtet Gary Wills in seinen Memoiren über die konservative Bewegung, Frank Meyer, dem er in dieser Zeit nahestand, sei überzeugt davon gewesen, dass es sich beim Magazin um eine CIA-Operation handelte. Mit seiner leninistisch trainierten Nase für Intrigen muss Meyer als wichtiger Zeuge angesehen werden.

Ferner war es ein Standardvorgehen der CIA, zumindest in diesen frühen Jahren, dass niemand den Geheimdienst jemals wirklich verließ. Einer meiner Freunde, der dem Dienst in den frühen 1950ern beigetreten war, erzählte mir, dass ich, sollte vor Renteneintritt behauptet werden, er habe die CIA für einen anderen Job verlassen, dies ignorieren solle, denn dies sei nur ein Cover für fortgesetzte Geheimdienstarbeit. Auf Basis dieses Geständnisses gewinnt das Argument, es habe sich bei der „NR“ um eine CIA-Operation gehandelt, zusätzliches Gewicht. Vielsagend ist auch die Tatsache, dass eine sogar noch unheimlichere Figur als E. Howard Hunt, William J. Casey, in Schlüsselmomenten der Errichtung der Neuen über der Alten Rechten auftaucht. Es war Casey, unter dessen Vorsitz als Anwalt die „National Review“ inkorporiert wurde und der die Einzelheiten des Rauswurfs Felix Morleys aus „Human Events“ arrangiert hatte.

Auf jeden Fall ist im Rückblick klar, dass Libertäre und Alte Rechte, inklusive meiner Wenigkeit, einen großen Fehler gemacht hatten, als sie inländisches Rotködern unterstützten, ein Rotködern, das sich als der große Spaltpilz zur kompletten Transformation des ursprünglichen rechten Flügels herausstellen sollte. Wir hätten Frank Chodorov genauer zuhören sollen und seinen vorzüglichen libertären Ausführungen zum heimischen Rotlackieren: „Wie wird man Kommunisten in der Regierung los? Simpel. Schafft einfach ihre Stellen ab.“[174] Diese Stellen und ihre Funktionsweisen waren das Wichtige, nicht die Qualität der Leute, die sie besetzten. Etwas ausführlicher schrieb Chodorov:

„Und nun kommen wir zur Jagd auf Spione – bei der es sich in Wahrheit um einen Strafprozess wegen Häresie handelt. Was beunruhigt die Inquisitoren? Sie fragen die Verdächtigen nicht: Glauben Sie an Macht? Hängen Sie der Idee an, das Individuum existiere zum Ruhm des Staates? ... Sind Sie gegen Steuern, oder würden Sie sie anheben, bis sie die gesamte Produktionsleistung des Landes absorbiert haben? ... Sind Sie gegen das Prinzip der Wehrpflicht? Bevorzugen Sie mehr „soziale Vorteile" unter der Ägide einer erweiterten Bürokratie? Oder würden Sie vorschlagen, den öffentlichen Trog zu zerlegen, aus dem sich diese Bürokraten ernähren? Kurz, würden sie Macht ablehnen?

Solche Fragen könnten sich als peinlich herausstellen – für die Ermittler. Die Antworten könnten eine Ähnlichkeit zwischen ihren Ideen und Zwecken und denen der Verdächtigen erweisen. Beide beten Macht an. Unter den Umständen beschränken sie sich selbst auf eine Frage: Sind Sie Mitglied der Kommunistischen Partei? Und das läuft auf die Frage hinaus: Sind Sie dem Moskauer Zweig der Kirche verbunden?

Der Machtkult ist gegenwärtig entlang nationalistischer Sektenlinien eingeteilt. ... Jede Nation wacht über ihre Orthodoxie. ... Wo Macht erreicht werden kann, ist der Wettstreit zwischen rivalisierenden Sekten unvermeidlich. ... Krieg ist die Apotheose der Macht, der ultimative Ausdruck des Glaubens und der Solidarisierung ihrer Erlangung."[175]

Frank schrieb außerdem:

„Die Sache gegen die Kommunisten beinhaltet ein Prinzip überzeitlicher Wichtigkeit. Es ist das Recht, falsch zu liegen. Heterodoxie ist eine notwendige Bedingung einer freien Gesellschaft. ... Das Recht, eine Wahl zu treffen ... ist mir wichtig, da die Freiheit der Auswahl für meinen Persönlichkeitssinn notwendig ist; es ist wichtig für die Gesellschaft, weil wir nur in der Gegenüberstellung von Ideen darauf hoffen können, dem Ideal der Wahrheit nahezukommen.

Wann immer ich eine Idee wähle oder sie als ‚richtig' etikettiere, impliziere ich das Vorrecht des anderen, diese Idee abzulehnen und als ‚falsch' zu bezeichnen. Dieses Recht für ungültig zu erklären, bedeutet, meines zu annullieren. Das heißt, ich muss Fehler ertragen, wenn ich meine Gedankenfreiheit erhalten will. ... Wenn Menschen bestraft werden dafür, Kommunismus zu unterstützen, sollten wir dort aufhören? Sobald wir das Recht auf Irrtum verweigern, legen wir dem menschlichen Verstand eine Schraubzwinge an und die Versuchung, sie festzuziehen, in die Hände der Unbarmherzigkeit."[176]

Obwohl Antikommunismus die zentrale Ursache des Niedergangs der Alten Rechten und ihres Austausches durch ihren etatistischen Gegensatz in der „National Review" war, gab es eine andere wichtige Kraft in der Transformation des rechten Flügels, besonders hinsichtlich der Beeinträchtigung ihres „häuslichen" Libertarismus und sogar ihrer rhetorischen Hinwendung zu individueller Freiheit. Es war das plötzliche Auftauchen von Russell Kirk als Anführer des Neuen Konservatismus, beginnend mit Veröffentlichung seines Buches „The Conservative Mind" im Jahre 1953. Kirk, der bei Gründung der „National Review" dort zum regulären Kolumnisten wurde, gelang mit seinem Buch eine Sensation, er wurde schnell zum konservativen Liebling des „vitalen Zentrums". Tatsächlich war Russell Kirk, bevor Buckley Berühmtheit als führender konservativer Sprecher der Medien erlangte, der bekannteste Konservative. Nach Erscheinen seines Buches hielt Kirk Reden im ganzen Land, oftmals in einem freundlichen „Vitalen Zentrums"-Tandem mit Arthur Schlesinger, Jr.

Denn Kirk war für den korporatistischen Liberalismus des „Vitalen Zentrums" weitaus annehmbarer als die Alte Rechte.

Jeden Zug von Individualismus oder rigoroser freimarktwirtschaftlicher Ökonomie verachtend, stand Kirk stattdessen dem Konservatismus Peter Vierecks recht nahe; für Kirk waren Big Government und heimischer Etatismus völlig akzeptabel, vorausgesetzt, sie waren in eine Art Burkescher Tradition getunkt und erfreuten sich eines christlichen Rahmens. Es war wirklich klar, dass Kirks Vorstellung einer idealen Gesellschaft auf ein geordnetes englisches Junkertum hinauslief, regiert von einem glücklichen Tandem aus anglikanischer Kirche und Tory-Gutsherren.[177] Hier gab es keinen feurigen Individualismus, keine Spur von Populismus oder Radikalität, die das herrschende linksintellektuelle Establishment hätten verärgern können. *Hier* war endlich ein Rechter, mit dem sich Linke, auch wenn sie ihm nicht unbedingt zustimmten, auf kuschelige Zwiegespräche einlassen konnten.

Es war tatsächlich Kirk, der die Begriffe „Konservatismus" und „Neuer Konservatismus" im rechten Flügel hoffähig machte. Davor hatten gebildete Libertäre sie aus gutem Grund gehasst: Denn waren die Konservativen nicht der uralte Feind, die Tory-reaktionären Unterdrücker individueller Freiheit des 18. und 19. Jahrhunderts, die klassischen Favoriten der Alten Ordnung aus Thron und Altar, gegen die die Liberalen des 18. und 19. Jahrhunderts so wacker gekämpft hatten? Und so widersetzten sich die älteren klassischen Liberalen und Individualisten dem Begriff verbittert: Ludwig von Mises, ein klassischer Liberaler, verachtete ihn; F.A. Hayek bestand darauf, sich selbst als „Old Whig" zu bezeichnen; und als Frank Chodorov in der „National Review" als „Konservativer" bezeichnet wurde, schrieb er einen empörten Brief, in dem er erklärte: „Was mich betrifft, werde ich jedem, der mich als Konservativen bezeichnet, auf die Nase hauen. Ich bin Radikaler."[178] Vor Russell Kirk war der Begriff „konservativ", nach Reaktion und alter Ordnung müffelnd, ein linkes Schmierwort gegen den rechten Flügel; erst nach Kirk gewann dieser, inklusive der neuen „National Review", den vormals verhassten Terminus schnell lieb.

Der Kirksche Einfluss zeigte sich bald deutlich in Jugendtreffen der Rechten. Ich erinnere mich an eine Zusammenkunft, bei der ein gewisser Gridley Wright, ein aristokratischer Anführer des Campus-Konservatismus in Yale, sehr zu meinem Missfallen behauptete, der wahre ideologische Kampf unserer Zeit zwischen links und rechts habe nichts mit freimarktwirtschaftlicher Ökonomie zu tun oder mit individueller Freiheit versus Etatismus. Die wahre Auseinandersetzung, sagte er, sei die zwischen Christentum und Atheismus sowie guter Manieren gegen Flegelhaftigkeit und materialistische Gier: die materielle Gier der hungernden Völker Indiens beispielsweise, die versuchen, sich ein wenig Einkommen zu erarbeiten, ein bisschen Subsistenz. Einem wohlhabenden Yale-Mann, dessen Vater eine große Bank in Montana gehörte, fiel es natürlich leicht, die „materialistische Gier“ der Armen zu geißeln; war *das* die Entwicklung, die der rechte Flügel nahm?

Russell Kirk war außerdem erfolgreich darin, unseren historischen Helden-Pantheon umzugestalten. Mencken, Nock, Thoreau, Jefferson, Paine und Garrison wurden als Rationalisten, Atheisten oder Anarchisten geschmäht und durch Reaktionäre und Antilibertäre wie Burke, Metternich, De Maistre oder Alexander Hamilton ersetzt.[179]

Mit ihrem eindrucksvollen Spektrum aus Antikommunisten und katholischen Traditionalisten übernahm die „National Review“ schnell die Führung und gab die Richtung der Neuen Rechten vor, die sie zügig nach ihrem eigenen Bild formte. Die „offizielle“ Linie der „National Review“ sollte als „fusionistisch“ bezeichnet werden, ihre führenden Praktiker waren Meyer und Buckley; „Fusionismus“ betonte selbstverständlich die Dominanz von Antikommunismus und christlicher Ordnung, behielt aber etwas libertäre Rhetorik auf niederer Ebene bei. Die Wichtigkeit der Rhetorik des Libertarismus und der Alten Rechten war größtenteils politisch; es wäre der „National Review“ auch schwer gefallen, ein konservatives politisches Revival in diesem Land im Kostüm von Monarchie und Inquisition anzuführen. Ohne Fusionismus hätte die Transformation des rechten

Flügels in der Form nicht stattfinden können und große Teile seiner Massenbasis verschreckt. Im Kontrast dazu waren viele der anderen Intellektuellen der „National Review" nicht bereit, der Freiheit irgendwelche Konzessionen zu machen. Dazu gehörten Kirks Tory-Traditionalismus, die verschiedenen Flügel der Monarchisten und Willmoore Kendalls offener Ruf nach Unterdrückung der Meinungsfreiheit. Der große Schwerpunkt Kendalls, eines Redakteurs der „National Review" über viele Jahre, war seine Überzeugung, es sei das Recht und die Pflicht der „Mehrheit" der Gemeinschaft – beispielsweise verkörpert im Kongress –, jedes Individuum zu unterdrücken, das diese Gemeinschaft mit radikalen Doktrinen stört. Sokrates, befand Kendall, hätte von der griechischen Gemeinschaft nicht nur getötet werden *sollen*, sondern dies sei ihre verbindliche moralische *Pflicht* gewesen.

Kendall stand übrigens symptomatisch für den Einstellungswechsel gegenüber dem Obersten Bundesgericht von der Alten Rechten zur Neuen Rechten. Eine der wesentlichen Doktrinen der Alten Rechten war die Verteidigung der Rolle des Obersten Gerichtshofes beim Ächten von Eingriffen des Kongresses und der Exekutive in individuelle Freiheit; aber *nun* griff die Neue Rechte, wie durch Kendall verkörpert, den Obersten Gerichtshof tagein, tagaus verbittert an – und wofür? Genau dafür, sich anzumaßen, die Freiheit des Individuums gegen Übergriffe des Kongresses und der Exekutive zu verteidigen. Deshalb hatte die Alte Rechte die richterlichen Lehrmeinungen Felix Frankfurters immer am heftigsten angegriffen, der wegen der Aushöhlungen der Aktivistenrolle des Obersten Gerichtes, verschiedene Ausweitungen der Regierungsmacht für nicht verfassungsgemäß zu erklären, als linksgerichtetes Monster betrachtet wurde; aber nun führten Kendall und die „National Review" die Rechte zu Jubelarien für exakt diese permissive Vergabe rechtlicher Imprimatur für beinahe jede Handlung der Bundesregierung. Am selben Platz weilend wurde Felix Frankfurter vom Schurken zum Helden der neu ausgerichteten Rechten, während es nun libertäre Aktivisten wie die Richter Black und Douglas waren, die vom rechten Flügel gescholten wurden. Die rechtsgeflügelte Welt, die ich bewohnte, wurde immer bizarrer. Es war übrigens der ehrwürdige Alexander Bickel, ein Schüler Frankfurters an der Juristischen Fakultät in Yale, der den jungen Professor Robert Bork von einem Libertären zu einem Mehrheits-Juristen machte.

Am gegenüberliegenden Pol der katholischen Ultras, mit ihnen jedoch in ihrer Ablehnung von Freiheit und Individualismus einig, stand James Burnham, der seit Gründung der „National Review“ ihr kalter, hartgesottener, amoralischer politischer Stratege und residierender Machiavellist gewesen war. Burnham, dessen Kolumne in der „National Review“ übertitelt war mit „The Third World War“ („Der Dritte Weltkrieg“), war die führende Macht und der globale antikommunistische Stratege des Magazins. James Burnham hatte in einer Lebenszeit politischer Autorenschaft nur ein einziges flüchtiges bisschen positiven Interesses an individueller Freiheit gezeigt: in einem Aufruf der „National Review“ nach der Legalisierung von Feuerwerkskörpern!

An der unmittelbaren politischen Front benötigte die „National Review“ offensichtlich einen „Fusionisten“ als politischen Taktiker für die direkte Führung des Konservatismus als politischer Bewegung. Man fand diesen Taktiker in seinem Herausgeber, dem früheren deweyistischen Jungrepublikaner Bill Rusher. Als brillanter politischer Organisator war Rusher gegen Ende der 1950er Jahre fähig, die Kontrolle der „Young Republicans“ der Colleges zu übernehmen, danach der „National Young Republican Federation“.

Als Kopf einer Gruppe namens „Syndicate“ kontrollierte Rusher seitdem die landesweiten „Young Republicans“. Im Jahre 1959 organisierte die „National Review“ die Gründung der „Young Americans for Freedom“ auf Bill Buckleys Anwesen in Sharon, Connecticut. Die „Young Americans for Freedom“ wuchsen bald auf viele Tausend Mitglieder an und wurden faktisch zum hochschulischen jugendaktivistischen Arm des politischen Komplexes der „National Review“. Unglücklicherweise blieb die Mehrheit junger Libertärer zu dieser Zeit fest in der konservativen Bewegung; sich des außenpolitischen Betrugs an der Alten Rechten nicht bewusst, dienten diese jungen Libertären und Semi-Libertären gut den Zwecken der „National Review“ dadurch, die Patina libertärer Rhetorik solchen Unternehmungen wie den „Young Americans for Freedom“ zu leihen. Deshalb war das Gründungsstatement der „Young Americans for Freedom“ in Sharon ihr einziges, das dem Libertarismus auch nur entfernt nahekam; ihre tatsächlichen Aktivitäten waren immer begrenzt auf Antikommunismus, inklusive eines versuchten Handelsverbots mit kommunistischen Ländern – neuerdings ausgeweitet auf den Versuch einer gesetzlichen Unterdrückung linksgerichteter Studentenaufstände. Aber die libertäre Fassade wurde nicht nur mit dem Titel und Teilen des Sharon-Statements getüncht, sondern auch durch die Tatsache, dass der erste Präsident der „Young Americans for Freedom“, Robert M. Schuchman, ein libertärer Antikommunist war, der einmal dem alten Circle Bastiat nahestand. Noch typischer für die Massenbasis der konservativen Jugend war das beträchtliche Kontingent in Sharon, das dem Titel der neuen Organisation widersprach, denn, wie sie sich ausdrückten, „Freiheit ist ein Wort des linken Flügels“. Es wäre weitaus aufrichtiger gewesen, wenn auch politisch weniger clever, hätte man das Wort „Freiheit“ im Namen der „Young Americans for Freedom“ weggelassen.

Gegen Ende 1950 hatte man sich für Barry Goldwater als politischen Kopf der Neuen Rechten entschieden, und es waren Rusher sowie die Clique der „National Review“, die die „Draft Goldwater“- sowie „Youth for Goldwater“-Bewegung 1960 angeregt hatten. Goldwaters ideologisches Manifest von 1960, „The Conscience of a Conservative“ [„Das Gewissen eines Konservativen“, Anm. d. Ü.], wurde von Brent Bozell als Ghostwriter mitverfasst, der in feurigen Artikeln in der „National Review“ die Freiheit sogar als abstraktes Prinzip angriff und die Funktion des Staates hochhielt, moralische und religiöse Überzeugungen aufzuerlegen und zu erzwingen. Das Kapitel über Außenpolitik, „The Soviet Menace“ [„Die sowjetische Bedrohung“, Anm. d. Ü.], war ein kaum verhohlenes Plädoyer für einen Angriffskrieg gegen die Sowjetunion und andere kommunistische Länder. Die Goldwater-Bewegung von 1960 war eine Aufwärmübung für die Zukunft; und als Nixon bei der Wahl von 1960 verlor, starteten Rusher und die „National Review“ eine gut koordinierte Kampagne, um die Republikanische Partei 1964 für Goldwater zu gewinnen.

Es war diese Verschiebung hin zu uneingeschränkter und um sich greifender Kriegstreiberei, wegen der ich unter schweren Schluckbeschwerden litt. Über Jahre hatte ich mich selbst politisch als „extremen Rechten“ gesehen, aber diese emotionale Identifikation mit der Rechten wurde zunehmend schwierig. Ein politischer Verbündeter Senator Tafts zu sein, war eine Sache; ein Verbündeter von Etatisten, die es nach totalem Krieg gegen Russland dürstete, eine andere. Für die ersten fünf Jahre ihrer Existenz bewegte ich mich in den Kreisen der „National Review“. Ich kannte Frank Meyer als gleichgesinnten Analysten des William Volker Fund und hatte durch ihn Buckley und den Rest des Redaktionsteams kennengelernt. Ich wohnte Mittagsrunden der „National Review“ bei, Kundgebungen, Cocktailpartys und schrieb eine ordentliche Zahl von Artikeln und Buchrezensionen für das Magazin. Aber je länger ich unter diesen Leuten verkehrte, desto größer wurde mein Schrecken, weil mir mit wachsender Gewissheit klar wurde, dass sie vor allem anderen einen totalen Krieg gegen die Sowjetunion wollten; darunter machte es ihre fanatische Kriegstreiberei nicht.

Natürlich würden die Neuen Rechten der „National Review“ nie wagen, dieses verrückte Ziel öffentlich zuzugeben, aber das Ziel wurde immer verschlagen impliziert. Bei Kundgebungen des rechten Flügels begeisterte sich niemand auch nur ein Jota für den freien Markt, wenn dieses nachrangige Thema überhaupt jemals erwähnt wurde; was die Horde wirklich anspitzte, waren demagogische Aufrufe der „National Review“ zum totalen Sieg, zur totalen Zerstörung der kommunistischen Welt. Das war es, was die rechtsgerichteten Massen aus ihren Sitzen springen ließ. Es war Brent Bozell, Redakteur der „National Review“, der bei einer Kundgebung der Rechten herumposaunte: „Ich würde es vorziehen, nicht nur die ganze Welt zu zerstören, sondern das gesamte Universum bis zum letzten Stern, statt ein Weiterleben des Kommunismus zu erdulden." Es war „National Review"-Redakteur Frank Meyer, der zu mir sagte: „Ich habe eine Vision, eine große Vision der Zukunft: eine total zerstörte Sowjetunion." Ich wusste, dass es diese Vision war, die den neuen Konservatismus wirklich belebte. Frank Meyer zum Beispiel hatte folgenden Streit über Außenpolitik mit seiner Frau Elsie: Sollten wir die Wasserstoffbombe über Moskau abwerfen und die Sowjetunion *sofort* und ohne Vorwarnung vernichten (Frank), oder sollten wir dem sowjetischen Regime 24 Stunden Zeit geben, um sich einem Ultimatum mit dem Ziel der Abdankung zu ergeben (Elsie)?

Unterdessen verschwand isolationistisches oder Antikriegs-Sentiment vollständig aus Publikationen und Organisationen des rechten Flügels, da Rechte sich beeilten, der Führerschaft der „National Review" und ihren wachsenden politischen und aktivistischen Organisationen zu folgen. Der Tod Colonel McCormicks von der „Chicago Tribune" und der Rauswurf von Felix Morley bei „Human Events" bedeuteten, dass diese wichtigen Massenperiodika auf die neue Pro-Kriegs-Linie einschwenken würden. Harry Elmer Barnes, führender Kopf und Förderer des Revisionismus in Sachen Zweiter Weltkrieg, schaffte es irgendwie, einen exzellenten Artikel über Hiroshima in der „National Review" unterzubringen, aber abgesehen davon fand er, das nach dem Zweiten Weltkrieg bedeutende konservative Interesse an Revisionismus sei ausgetrocknet und feindselig geworden.[180] Denn wie William Henry Chamberlin herausgefunden hatte, ließ sich die München-Analogie schlagkräftig gegen Opponenten der neuen Kriegstreiberei einsetzen; abgesehen davon weckt jedes Infragestellen amerikanischer Intervention im vorausgegangenen Kriegskreuzzug unausweichlich Zweifel an seiner gegenwärtigen Rolle, ganz zu schweigen von der Agitation der Neuen Rechten für einen noch viel heißeren Krieg. Rechtsgerichtete Publizisten wie Henry Regnery und Devin-Adair verloren das

Interesse an isolationistischen oder revisionistischen Arbeiten. Gelegentlich gaben einige wenige Libertäre, die angesichts des Kriegsgetrommels nicht verstummt waren oder sich ihm sogar angeschlossen hatten, ihrem Widerstand und ihrer Sorge Ausdruck; aber das konnten sie nur im Rahmen privater Korrespondenz tun. Es gab keinen anderen Weg.[181]

Besonders schändlich war die Weigerung der „National Review", dem großen John T. Flynn ein Forum für seinen Widerstand gegen den Kalten Krieg zu geben. Der furchtlose Veteran Flynn, der, interessant genug, Joe McCarthy verteidigt hatte, wehrte sich verbittert gegen die Schwerpunktsetzung der Neuen Rechten auf einen globalen militärischen Kreuzzug. Im Herbst 1956 reichte Flynn einen Artikel bei der „National Review" ein, in dem er den Kreuzzug des Kalten Krieges angriff und, wie er es bereits in den 1940ern getan hatte, den Vorwurf erhob, Militarismus sei „arbeitsbeschaffende Geldverschwendung", deren Zweck nicht Verteidigung sei, sondern die Stützung „des Wirtschaftssystems mit Stellen für Soldaten sowie Jobs und Profiten für die Munitionsfabriken". Flynn präsentierte Zahlenmaterial für angeschwollene Militärausgaben für den Zeitraum zwischen dem Beginn von Roosevelts Kriegsrüstung im Jahre 1939 und 1954 und argumentierte, die Wirtschaft bestehe nicht länger aus einem „sozialistischen Sektor" und einem „kapitalistischen Sektor". Stattdessen warnte Flynn, es gebe nur den „Schwindel" der Militärausgaben, „mit dem Soldaten-Politiker in der Mitte – sich des Höllengebräus aus Krieg, Steuern und Schuld unbewusst". Der Eisenhower-Regierung warf Flynn vor, nicht besser zu sein als ihre demokratischen Vorgänger; die Administration gibt 66 Millionen Dollar im Jahr aus, das meiste für die „sogenannte nationale Sicherheit" und nur einen „kleinen Teil" für „die legitimen Aufgaben einer Regierung".

Es folgte ein faszinierender Schlagabtausch zwischen Buckley und Flynn. Flynns Artikel in einem Brief vom 22. Oktober 1956 ablehnend, besaß Buckley die vollendete Chuzpe, diesem langgedienten Antikommunisten zu erklären, er verstehe die Natur der sowjetischen militärischen Bedrohung nicht, und riet ihm herablassend, William Henry Chamberlins jüngstes Brühstück in der „National Review“ zu lesen, in dem dieser „den Unterschied im Wesen der Bedrohung durch Kommunisten und die Nazis“ beschrieb. Im Versuch, diese Pille zu verzuckern, schickte Buckley Flynn 100 Dollar zusammen mit der Notiz der Ablehnung. Am nächsten Tag schickte Flynn die 100 Dollar zurück und fügte sarkastisch hinzu, er sei Buckley „sehr verbunden“ für „die kleine Belehrung.“

Auf diesem Weg nutzte Buckley dasselbe Argument, um Flynn der Möglichkeit zu berauben, sich Gehör zu verschaffen, wie Bruce Bliven und die Kriegsliberalen, als sie Flynn 1940 aus der „New Republic“ warfen. In beiden Fällen wurde Flynn vorgeworfen, die angebliche Bedrohung der Vereinigten Staaten aus dem Ausland zu übersehen, und in beiden Fällen bestand Flynns versuchte Antwort darin, zu betonen, die wahre Bedrohung für amerikanische Freiheiten seien Militarismus, Sozialismus und Faschismus in der Heimat, oktroyiert im Namen des Kampfes gegen eine mutmaßliche fremde Bedrohung. Flynn bestritt die Existenz einer sowjetischen militärischen Bedrohungslage und warnte prophetisch, der exekutive Zweig der Regierung sei kurz davor, uns in einen vergeblichen Krieg in Indochina zu verwickeln.[182]

Das einzige veröffentlichte Echo der Alten Rechten war ein Buch des gefürchteten Felix Morley, der, im Verlauf seiner Verdammung des New Deal und der ihm nachfolgenden Zerstörung des Föderalismus durch eine starke Zentralregierung, das existierende und sich entwickelnde amerikanische Imperium und den Militarismus rundheraus ins Visier nahm.[183]

Unterdessen sah mich die „National Review“ als liebenswerten, doch utopischen libertären Puristen, der jedenfalls strikt darauf beschränkt werden musste, Laissez-faire-Ökonomie zu bewerben, zu der das Magazin eine Art residualer rhetorischer Anhänglichkeit hatte. Einmal wurde sogar darüber gesprochen, mich zu seinem Wirtschaftskolumnisten zu machen. Vor allem aber sollte ich mich aus politischen Angelegenheiten raushalten und den kriegstreibenden Ideologen der „National Review“

die mutige realpolitische Aufgabe überlassen, mich gegen die Verwüstungen des Weltkommunismus zu verteidigen und mir selbst den Luxus gönnen, Utopien über private Feuerwehren zu spinnen. Ich hatte immer weniger Lust, diese Art von kastrierter Rolle zu spielen.

13. Die frühen 1960er: Von rechts nach links

Mein endgültiger Bruch mit der „National Review" und dem rechten Flügel, meine schlussendliche emotionale Scheidung von meinem Selbstverständnis als rechtsorientiert oder Verbündeter der Rechten kam gegen 1960. Der Bruch wurde ausgelöst durch Chruschtschows Besuch in den Vereinigten Staaten gegen Ende 1959. Während der lethargischen Eisenhower-Jahre der späten 1950er, als Außenbeziehungen in einer gefrorenen Sackgasse steckten und die amerikanische Linke so gut wie tot war, war es leicht, das Thema Frieden *nicht* ganz nach vorne ins eigene Bewusstsein zu rücken. Aber der Besuch Chruschtschows war für mich ein aufregendes und begrüßenswertes Signal einer möglichen Entspannung, eines Risses im Damm des Kalten Krieges, eines signifikanten Schrittes hin zu einer Beendigung des Kalten Krieges und der Etablierung friedlicher Koexistenz. Deshalb begrüsste ich den Besuch enthusiastisch; gleichzeitig aber wurde die „National Review" angesichts derselben Aussicht hysterisch und versuchte in Verbindung mit der immer noch geheimen John Birch Society verzweifelt, die öffentliche Stimmung anzuheizen, um den Besuch zu stören.

Das Gezeter der Neuen Rechten gegen das Gipfeltreffen zu Beginn des Jahres 1960 erklang weiterhin, von dem ich hoffte, dass es auf dem guten Willen des vorangegangenen Besuches Chruschtschows aufbauen würde. Ich war besonders aufgebracht wegen des demagogischen Arguments, dessen sich die „National Review" bediente, dass wir nicht die Hand des blutigen Schlächters der Ukraine (Chruschtschow) schütteln durften; in einem säuerlichen Briefwechsel mit Buckley hob ich hervor, dass die „National Review" immer Winston Churchill verehrt hatte und stolz darauf war, seine Hand zu schütteln, obwohl Churchill (im Ersten und Zweiten Weltkrieg) für größeres Schlachten verantwortlich war, als Chruschtschow jemals zustande brachte. Das Argument kalkulierte nicht darauf, mich bei der „National Review“ beliebt zu machen; der Libertarismus drohte, sich von einer Diskussion über Feuerwehren auf Krieg und Frieden auszuweiten!

Zu dieser Zeit war die libertäre Bewegung New Yorks im wesentlichen auf zwei Leute reduziert: Leonard Liggio und mich; ich selbst war sogar noch isolierter als zu Beginn der Dekade, denn nun war der gesamte rechte Flügel von innen in Beschlag genommen worden von seinem früheren Feind: Krieg und globale Intervention. Der alte Circle Bastiat war qua Fachkräftemangel verschwunden, da manche Mitglieder die Stadt in Richtung Graduiertenschule verließen und andere den Schmeicheleien der Neuen Rechten erlegen waren. Und was auch immer an Libertären in isolierten, über das Land verteilten Nischen übrig blieb, war zu betäubt, um irgendeinen Widerstand gegen die Flut der Neuen Rechten zu leisten.

Es war Zeit, zu handeln; politisch erfolgte mein Bruch mit der Rechten im Gefolge der Stevenson-Bewegung von 1960. 1956 war ich für Stevenson statt Eisenhower, aber nur teilweise wegen seiner überlegenen Friedensposition; ein anderer Grund war der Versuch, die republikanische „Linke“ loszuwerden, um der Alten Rechten zu ermöglichen, die Partei wiederzugewinnen. Emotional gehörte ich immer noch zum rechten Flügel und sehnte mich nach einer rechten Drittpartei. Nun aber war der Reiz der dritten Partei tot; die Rechte war massiv Goldwaterisch. Abgesehen davon machte mich Stevensons mutiger Standpunkt bezüglich des U-2-Vorfalls – seine Wut darüber, dass Eisenhower das Gipfeltreffen durch seine Weigerung, nicht nur eine routinemäßige, sondern auch moralisch erforderliche Entschuldigung für die U-2-Spionage über Russland auszusprechen, ruiniert hatte – zum Stevensonisten. Politisch war ich kein Rechtsflügler mehr. Ich hatte ausgemacht, dass die Kernfrage die nach Frieden oder Krieg war; und dass basierend auf dieser Frage die einzige brauchbare politische Bewegung der „linke“ Flügel der Demokratischen Partei war. Konsequent einem antibellizistischen und isolationistischen Stern folgend, wechselte ich oder *wurde* eher vom rechtsorientierten Republikaner zum linksgerichteten Demokraten gewechselt.

Dies war für „rechtsgerichtete Libertäre" natürlich eine hoch emotionale Verrenkung; und soweit ich weiß, gab es nur drei von uns, die über die Mauer zur emotionalen, links ausgerichteten Demokratie sprangen: ich selbst, Leonard Liggio und Ronald Hamowy, ein früheres Mitglied des Circle, der weiter zur Graduiertenschule an der Universität von Chicago gegangen war.

Ich war politisch nicht aktiv in der Nominierung Stevensons, aber eine seltsame Verkettung von Ereignissen warf mich in eine prominente Rolle unter New Yorker Stevensonisten. Nachdem es Kennedy gelang, die Schubkraft für Stevensons Nominierung auf der Versammlung der Demokraten abzuwürgen, entdeckte ich in der „New York Post" eine kleine Anzeige für eine Stevenson-Gelöbnis-Bewegung: Es war ein Versuch verbitterter Stevensonisten, Kennedy zum Versprechen zu zwingen, Adlai zum Außenminister zu ernennen. Indem ich zum Treffen ging, an dem auch Kampagnenmanager Dave Garth teilnahm, der eines Tages berühmt werden sollte, fand ich mich selbst als Anführer einer neuen politischen Organisation wieder: der „League of Stevensonian Democrats" (LSD) [„Liga Stevensonscher Demokraten", Anm. d. Ü.], geleitet vom charismatischen John R. Kuesell, der bald eine bedeutende Rolle in der reformdemokratischen Bewegung in New York übernehmen sollte.[184] Wir hielten einen Stevenson-Schwur so lange aufrecht wie möglich; als dies keine Früchte zeitigte, stellten wir uns hinter Kennedy gegen Richard Nixon, eine politische Figur, die ich immer geschmäht hatte als (a) republikanischen „Linken", (b) Opportunisten und (c) Kriegstreiber, wenn auch kein so konsistenter und überzeugter Kriegstreiber wie die Neue Rechte.[185]

Ein amüsanter Vorfall symbolisierte meinen politischen Wechsel von rechts nach links, während ich fortfuhr, den Libertarismus voranzubringen. Mit meinem Hut der extremen Rechten auf dem Kopf veröffentlichte ich einen Brief im „Wall

Street Journal", in dem ich überzeugte Konservative darauf drängte, nicht für Richard Nixon zu stimmen, um Konservativen zu ermöglichen, die Kontrolle über die Republikanische Partei wiederzuerlangen. Als Kuesell den Brief sah, schloss er daraus vernünftigerweise, ich sei eine Art Spion des rechten Flügels in der LSD, woraufhin er beabsichtigte, mich aus der Organisation auszuschließen. Als ich ihn aufsuchte, war ich darauf vorbereitet, ihm einen einstündigen Vortrag über Libertarismus zu halten, über meine Hedschra von rechts nach links und so weiter. Als es so weit war, brachte ich nur noch wenige Worte raus. „Sehen Sie", setzte ich an, „ich bin ein ... ‚Libertärer'". Kuesell, immer von der schnellen Truppe, schnitt sofort ein. „Sagen Sie nichts mehr", sagte er, „ich bin auch Libertärer". Er zeigte mir sofort ein Pamphlet, dass er in der High School geschrieben hatte, „Quo Warranto?", in dem er das Recht der Regierung, in das Leben der Menschen und ihr Eigentum einzugreifen, in Frage stellte. Da Begriff und Konzept des Libertären kaum Haushaltsbegriffe waren, vor allem in dieser Ära, war ich äußerst erstaunt. Von da an arbeiteten Kuesell und ich als glückliches Tandem in der LSD, bis sie nach Antritt der Kennedy-Regierung dahinwitterte. Diese Erfahrung bestätigte meine Sicht, dass nun eher linksgerichtete Demokratie als rechter Republikanismus das normale Betätigungsfeld für libertäre Verbündete sei.

Als einer der Theoretiker der Liga der Stevensonschen Demokraten wurde ich zum Leiter ihres Komitees für nationale und internationale Beziehungen und schaffte es in dieser Funktion, ein vollkommen libertäres Grundsatzprogramm zu schreiben und durchzusetzen, da ich mich auf bürgerliche Freiheiten und Widerstand gegen Krieg und Wehrpflicht konzentrierte.

Unterdessen war Libertarismus im wesentlichen isoliert und „Untergrund". Harry Elmer Barnes konnte seinen Ruf nach Revisionismus aller Weltkriege, inklusive des Kalten Krieges, nur auf den Seiten des obskuren linkspazifistischen Magazins „Liberation" in den Jahren 1958 und 1959 publizieren; auf dieser Grundlage begann ich eine Korrespondenz und Freundschaft mit Barnes, die bis zum Ende seines Lebens hielt. In Chicago halfen die ehemaligen Circle-Bastiat-Mitglieder Ron Hamowy und Ralph Raico zu Beginn des Jahres 1961 bei der Gründung eines neuen studentischen Quartalsmagazins, „New Individualist Review“, das schnell zum herausragenden theoretischen Journal innerhalb der konservativen Studentenbewegung wurde; auf jeden Fall war sein gesamter Modus operandi eine Hingabe an die nun außer Mode gekommene konservativ-libertäre Allianz. Somit konnte es nicht als libertäres Organ fungieren, vor allem nicht auf dem entscheidenden Gebiet der Außenpolitik.

Jedenfalls schaffte es Ron Hamowy, im Rahmen einer Debatte mit Bill Buckley in der „NIR“ eine funkelnde Kritik an der Neuen Rechten unterzubringen sowie an der „National Review“, ihrem Konservatismus und ihrer Kriegstreiberei. Hamowy, der das erste Mal abgedruckt wurde, beschrieb zielgenau den Betrug an der Alten Rechten durch Buckley und die „National Review“. Er fasste seine Kritik an den Doktrinen der „NR“ wie folgt zusammen:

> „Sie könnten summiert werden als: (1) bellizistische Außenpolitik, die wahrscheinlich im Krieg münden wird; (2) Unterdrückung bürgerlicher Freiheiten daheim; (3) Hingabe an den Imperialismus und eine höfliche Form des weißen Suprematismus; (4) Tendenz zu einer Verbindung aus Kirche und Staat; (5) die Überzeugung, dass die Gemeinschaft dem Individuum überlegen ist und historische Tradition ein weitaus besserer Ratgeber ist als Vernunft; und (6) eine eher lauwarme Unterstützung der freien Marktwirtschaft. Im Kern wünschen sie, eine Gruppe von Herrschern (sich selbst) durch eine andere zu ersetzen. Sie streben weniger nach einer Begrenzung des Staates als vielmehr seiner Kontrolle. Man könnte diese Hingabe an einen hierarchischen, kriegsähnlichen Etatismus und seine fundamentale Opposition zu menschlicher Vernunft und individueller Freiheit als eine Spezies des Korporatismus beschreiben, die an Mussolini oder Franco erinnert, doch wollen wir uns damit zufriedengeben, sie als ‚Konservatismus

der alten Zeit‘ zu bezeichnen, also nicht als den Konservatismus derjenigen heroischen Truppe von Libertären, die die Anti-New-Deal-Rechte gegründet hatte, sondern denjenigen traditionellen Konservatismus, der immer der Feind des echten Liberalismus gewesen war, als Konservatismus des Ägyptens der Pharaos, des mittelalterlichen Europas, Metternichs und des Zaren, von James II. und der Inquisition; und Ludwig XVI., der Folterbank, der Daumenschraube, der Peitsche und des Erschießungskommandos. Es macht mir nichts aus, sollte eine Philosophie, die sich über Jahrhunderte dem Niedertrampeln der Rechte des Individuums widmete und der Glorifizierung des Staates, ihren alten Namen zurückerhalten.“[186]

Buckley antwortete auf charakteristische Weise, indem er den Vorrang der angeblichen russischen Bedrohung betonte und die libertären „Tafelhüter“: „In jeder Gesellschaft ist Platz“, schrieb Buckley,

> „für solche, deren einzige Sorge im Tafelhüten besteht; doch macht ihnen klar, dass sie sich nur wegen der Bereitschaft von Konservativen, Opfer zu bringen, um dem Feind zu widerstehen, an ihrem Mönchstum erfreuen und ihren geschäftigen kleinen Seminaren nachgehen können, ob man die Müllabfuhr entkommunalisieren sollte oder nicht.“[187]

Ebenso charakteristisch schloss Buckley damit, Hamowy zu beschuldigen (ungerechtfertigterweise, falls das eine Rolle spielt), Mitglied des Komitees für eine vernünftige Atompolitik (SANE) zu sein (ein Buckleyscher Witzbold schrieb damals: „I hear that Ron Hamowy is in-SANE.“ [„Ich habe gehört, Ron Hamowy sei un-vernünftig“, / „... sei im SANE“, Anm. d. Ü.]).[188] In seiner perlenden Erwiderung erklärte Hamowy:

> „Ich könnte als undankbar erscheinen, muss es jedoch ablehnen, Herrn Buckley dafür zu danken, mein Leben zu retten. Weiterhin glaube ich, dass, sollte seine Ansicht sich durchsetzen und er auf dieser unerwünsch-

ten Hilfe bestehen, die Folge mit ziemlicher Sicherheit mein Tod (und der von zig Millionen anderen) in einem Atomkrieg oder meine drohende Verhaftung als ‚unamerikanisch' sein würde."[189]

Wegen der libertär-konservativen Spaltung in Sachen Außenpolitik bei der „New Individualist Review" entschieden die Herausgeber jedenfalls unter sich – als Folge des Furors, der die Hamowy-Buckley-Debatte umwehte –, dass fürderhin gar keine Aussagen mehr *welcher* Art *auch immer* über Außenpolitik im Magazin veröffentlicht werden würden. Somit gab es kein publizistisches Organ mehr für eine isolationistisch-libertäre Position.

Zu Beginn des Jahres 1962 wurden meine letzten Verbindungen mit allem, was als organisierter rechter Flügel bezeichnet werden könnte, durchschnitten. Der William Volker Fund, zu dem ich über ein Jahrzehnt lang gehörte und der still, aber effektiv als vorherrschender Ermutiger und Förderer konservativer und libertärer Forschung diente, brach plötzlich und buchstäblich zusammen und näherte sich seiner praktischen Auflösung. Eines der vormalig libertären Mitglieder des Volker-Fund-Teams (Dr. Ivan R. Bierly) war zu einem fundamentalistischen Calvinisten geworden, der von der Notwendigkeit einer elitären calvinistischen Diktatur überzeugt war, die das Land führen, Pornographie ausmerzen und Amerika auf das (buchstäbliche) Armageddon vorbereiten sollte, das angeblich in einer Generation eintreffen würde. Bierly schaffte es, Harold Luhnow, den Kopf des Fonds, davon zu überzeugen, er sei in seinem Team umzingelt von einer ruchlosen atheistisch-pazifistischen Verschwörung. Als Folge davon löste der Präsident den Fonds in einem Anfall von Groll auf.[190]

Der Kollaps des William Volker Fonds hatte sogar noch schicksalhaftere und schmerzlichere Konsequenzen, als es an der Oberfläche schien. Gemäß den Bestimmungen seiner Gründungsurkunde sollte der Fund sich eines Tages selbst auflösen, und so entschied man sich im Winter 1961/62 beim Volker Fund, dessen 17 Millionen Dollar an Assets zu liquidieren, indem man sie an eine neue Organisation transferierte, das Institute for Humane Studies (IHS), eine gelehrte libertäre Denkfabrik, die von Baldy Harper geleitet werden sollte. Zum ersten Mal würde somit eine libertäre Forschungseinrichtung gestiftet werden, die ihre Energien nicht auf das Zusammenkratzen von Geldmitteln verwenden müsste. Als Mr. Luhnow seinen plötzlichen Meinungsumschwung hatte, bevor die Entscheidung zementiert wurde, und den Fonds schloss, fand sich das IHS mit Harper am Ruder plötzlich als reine und liebenswerte libertäre Forschungsorganisation ohne Geldmittel auf der Straße wieder. Den Rest seines Lebens krebste Baldy Harper als Kopf des IHS weiter.

Isoliert, wie wir in New York waren, und nach dem Bruch mit der Rechten hatten Leonard Liggio und ich viel Zeit, unsere grundlegenden Prämissen auf den Prüfstand zu stellen, vor allem in Relation zu unserem tatsächlichen Standpunkt im ideologischen Spektrum. Liggio übernahm die Führung, ein brillanter junger Historiker mit einem bemerkenswerten enzyklopädischen Wissen über Geschichte, sowohl europäische als auch amerikanische. Tatsächlich war Leonard schon immer scharfsinniger gewesen als ich zu Zeiten unseres Vis-à-vis bei der „National Review". Als die erste Ausgabe der „NR" erschien, die einen Artikel des berüchtigten „Senator aus Formosa", William F. Knowland, enthielt, beschloss Liggio, mit dem Magazin nichts mehr zu schaffen zu haben.[191]

Als erstes dachten wir nochmal über die Ursprünge des Kalten Krieges nach, dem wir so lange opponiert hatten; wir lasen das monumentale Werk von D.F. Fleming, „The Cold War and its Origins", die bahnbrechenden Bücher des Gründers der Historiographie der Neuen Linken, William Appleman Williams, „The Tragedy of American Diplomacy" (1959) sowie „The Contours of American History" (1961). Und wir schlossen, dass unser älterer Isolationismus unter einer fatalen Schwäche litt: der impliziten Akzeptanz der fundamentalen Prämisse des Kalten Krieges, es habe eine russische „Bedrohung" *gegeben*, dass Stalin teilweise für den Kalten Krieg verantwortlich sei durch seine aggressiven Expansionen in Europa und Asien und dass Roosevelt in Jalta an einem bösen „Ausverkauf" teilgenommen habe. Wir kamen zum Schluss, dass es sich dabei um ein Gewebe aus Mythen handelte; dass im Gegenteil Russland sich überhaupt nicht aggressiv ausgedehnt hatte und die einzige „Expansion" in der unvermeidbaren und wünschenswerten Rückabwicklung der deutschen Invasion bestanden habe. Dass die Vereinigten Staaten in der Tat (mit Hilfe Großbritanniens) allein für den Kalten Krieg verantwortlich waren durch kontinuierliche Schikanen und Aggressionen gegen die Sowjetunion, deren Außenpolitik in ihrem Streben nach Frieden mit dem Westen um jeden Preis beinahe mitleiderregend war. Uns wurde bewusst, dass Stalin selbst in Osteuropa keine kommunistischen Regime eingesetzt hatte, bis die Vereinigten Staaten dort Druck gemacht und den Kalten Krieg für etliche Jahre losgetreten hatten. Wir begannen außerdem zu sehen, dass Roosevelt weit davon entfernt war, sich in Jalta und auf den anderen Konferenzen der Kriegszeit Stalin „verkauft" zu haben,[192] dass dieser „Ausverkauf" genau umgekehrt verlief: Stalin verkaufte wiederholt unter der vergeblichen Hoffnung der Suche nach Frieden mit den unerbittlich aggressiven und imperialistischen Vereinigten Staaten die weltweite kommunistische Bewegung: er ruinierte die Kommunisten Griechenlands in einem Deal mit Churchill; Er hielt die kommunistischen Partisanen Italiens und Frankreichs davon ab, am Ende des Krieges die Macht zu erlangen; und er gab sein Bestes, die kommunistischen Bewegungen Jugoslawiens und Chinas zu versenken. In den letzteren Fällen versuchte Stalin, Tito und Mao in Koalitionsregierungen unter ihren Feinden zu zwingen; und es war nur die Tatsache, dass sie durch ihre eigenen Waffen an die Macht kamen und nicht im Kielwasser der Sowjetarmee, die es ihnen erlaubte, die Führung dadurch zu übernehmen, Stalin zu sagen, er solle zur Hölle fahren.

Kurz, wir kamen zum Schluss, dass die scharfsichtigste Analyse der Ereignisse des Zweiten Weltkrieges und der kommunistischen Bewegung diejenige der Trotzkisten war; weit davon entfernt, in Europa und Asien kräftig zu expandieren, hatte Stalin, der nur an der nationalen Sicherheit der Sowjetunion interessiert war, sein Bestes versucht, die kommunistischen Bewegungen der Welt kleinzukriegen, um den *amerikanischen* Aggressor zu besänftigen. Dass Stalin nur die nationale Sicherheit gewollt hatte und eine Abwesenheit antisowjetischer Regierungen an seinen Grenzen, wurde durch die sich widersprechenden Entwicklungen in Polen und Finnland aufgezeigt; in Polen hatte eine aggressive antisowjetische Haltung Stalin dazu gezwungen, die volle Kontrolle zu erlangen; in Finnland dagegen war der große Staatsmann Paasikivi auf den Plan getreten, der im Inland eine Politik konservativer Agrarwirtschaft förderte und mit der Sowjetunion den Schulterschluss in Sachen Außenpolitik suchte; weshalb Stalin vollkommen zufrieden damit war, Finnland in Ruhe zu lassen und die sowjetische Armee zurückzuziehen.

Im Gegensatz zu den durchweg friedlichen und schikanierten Politiken der Sowjetunion erlebten wir, wie die Vereinigten Staaten den Zweiten Weltkrieg hernahmen, um Großbritannien als die weltgrößte imperiale Macht zu ersetzen und noch darüber hinauszugehen; seine Truppen überall zu stationieren und sich anzumaßen, Nationen und Regierungen rund um die Welt zu kontrollieren und dominieren. Über Jahre versuchten die USA außerdem, sowjetische Macht in Osteuropa zurückzudrängen; ihre Außenpolitik widmete sich vor allem der Unterdrückung revolutionärer und prokommunistischer Bewegungen in jedem Land der unterentwickelten Welt. Wir sahen außerdem, dass die Sowjetunion immer auf Abrüstung gedrängt hatte, und dass es die USA waren, die dem widerstanden, besonders hinsichtlich der Massenvernichtungswaffen des Nuklearzeitalters. Es gab *keine* russische „Bedrohung"; die Bedrohung des Friedens der Welt, in Europa, Asien und überall auf der Welt war der Leviathan der Vereinigten Staaten. Jahrelang hatten Konservative und Libertäre über die „externen" (russischen) und „internen" (Washingtoner) Bedrohungen der individuellen Freiheit debattiert, wobei Libertäre und Isolationisten sich auf letztere konzentrierten und Konservative auf erstere. Aber nun waren wir – Leonard und ich – wahrhaft befreit; die Schuppen fielen uns von den

Augen; und wir sahen, dass auch die „externe Bedrohung“ von Washington, D.C. ausging.

Leonard und ich waren bezüglich der Außenpolitik nun jedenfalls „linksgerichtete Demokraten“. Mehr noch: Wir scharrten mit den Hufen. Warum war SANE immer so darauf bedacht, *nicht* über Imperialismus zu diskutieren? Warum bevorzugte man die USA so klar gegenüber der Sowjetunion? Wir schauten uns nun nicht mehr nur nach einer isolationistischen Bewegung um; wir suchten nach einer anti-imperialistischen, einer Bewegung, die das amerikanische Reich als große Bedrohung für den Frieden ins Visier nahm und somit auch für die Freiheit der Welt. Diese Bewegung existierte noch nicht.

Zusätzlich zu unserer Neubewertung der Ursprünge und der Natur des Kalten Krieges bemühten wir uns um eine gründliche Re-Evaluierung des gesamten ideologischen „Links-rechts“-Spektrums aus historischer Perspektive. Denn uns war klar, dass der europäische Thron-und-Altar-Konservatismus, der den rechten Flügel gekapert hatte, Etatismus in einer virulenten und despotischen Form war; und nur ein Schwachsinniger könnte diese Leute ernsthaft „Linke“ nennen. Dies aber bedeutete, dass unser altes, simples Paradigma des „linken, kommunistischen/totale Regierung ... rechten/keine Regierung“-Kontinuums mit Liberalen links der Mitte und Konservativen rechts davon vollkommen falsch war. Deshalb gingen wir hinsichtlich unserer grundlegenden Betrachtung des Spektrums fehl sowie in unserer gesamten Selbstbetrachtung als natürliche „extreme Rechte“. Es musste einen fatalen Fehler in der Analyse geben. In die Geschichte abtauchend konzentrierten wir uns auf die Tatsache, dass im 18. und 19. Jahrhundert Laissez-faire-Liberale, Radikale und Revolutionäre die „extreme Linke“ bildeten, während unsere uralten Feinde, die Konservativen, die Thron-und-Altar-Anbeter, den Feind des rechten Flügels darstellten.

Leonard Liggio kam dann mit folgender profunder Analyse des geschichtlichen Prozesses, die ich übernahm.

An erster und für die Geschichte dominanter Stelle kam die Alte Ordnung, das Ancien Régime, das Regime der Kasten und des eingefrorenen Status, der Ausbeutung durch eine kriegführende, feudale oder despotische Herrscherklasse, die Kirche und Priesterschaft benutzt, um die Massen in die Akzeptanz dieser Herrschaft zu tricksen. Das war purer Etatismus; und das war der „rechte Flügel“. Dann erwuchs in Europa im 17. und 18. Jahrhundert eine liberale und radikale Widerstandsbewegung, unsere alten Helden, die sich für eine volkstümliche revolutionäre Strömung im Namen des Rationalismus, individueller Freiheit, minimaler Regierung, freier Märkte, freien Handels, internationalen Friedens und der Trennung von Kirche und Staat einsetzten – und in Opposition zu Thron und Altar, zur Monarchie, der herrschenden Klasse, der Theokratie und zum Krieg. Diese – „unsere Leute“ – waren die Linke, und je reiner ihre libertäre Vision war, desto „extremere“ Linke waren sie.

So weit, so gut, unsere Analyse unterschied sich noch nicht allzu sehr von der vorigen; aber was ist mit dem Sozialismus, der Bewegung, die im 19. Jahrhundert geboren und immer als „extrem links“ geschmäht wurde? Wie passte er ins Bild? Liggio analysierte Sozialismus als eine verwirrte Bewegung des halben Weges, historisch beeinflusst *sowohl* von der libertären und individualistischen Linken *als auch* der konservativ-etatistischen Rechten. Von der individualistischen Linken übernahmen die Sozialisten die *Ziele* der Freiheit: das Ausdörren des Staates, den Austausch des Regierens von Menschen durch die Administration von Sachen (ein Konzept, das im frühen 19. Jahrhundert von den französischen Laissez-faire-Libertären Charles Comte und Charles Dunoyer geprägt wurde), Opposition gegen die herrschende Klasse und der Versuch ihres Umsturzes, das Verlangen, einen internationalen Frieden zu etablieren, eine weiterentwickelte industrielle Ökonomie und ein hoher Lebensstandard für die Masse der Menschen. Von der konservativen Rechten übernahmen die Sozialisten die *Mittel* zur versuchten Erreichung dieser Ziele: Kollektivismus, staatliche Planung, Gemeinschaftskontrolle über den Einzelnen. Das aber stellte den Sozialismus in die *Mitte* des ideologischen Spektrums. Es bedeutete außerdem, dass Sozialismus eine instabile, selbstwidersprüchliche Doktrin war, der es beschieden war, wegen des inneren Widerspruchs zwischen ihren Mitteln und Zielen schnell auseinanderzufliegen. Und in diesem Glauben wurden wir gestärkt durch den alten Beweis meines Mentors Ludwig von Mises, dass sozialistische Zentralplanung in einer fortschrittlichen industriellen Wirtschaft einfach nicht funktionieren kann.

Historisch gesehen litt die sozialistische Bewegung außerdem in ideologischer und organisatorischer Hinsicht unter einem ähnlichen Widerspruch: Sozialdemokraten, von Engels über Kautsky bis Sidney Hook, trieben unaufhaltsam gen rechts, indem sie den Staatsapparat akzeptierten, stärkten und zu „linken" Apologeten des korporatistischen Staates wurden, während andere Sozialisten, wie Bakunin und Kropotkin, nach links in Richtung des individualistischen, libertären Pols drifteten. Es war auch klar, dass die Kommunistische Partei in Amerika in heimischen Angelegenheiten denselben „rechtsgerichteten" Pfad beschritten hatte – daher auch die Ähnlichkeit, die die „extremen" Rotstempler lange von Kommunisten und Liberalen unterschieden hatte. Tatsächlich schien der Wechsel so vieler Ex-Kommunisten von links zur konservativen Rechten nun überhaupt keiner mehr zu sein; waren sie doch in den 1930ern für Big Government gewesen und in den 1940ern Patrioten des „Amerika des 20. Jahrhunderts" – jetzt waren sie *immer noch* Patrioten und Etatisten.

Aus unserer neuen Analyse des Spektrums zogen wir verschiedene wichtige Folgerungen. Eine war die Tatsache, dass die Allianz zwischen Libertarismus und Konservatismus nicht im Mindesten „natürlicher" zu sein schien als die alte Verbindung zwischen Libertären und Sozialisten während der 1900er und 1920er. Bündnisse schienen nun vom gegebenen historischen Kontext abzuhängen.[193] Zweitens erschien die ältere, intensive Angst vor dem marxistischen Sozialismus übertrieben; denn Konservative hatten Mises' Nachweis des unvermeidbaren Scheiterns sozialistischer Planwirtschaft lange ignoriert und so getan, als ob ein Land, einmal sozialistisch geworden, am Ende stünde, dass dieses Land verloren sei und der Prozess irreversibel. Wenn aber unsere – und Mises' – Analyse korrekt war, sollte der Sozialismus vor Ablauf zu vieler Jahre auseinanderfallen, vor allem viel schneller als die Alte Ordnung, die fähig gewesen war, über Jahrhunderte unverändert zu bestehen. Sicher hatten wir in den frühen 1960ern die inspirierende Entwicklung Jugoslawiens erlebt, das sich nach seinem Bruch mit Stalin vom Sozialismus und der Planwirtschaft in Richtung eines freien Marktes löste, ein Kurs, den der Rest Osteuropas und sogar die Sowjetunion bereits zu emulieren begonnen hatten. Und doch sahen wir zu unserem Verdruss konträr dazu, dass selbst die am wirtschaftlichsten Denkenden der Neuen Rechten so gefangen waren in ihrem hysterischen Antikommunismus, dass sie sich weigerten, den Zerfall des Sozialismus in Osteuropa zu begrüßen oder auch nur zur Kenntnis zu nehmen. Dieser blinde Fleck stand offensichtlich in Zusammenhang mit der über lange Zeit bestehenden Weigerung der Konservativen, die resultierende Auflösung des internationalen stalinistischen Monolithen innerhalb der kommunistischen Bewegung anzuerkennen; denn beide dieser Einsichten hätten die charakteristische Hysteriekampagne der Rechten gegen die angeblich unbesiegbare und stets expandierende kommunistische Welt geschwächt – eine Ausdehnung, die in ihren Augen nur durch Atomkrieg in Schach gehalten werden konnte.

Des weiteren war unsere Analyse dadurch gut gepolstert, dass wir uns mit der Arbeit des heimischen Revisionismus einer aufregenden Gruppe von Historikern vertraut machten, die unter William Appleman Williams an der Universität von Wisconsin studiert hatten. Williams selbst – in „The Contours of American History", dann seine Studenten, die „Studies on the Left" im Jahre 1959 gegründet hatten, vor allem die Arbeit seines Schülers Gabriel Kolko in seinem monumentalen „Triumph of Conservatism" (1963) – änderte unsere Sicht auf die amerikanische Vergangenheit des 20. Jahrhunderts und somit auf die Genese und das Wesen des gegenwärtigen amerikanischen Systems. Von ihnen lernten wir, dass all wir Gläubigen des freien Marktes uns dahingehend geirrt hatten, dass irgendwie, tief unten, Unternehmer des Großkapitals Laissez-faire bevorzugten und ihre Abweichungen davon, in den letzten Jahren offensichtlich klar und allbekannt, entweder „Ausverkäufe“ der Prinzipientreue an Zweckdienlichkeit waren oder das Resultat von Gehirnwäsche und einer Infusion von Schuldgefühlen durch linke Intellektuelle.

Das ist die allgemeine Sicht der Rechten; in der bemerkenswerten Formulierung Ayn Rands ist das Großkapital „Amerikas meistverfolgte Minorität“. Verfolgte Minderheit, in der Tat! Um es klarzustellen: Es gab zahlreiche Vorwürfe gegen das Großunternehmertum und seine intimen Verbindungen mit dem Leviathan in der alten „Chicago Tribune“ McCormicks und vor allem in den Schriften Albert Jay Nocks; aber es brauchte die Williams-Kolko-Analyse, vor allem die detaillierte Untersuchung Kolkos, um die wahre Anatomie und Physiologie der amerikanischen Szenerie zu porträtieren. Wie Kolko herausstellte, werden all die verschiedenen Maßnahmen bundespolitischer Regulierung und des Wohlfahrts-Etatismus, beginnend in der progressiven Periode, an die Linke und Rechte gleichermaßen immer als eine Massenbewegung *gegen* das Großkapital glaubten, nicht nur voll und ganz vom gegenwärtigen Großunternehmertum unterstützt, sondern wurden von ihm sogar aus der Taufe gehoben zu dem Zweck, vom freien Markt zu einer Kartellwirtschaft zu kommen. Unter dem Tarnmantel von Regulierungen „gegen Monopole“ und „zugunsten der öffentlichen Wohlfahrt“ war das Großkapital erfolgreich darin, sich selbst Kartelle und Privilegien durch Nutzung der Regierung zu garantieren.

Was die linken Intellektuellen betraf, so lag ihre Rolle darin, als „korporatistische Liberale“ zu dienen, als Weber ausgeklügelter Apologien, um die Massen darüber zu informieren, dass die Herrscher des amerikanischen Konzernstaates im Namen des „Gemeinwohls“ und der „allgemeinen Wohlfahrt“ herrschen. Die Rolle des korporatistischen linken Intellektuellen in der Rechtfertigung der Verfahrensweisen des modernen Staates gegenüber den Menschen ist das genaue Äquivalent zu den Priestern in orientalischen Despotien, die die Massen davon überzeugten, ihr Imperator sei allwissend und gottgleich.

Liggio und ich fokussierten uns außerdem neu auf das entscheidende Problem der unterentwickelten Länder. Uns wurde bewusst, dass die Revolutionen in der Dritten Welt nicht nur im Namen nationaler Unabhängigkeit gegenüber dem Imperialismus erfolgten, sondern auch und damit zusammenhängend gegen feudale Landmonopolisten im Namen der gerechten Eigentümerschaft ihres Landes durch die lange unterdrückte Bauernschaft. Wer aufrichtig an Gerechtigkeit und Privateigentum glaubt, so schlossen wir, sollte die Enteignung der gestohlenen und eroberten Länder Asiens und Lateinamerikas durch die Bauern begrüßen, die, nach Maßgabe jedweder Art libertärer Theorie, die rechtmäßigen und alleinigen Eigentümer waren und sind. Und doch haben tragischerweise nur die Kommunisten Bauernbewegungen unterstützt; amerikanische oder ureinwohnende „Freiunternehmer" standen ausnahmslos und tragischerweise auf der Seite der unterdrückenden Gutsherren im Namen des „Privateigentums", wenn sie das wichtige Landproblem nicht gleich ganz ignorierten. Aber das „private" Eigentum dieser monopolistischen Grundherren ist nur „privat" durch staatliche Eroberung, Diebstahl und Subvention; und jeder überzeugte Anhänger der Rechte am Privateigentum muss sich dann auf die Seite der Bauern stellen in ihrem Bemühen, ihr Land zurückzubekommen. Die Bauern der Welt sind keine Sozialisten oder Kommunisten; instinktiv sind sie Individualisten und Libertäre, die sich einer höchst verständlichen Leidenschaft hingeben, das Recht auf Eigentum an ihrem Land zurückzugewinnen. Die Zapata-Revolution in Mexiko und die Reies-Tijerina-Bewegung im Südwesten sind nur die deutlichsten Beispiele des zutiefst libertären Kampfes von Bauern, ihre angemessenen Eigentumstitel gegen Plünderung und Eroberung durch die Zentralregierung zu verteidigen oder zurückzuerlangen.[194]

Isoliert und alleine machten Liggio und ich uns nichtsdestoweniger an eine übermenschlich erscheinende, dreifaltige Arbeit: die winzige und verstreute libertäre, anarchokapitalistische Bewegung voranzubringen; diese Libertären mindestens in eine gefestigte isolationistische Position zu bringen;

und schlussendlich zu versuchen, sie außerdem von unserer neugefundenen, anti-imperialistischen und „linken" oder „Links-rechts"-Perspektive zu überzeugen. An der libertären Front gab es einen hellen Hoffnungsstrahl: Der pazifistisch-individualistische Anarchist (der sich selbst „Autarchist" nennt) Robert LeFevre hatte eine Freiheitsschule in den Rockies von Colorado im Jahre 1956 eröffnet, um intensive zweiwöchige Kurse über die Philosophie der Freiheit abzuhalten. LeFevre war vorher für Merwin K. Harts National Economic Council in New York tätig gewesen, zum Vizepräsidenten aufgestiegen und dann, 1954, nach Colorado Springs umgezogen, um dort Redakteur des Editorials für R.C. Hoiles' anarchokapitalistische Tageszeitung „Gazette-Telegraph" zu werden. Seit 1956 hatte LeFevre über die Jahre eine bemerkenswerte Bilanz von Konvertierungen einer ganzen Menge Leute – vor allem junger Leute – zum libertären Credo erarbeitet. Und so entstand im ganzen Land ein wachsender libertärer Kader, Absolventen der Freiheitsschule. Als überzeugter Pazifist war LeFevre natürlich gegen den Kriegsdrang der Neuen Rechten, was er in einem Flugblatt von 1964 – „Those Who Protest" – auch sagte.

Mit Hilfe einer Basis von Absolventen der Schule der Freiheit waren wir in der Lage, einen kleinen Kreis in New York wiederaufzubauen, der sich dieses Mal der „Links-Rechts"-Analyse widmete. Da waren Edward C. Facey und Robert J. Smith, die vom Volker Fund und der Freedom School beinflusst worden waren, sowie Alan Milchman, den wir von seinem Posten als Kopf des YAF am Brooklyn College für uns gewinnen konnten. Und dann gab es die „erste Generation" der libertären Jugendbewegung an der Universität von Kansas, angeführt von Bob Gaskins und David Jackman. Gaskins und Jackman waren Anarchisten gewesen, aber politisch waren sie „rechtsgerichtete" Laissez-Fairisten und gaben ein Magazin namens „The Standard" heraus. Als Gaskins und Jackman gegen Ende 1952 nach New York gezogen waren, konnten wir sie für unsere Perspektive gewinnen – das Resultat war eine ganz dem Frieden gewidmete Ausgabe des „Standard" vom April 1963, die anti-bellizistische Neuabdrucke von Chodorov, Mises und anderen enthielt sowie einen meiner eigenen Artikel, „War, Peace, and the State" („Krieg, Frieden und der Staat"), der meine alte Ableitung von Isolationismus und Anti-Imperialismus aus der libertären Theorie in „Faith and Freedom" stark erweiterte und auf solidere Füße stellte.

Im Winter 1963/64 organisierte LeFevre eine über den Winter und Frühling dauernde „Phrontistery" [eine Art „Ort des Denkens", Anm. des Ü.] in Colorado, um den Weg für die Umwandlung der Freedom School in ein Rampart College zu ebnen. Zur Phrontistery gesellten sich einige der führenden jungen Libertären des Landes, inklusive Smith, Gaskins, Jackman, Peter Blake und Mike Helm, derer viele zum ersten Mal in der Öffentlichkeit einen aggressiven „Rothbardschen" Block bildeten, der die teilnehmenden konservativen und Laissez-faire-Würdenträger schwer beeindruckte, die eingeladen worden waren, dort zu lehren. Zum ersten Mal entrollten einige aus der Gruppe außerdem die „Schwarzgoldene Flagge" in der Öffentlichkeit, diejenigen Farben, von denen wir beschlossen hatten, dass sie den Anarchokapitalismus repräsentieren sollten: Schwarz als die klassische Farbe des Anarchismus und Gold als die Farbe des Kapitalismus und des harten Geldes.

Unterdessen verdüsterten sich die Dinge auf der größeren politischen Bühne, als der Spielplan der „National Review" schließlich obsiegte und Barry Goldwater die republikanische Nominierung gewann. Persönlich war ich verzweifelt; schließlich gerieten die Finger meiner alten Kollegen bei der „National Review" doch noch in die Nähe des Roten Knopfes, und ich *wusste*, ich wusste bis ins Mark, dass es sie juckte, ihn zu drükken. Ich war der Meinung, dass ich *etwas* tun musste, um die Öffentlichkeit vor der Bedrohung eines Atomkriegs zu warnen, für den der Goldwaterismus stand; ich fühlte mich wie ein Paul Revere, der gekommen war, um jeden vor der Bedrohung eines globalen Krieges zu warnen, den diese Leute auf die Welt loszulassen im Begriff waren.

Zweitens versuchte ich, ein paar konservative und libertäre Stimmen von Goldwater abzusaugen, indem ich sie an ihre lang vergessene libertäre Erbschaft erinnerte. Im Gegensatz zu vielen „Fairplay-gesinnten" Liberalen war ich keine Sekunde erschrocken über den berühmten demokratischen Fernsehspot, der ein kleines Mädchen beim Blumenpflücken zeigt, während eine Goldwatersche Nukleardetonation darauf wartet, sie zu vernichten. Im Gegenteil, ich war entzückt über etwas, von dem ich glaubte, dass es schlussendlich die wahren Dimensionen der Goldwaterschen Bedrohung zeige.

Jedenfalls konnte ich nur eine sehr kleine direkte Rolle im Stopp-Goldwater-Kreuzzug spielen. „The Standard" war nun eingegangen, also war das Beste, was ich tun konnte, für „The Innovator" zu schreiben, einen anarcho-Randschen Newsletter aus Südkalifornien, indem ich die Leser vor Goldwaterschem Krieg und Faschismus warnte (der schlussendlich definiert werden kann als weltweiter Krieg, antikommunistische Kreuzüglerei, Unterdrückung bürgerlicher Freiheiten und korporatistischer Etatismus, der sich mit freimarktwirtschaftlicher Rhetorik tarnt – was die Neue Rechte präzise beschreibt). Ich war jedoch nur erfolgreich darin, die fassungslose Leserschaft zu verschrecken.[195] Ich wandte mich außerdem kurz vor der Wahl an eine Gruppe langgedienter Schüler von Frank Chodorov – die „Fragments"-Gruppe –, brandmarkte den Goldwaterismus und fand mich unerklärlicherweise in einer langwierigen Verteidigung der Außenpolitik des kommunistischen China als friedfertig und nichtaggressiv wieder – denn gab es nicht mindestens eine „chinesische Bedrohung"? Das einzige Ergebnis meiner Unternehmungen war, dass die Hälfte des Publikums ihre Ruten in meine Richtung schwang und schrie: „Wir haben 30 Jahre lang nicht gewählt, aber bei Gott, nächsten Dienstag gehen wir hin und wählen Barry Goldwater." Mein einziger Erfolg war, den Goldwater-Enthusiasmus der libertären Bewegung am Queens College stark geschwächt zu haben, die von Larry Moss und Dave Glauberman geführt wurde. Auf der Suche nach einem Periodikum, jedem Periodikum, in dem eine Kritik an der

Verwandlung der amerikanischen Rechten von Alt nach Neu untergebracht werden könnte, vom Isolationismus zum globalen Krieg, konnte ich nur ein sonderbares katholisches Quartalsmagazin namens „Continuum“ auftreiben.[196] Denn die Linke war in Amerika immer noch dysfunktional.

14. Die späteren 1960er: Die Neue Linke

Leonard Liggio und ich hatten seit Jahren nach einer „Linken" gesucht, einer Antikriegsbewegung, der wir uns anschließen konnten. Dann, ganz plötzlich, wie durch Magie, tauchte die Neue Linke im amerikanischen Leben auf, vor allem in zwei Großereignissen: dem Berkeley Free Speech Movement (FSM) des Herbstes 1964, das die Campus-Bewegung der 1960er inaugurierte; und dem Marsch auf Washington am 17. April 1965, organisiert von den „Students for a Democratic Society", um gegen die dramatische Eskalation unseres Vietnamkrieges im Februar zu protestieren. Der SDS-Marsch weihte die große Bewegung gegen den Vietnamkrieg ein, die zweifellos die tiefste und weitverbreitetste Opposition inmitten des Krieges darstellte seit dem Konflikt mit Mexiko in den 1840ern. Der Widerstand während des Ersten Weltkrieges war stark, aber isoliert und wurde von der Regierung brutal unterdrückt; die isolationistische Bewegung des Zweiten Weltkrieges fiel in dem Moment komplett in sich zusammen, als wir in den Krieg eintraten; und der Koreakrieg erzeugte nie einen wirkmächtigen Massenwiderstand. Aber hier war nun endlich eine aufregende, massive Opposition gegen den Kriegsfortschritt während des Krieges selbst! Ein anderer Punkt, der Leonard und mich begeisterte, war, dass es sich nicht um eine verzärtelte „Friedens"-Gruppe wie SANE handelte, die ihre Kritik an den USA und Russland immer vorsichtig ausbalancierte und die außerdem stets peinlich darum bemüht war, „Unerwünschte" von Antikriegs-Aktivitäten auszuschließen; hier war eine wahrhafte Antikriegs-Bewegung, die sich auf die Übel amerikanischer Kriegskocherei einschoss; hier war eine Bewegung, die niemanden aussperrte, die weder Rote noch Rechte abstempelte, die alle Amerikaner willkommen hieß, die gewillt waren, sich am Kampf gegen den unmoralischen und aggressiven Krieg zu beteiligen, den wir in Vietnam führten. Hier war endlich eine gegen den Krieg gerichtete Linke, über die wir uns freuen konnten!

Es ist wahr, dass die SDS, die unangefochtenen Anführer dieser neuen Antikriegs-Bewegung, unter unglücklichen Umständen geboren wurden; denn sie waren ursprünglich und zu dieser Zeit nach wie vor der offizielle studentische Arm der sozialdemokratischen League for Industrial Democracy, einer altmodischen sozialistischen und rotstempelnden Organisation, die das Schlimmste des altlinken Liberalismus repräsentierte. Aber die SDS waren deutlich im Begriff, mit ihren Eltern zu brechen. Nicht nur waren sie militant in Sachen Krieg, sondern auch nicht länger doktrinär sozialistisch – ein in der Tat angenehmer Wechsel weg von der Alten Linken. Im Gegenteil, ihre Ideologie war vage genug, um sogar „rechtsgerichtete Libertäre" zu umfassen. Tatsächlich gab es eine ordentliche Portion instinktiv libertärer Ansichten bei den frühen SDS, die sich über die folgenden paar Jahre noch intensivieren sollten. Neuer Hunger nach individueller Freiheit kam auf, nach eigenständiger Entwicklung, auch eine neue Sorge angesichts der Bürokratie und des technokratischen Etatismus, die der Zukunft der SDS gut zu Gesicht stand.

Somit begannen die SDS sogar hinsichtlich inländischer Fragen instinktiv eine quasi-libertäre Form anzunehmen. Dieser Libertarismus wurde durch die Campus-Bewegung noch verstärkt, die vom Berkeley Free Speech Movement gezeugt wurde. Denn hatten Konservative und Libertäre nicht über Jahrzehnte bittere Kritik an unserem staatsüberladenen Bildungssystem geübt – seinen öffentlichen Schulen, Anwesenheitsgesetzen und gigantischen, unpersönlichen, bürokratischen, echte Bildung ersetzenden Trainingsfabriken? Hatten wir nicht lange Kritik geäußert am Einfluss John Deweys, der Betonung von Berufsausbildung, der enormen Verbindungen von Bildung mit der Regierung und dem militärisch-industriellen Komplex? Und hier war die Neue Linke, die, obwohl zugegebenermaßen unausgereift und obwohl es ihr an einer konstruktiven Theorie mangelte, wenigstens viele der bildungssystemischen Übel ins

Visier nahm, die wir für mehr als eine Generation gebrandmarkt hatten. Wenn wir beispielsweise einen Helden der Neuen Linken wie Paul Goodman nehmen und ihn mit einem Albert Jay Nock bezüglich ihrer Ansichten zur Bildung vergleichen, erkennen wir, dass sie, ausgehend von ganz unterschiedlichen philosophischen und kulturellen Perspektiven, ganz ähnliche Kritik am massentrainingstechnischen öffentlichen Schulpflichtsystem üben. Ohne Rücksicht auf die philosophischen Differenzen – vor allem angesichts der Spannung zwischen individualistischen und egalitären Unterströmungen – griffen beide, Goodman wie auch Nock, das Problem ganz klar aus einer libertären Perspektive auf.

Es war deshalb auch kein Zufall, dass eine neu aufkommende „rechtsorientierte libertäre" Gruppe in Berkeley, angeführt von Danny Rosenthal, einem jungen Doktoranden der Mathematik, dem Free Speech Movement und verbündeten Gruppen helfen sollte. Rosenthal und seine Gruppe, die die „Alliance of Libertarian Activists" im Gebiet von Berkeley-San Francisco gegründet hatten und außerdem begeisterte Goldwateristen waren, kämpften zusammen mit der Neuen Linken im Namen der freien Meinungsäußerung sowie des Versammlungsrechtes sowie im Widerstand gegen Zensur und das aufgedunsene bürokratische Establishment in Berkeley. Rosenthal übte ferner beträchtlichen Einfluss auf die Ansichten Mario Savios aus, des berühmten FSM-Leiters, obwohl Savio natürlich auch unter sozialistischem Einfluss und Druck stand.

Das Auftauchen der Neuen Linken überzeugte Leonard und mich davon, dass die Zeit zu handeln gekommen sei, aus unserer ideologischen und politischen Isolation auszubrechen. Also gründeten wir im Frühling 1965 die dreimal pro Jahr erscheinende Zeitschrift „Left and Right". Der Zweck der Gründung von „L & R" war ein zweifacher: Libertäre im ganzen Land zu beeinflussen, mit dem rechten Flügel zu brechen und sich mit der aufkommenden Neuen Linken zu verbünden sowie zu versuchen, diese Linke weiter in eine libertäre Richtung zu schieben; zweitens, die Neue Linke für uns selbst als Gruppe zu „entdekken“, mit der man eine Allianz eingehen und die man beeinflussen konnte. Die erste Ausgabe von „Left and Right“ enthielt drei lange Artikel, die alle wichtigen Punkte unserer neuen libertären „Linie“ berührten: meinen eigenen Artikel „Left and Right: The Prospects of Liberty“ [„Links und Rechts: Die Chancen der Freiheit“, Anm. d. Ü.], der die Analyse Liggios des historischen Links/Rechts-Spektrums fortführte; Liggios „Why the Futile Crusade?“, der die isolationistischen und anti-imperialistischen Ansichten Senator Tafts und des Taftschen Flügels der Republikanischen Partei zurückbrachte und porträtierte; und Alan Milchmans Besprechung von Flemings „Origins of the Cold War“ [„Ursprünge des Kalten Krieges“, Anm. d. Ü.], der zum ersten Mal den Revisionismus des Kalten Krieges einem libertären Publikum vorstellte.

In der zweiten Ausgabe vom Herbst 1965 schrieb ich einen Artikel, in dem ich die substantiellen libertären Bestandteile der Neuen Linken begrüßte („Liberty and the New Left“) [„Freiheit und die Neue Linke“, Anm. d. Ü.]. Ich lobte die Neue Linke dafür, wichtige Anliegen der Libertären und der Alten Rechten aufzugreifen: Widerstand gegen Bürokratie und Zentralregierung; Begeisterung für Thoreau und die Idee des zivilen Ungehorsams vor ungerechten Gesetzen; eine Verschiebung von der verpflichtenden Rassenintegration der Alten Linken hin zu Widerstand gegen Polizeibrutalität und dem, was in schwarzen Gemeinschaften bald „Black Power“ genannt werden sollte; Widerstand gegen urbane Erneuerung sowie restriktive und monopolistische Gewerkschaftstümelei; Widerstand gegen den Clark-Kerr-Typus moderner Bildungsbürokratie; und natürlich totaler Widerstand gegen den amerikanischen Krieg in Vietnam. Zusätzlich zum Vergleich der Ansichten Goodmans und Nocks über Erziehung verwies ich außerdem auf das Hoffnungszeichen Goodmans (in seinem „People or Personnel“),[197] einer freien Marktwirtschaft wohlwollend gegenüberzustehen.

Die Wirkung von „Left and Right“ war bemerkenswert, zieht man unseren Mangel an Abonnenten und die völlige Abwesenheit von Finanzmitteln in Betracht. Zum einen hatten wir sofort beträchtlichen Einfluss auf die konservative und libertäre Jugend. Danny Rosenthal wurde durch Liggios Artikel in der Erstausgabe zu einer isolationistischen Position bekehrt; Wilson A. Clark, Jr., Kopf des Conservative Club an der Universität von North Carolina, gab zugunsten unserer Position den Konservatismus auf; und die gesamte YAF-Gruppe an der Universität von Kansas (die dortige „zweite Generation" von Libertären), angeführt von Becky Glaser, verließ die YAF, um auf diesem Campus eine SDS-Abteilung zu bilden. Und Ronald Hamowy, zu dieser Zeit Professor der Geschichte in Stanford, erläuterte unseren neuen „Links-rechts"-Standpunkt in der „New Republic" und erinnerte an die freimarktwirtschaftlichen, bürgerlich-libertären, isolationistischen und anti-imperialistischen Ansichten von Mitgliedern der Alten Rechten wie Spencer, Bastiat, Sumner und Nock, indem er sie der Neuen Rechten und der gegenwärtigen Partnerschaft zwischen der Regierung und dem Großkapital gegenüberstellte sowie Paul Goodman und andere Aspekte des Libertarismus auf Seiten der Neuen Linken lobte.[198]

Wir waren außerdem interessiert an den neuen Experimenten, die einige aus der Neuen Linken in alternativen und „parallelen Institutionen" im Bildungssystem erprobten, vor allem an der Bewegung der „Freien Universität", die für kurze Zeit versprach, „Gemeinschaften von Gelehrten" zu formen, die frei von den bürokratischen und Establishment-Falltüren des amerikanischen Bildungssystems waren. Dank „Left and Right" und Leonard Liggios Unterrichtskursen über Imperialismus an der Freien Universität New York hatten wir Gelegenheit, kluge junge Studenten William Appleman Williams' im New Yorker Gebiet kennenzulernen, vor allem Jim Weinstein, Ronald Radosh und Marty Sklar. Dies förderte auch Liggios Rolle als führender gelehrter Aktivist der Neuen Linken für mehrere Jahre, da Leonards Expertise in Sachen Geschichte der Außenpolitik und Vietnam ihm ermöglichte, eine bedeutende Rolle in der Vietnam-Teach-In-Bewegung zu spielen, in der Redaktion des „Leviathan" sowie des „Viet-Report", leitender Redakteur des „Guardian" zu werden (aus dem er dafür hinausflog, „den kapitalistischen Weg“ genommen zu haben im Versuch, Kosten zu reduzieren) sowie schließlich Kopf des amerikanischen Zweiges der Bertrand Russell Peace Foundation, deren großartiger Arbeit im Tribunal für Kriegsverbrechen er Hilfe leistete. Auch in diesen Tagen waren die SDS, obwohl moralisch dem Krieg in Vietnam vollständig opponierend, noch nicht anti-imperialistisch; und Leonard spielte eine große Rolle in der Beratung der Bewegung des 2. Mai, die in der Neuen Linken einer antiamerikanisch-imperialistischen Perspektive den Weg bereitete, einer, die die SDS bald übernehmen sollten. Er führte außerdem im Widerstand gegen etwas, das sich als Beherrschung von M-2-M durch das Maoist Progressive Labor Movement herausstellte, eine Vorherrschaft, die bald die Auflösung der Organisation herbeiführte.

Unterdessen präsentierte „Left and Right“ weiterhin unsere „Links-rechts“-Perspektive und konzentrierte sich auf Außenpolitik und Militarismus, deckte aber auch andere libertäre Gebiete ab und stellte ein Links-rechts-Spektrum an Autoren vor: Libertäre (die Redakteure, Philosophieprofessor „Eric Dalton“, Larry Moss, Wiederabdrucke von Lysander Spooner und Herbert Spencer), Alte Rechte und Isolationisten (Harry Elmer Barnes, Garet Garrett, William L. Neumann), Linke (Marvin Gettleman, Ronald Radosh, Janet McCloud, Russell Stetler und Conrad Lynn) sowie freimarktwirtschaftliche Konservative (Yale Brozen, Gordon Tullock). Vor allem begrüßte ich den entscheidenden Umschwung der SDS während des Jahres 1966 in Richtung einer anti-imperialistischen und militanten Anti-Wehrpflicht-Position sowie die endgültige Zurückweisung ihrer sozialdemokratischen alten Garde. Während 1966 und 1967 wuchs der Einfluss libertärer Elemente bei den SDS; es war eine Zunahme an „Texas-Anarchisten“ in der Organisation zu verzeichnen und eine Vermehrung an Buttons mit der Aufschrift „I hate the State“.[199]

Der Höhepunkt im Interesse der SDS und der Neuen Linken an der libertären „Links-rechts“-Position kam in Gestalt der Arbeit des früheren SDS-Präsidenten Carl Oglesby 1967, als dieser „Containment and Change“ veröffentlichte, eine Kritik am Vietnamkrieg und dem amerikanischen Imperium. Auf den abschließenden Seiten über Strategie rief Oglesby nach einer Allianz mit der Alten Rechten. Er forderte den libertären Laissez-faire-Flügel der Rechten auf, der konservativen Bewegung abzuschwören, die die Libertären als Leibeigene hielt, indem sie sie von der Existenz einer „ausländischen Bedrohung" überzeugte. Oglesby zitierte meinen Artikel im „Continuum" und griff auf die Sicht der Alten Rechten bezüglich Krieg und Frieden von General MacArthur, Buffett, Garrett, Chodorov und Dean Russell zurück. Oglesby zitierte vor allem Garrett ausführlich und betonte, dass seine „Analyse des totalitären Impulses des Imperialismus" über die dazwischenliegenden Jahre wiederholt bestätigt worden sei.

Oglesby schloss, dass libertäres Gedankengut des rechten Flügels zusammen mit der Black-Power- und der anti-imperialistischen Studentenbewegung „eingefleischt amerikanisch" sei und

> „vom Salz des amerikanischen humanistischen Individualismus und voluntaristisch verbundener Aktion; und nur durch sie wird die libertäre Tradition aktiviert und am Leben erhalten. In einem starken Sinne sind die Alte Rechte und die Neue Linke moralisch und politisch gleichrangig."[200]

Aber Oglesby warnte prophetisch, dass beide, die libertäre Rechte und die Neue Linke, diese Allianz und Verbindung verpassen könnten, da erstere in der Geiselhaft durch Militarismus und Imperialismus des rechten Flügels verbleiben, während letztere einer Form von Stalinismus anheimfallen könnte.

Der Gipfel meiner politischen Aktivität bei der Neuen Linken kam während der Kampagne von 1968. Im Frühling des Jahres 1968 lebte mein Enthusiasmus für Drittparteien-Politik wieder auf, wenn auch in einer anderen Richtung. Die „Peace and Freedom Party" (PFP), die in Kalifornien gegründet worden war (und noch heute von dort kommt), entschied sich, landesweit zu operieren, und eröffnete eine Geschäftsstelle in New York. Ich fand heraus, dass die vorläufige Plattform und die einzige Bedingung für eine Mitgliedschaft nur aus zwei Planken bestand: Die erste war der sofortige US-Rückzug aus Vietnam, und die zweite war so vage in ihrer Definition, zu jedem nett zu sein, dass fast jeder, links, rechts oder aus der Mitte, ihr zugestimmt haben könnte. Großartig: Hier war eine Koalitionspartei, die sich nur dem sofortigen Rückzug aus Vietnam widmete und keinerlei Hingabe zum Etatismus forderte! Als Folge ergoss sich unsere gesamte New Yorker libertäre Gruppe glücklich in die neue Partei.

Die PFP wurde um Clubs aufgebaut, die meisten von ihnen regional – wie zum Beispiel dem mächtigen West Side (von Manhatten) Club, dem Hippie-Greenwich Village Club, und anderen. Einer war berufsbezogen - ein Fakultäten-Club. Da es nur sehr wenige tatsächliche Fakultätsmitglieder in dieser sehr jugentlichen Partei gab, erweiterte die PFP die Definition von „Fakultät" großzügig, um auch Studenten eines Aufbaustudiengangs mit einzuschließen. Und siehe da: Auf dieser Basis waren von den ungefähr 24 Mitgliedern im Fakultäten-Club fast die Hälfte unsere Leute: Libertäre, inklusive meiner Wenigkeit, Leonard Liggio, Joe Peden, Walter Block und seine Frau Sherryl, und Larry Moss. Der legislative Arm der PFP war die Delegiertenversammlung, die aus Abgeordneten der verschiedenen Clubs bestand. Dem Fakultäten-Club standen zwei Delegierte zu, und so teilten wir sie natürlich auf: Ein Posten ging an die Sozialisten, einer an uns, wobei es sich um mich handelte.

Nun war ich hier also beim ersten Treffen der Delegiertenversammlung, gerade mal eine Woche in der Partei, aber plötzlich in eine Spitzenposition der Machtelite aufgestiegen. Dann, zu Beginn des Treffens, standen einige Leute auf und sprachen sich dafür aus, die Delegiertenversammlung als irgendwie „undemokratisch" aufzulösen. Mensch! Ich war gerade kurz davor, von saftiger politischer Macht zu schmecken, als einige Mistkerle versuchten, sie mir wegzunehmen! Als ich weiter zuhörte, wurde mir klar, dass etwas noch viel Finstereres und von größerer Wichtigkeit stattfand. Offensichtlich wurde die New Yorker Partei von einem sich selbst erhaltenden, oligarchischen Exekutivkomitee geleitet, das versuchte, alle intermediären sozialen Institutionen zu eliminieren und über die Masse der Partei ungehindert hinweg zu operieren – alles im Namen der „Demokratie“. Für mich schmeckte das nach verrottetem Jakobinertum, ich stand auf und hielt diesbezüglich eine leidenschaftliche Rede. Als die Sitzung beendet war, kamen ein paar Leute zu mir und sagten, einige ähnlich gesinnte Denker, die den West Side Club konstituierten, würden ein Treffen abhalten, um über diese Dinge zu sprechen. So begann unsere schändliche Allianz mit der Progressive-Labor-Fraktion innerhalb von „Peace and Freedom“.

Später stellte sich heraus, dass die PFP und ihr Exekutivkomitee sowohl in Kalifornien als auch in New York von leninistisch-trotzkistischen Draperisten geführt wurde, internationalen Sozialisten, deren Kopf Hal Draper war, Bibliothekar in Berkeley. Die Draperisten waren die ursprünglichen Shachtmanisten, Trotzkisten, die gegen Trotzki als Widerständler des dritten Lagers rebelliert hatten, sowohl in den Vereinigten Staaten als auch in der Sowjetunion. Die New Yorker Partei wurde von den Draperisten geleitet, wobei zu ihren Alliierten ein zusammengewürfelter Haufen aus allerlei Sozialisten, Pazifisten, gegenkulturellen Junkies und linken Libertären gehörte.

Die Opposition innerhalb der PFP wurde tatsächlich von der maoistischen „Progressive Labor Party“ (PL) geführt, von der die Draperisten fürchteten, sie plane eine Übernahme. Es stellte sich aber bald heraus, dass die PL keine Intentionen dieser Art hatte, sondern nur ihre Hand im Spiel halten wollte und den West Side Club benutzte, um potentielle Mitglieder in die PL zu rekrutieren. Beide, die PL und die Draperisten, hielten die Strukturen lose, während sie auf eine erwartete Flut von Jüngern Gene McCarthys nach Humphreys erwartetem Sieg bei der demokratischen Nominierung hofften – eine Flut, die sich natürlich nie einstellte. Daher auch die vagen ideologischen Anforderungen und die Tatsache, dass die Plattform auf dem Grabbeltisch lag. Die Allianz zwischen der PL und uns Libertären war für beide Seiten sehr nützlich, zusätzlich zur Kooperation, um die Draperisten-Diktatur im Namen der Demokratie abzuwehren.

Der PL diente dies als Tarnung zur Rekrutierung, da natürlich niemand *uns* vehemente Antisozialisten als Werkzeuge der Progressive Labor bezeichnen konnte. Was *wir* davon hatten, war die feste Unterstützung der PL für eine ideologische Plattform – übernommen von unserem gemeinsamen Wahlausschuss –, die wahrscheinlich die libertärste jeder Partei seit den Tagen von Cleveland Democracy war. Die Leute der PL waren angenehm „direkt" und nicht drogenbelastet, obwohl etwas robotisch und Randisten des linken Flügels ähnelnd.

Die große Ausnahme war der erfreuliche Jake Rosen, der oberste Kopf der PL-Fraktion in der PFP. Rosen, klug, fröhlich, gewitzt und entschieden nichtrobotisch, kannte den Einsatz. Eine der schönsten Erinnerungen meines Lebens in der PFP war, wie Jake Rosen versuchte, unser Laissez-faire-Parteiprogramm vor seinen maoistischen Dösköpfen zu rechtfertigen. „Hey Jake, was bedeutet das: absolute Freiheit für den Handel und Widerstand gegen alle Restriktionen der Regierung?" – „Ähm, das ist die ‚antimonopolistische Koalition'." – „Na klar." Noch aufrichtiger schloss sich Jake unserem Widerstand gegen Pläne für ein garantiertes Jahreseinkommen an; er betrachtete sie als burgeois und „reaktionär". Nur bei unserem Vorschlag, unsere Verbindung solle sich für eine sofortige Abschaffung von Mietpreiskontrollen aussprechen, stockte Jake. „Hey Jungs, seht mal, ich würde das liebend gerne tun, aber wir haben Verpflichtungen gegenüber Mietergruppen." Gnädigerweise ließen wir ihn vom Haken.

Ich glaubte nicht, dass Jake mit seiner Persönlichkeit in der PL bestehen würde. Außerdem hatte er bereits bedingungslos gegen die Parteidisziplin rebelliert. Offensichtlich ein kluger Typ, hatte Jake die Anweisungen der PL, „Arbeiterklasse" zu sein, akzeptiert und wurde Bauarbeiter; aber sturerweise scheiterte er darin, Befehlen zu folgen und aus dem Stand von der kosmopolitischen West Side Manhattans nach Queens zu ziehen („Jake, kein Bauarbeiter lebt auf der West Side"). Jedenfalls wurde Jake ungefähr ein Jahr nach Auflösung der PFP aus der PL ausgeschlossen oder verließ sie und wurde aufstrebend mobil, zog nach Chicago und wurde ein erfolgreicher Rohstoff-Broker.

Als die McCarthy-Leute sich nicht blicken ließen, wurden die Konflikte in der Partei immer größer, und die PFP begann damit, beinahe wöchentlich Versammlungen abzuhalten. Zusätzlich zum PL-Draperisten-Konflikt eröffnete die Kommunistische Partei ihre rivalisierende Front in New York, die „Freedom and Peace Party" (FPP), deren Existenz jedermann verwirrte, inklusive die Linken. Im Versuch, die Schismen zu bereinigen, schickten die kalifornischen Draperisten den angeblich legendären Organisator Kamerad Carlos zur Leitung der New Yorker Partei, einen Chicano, den der Draperisten-Flügel sehr charismatisch fand, für den der Rest von uns aber eine starke Abneigung hegte.[201]

Obwohl die PFP deutlich versandete, kam im späten Sommer schließlich die Zeit für die Nominierungen. Die Draperisten hatten sich für den Ex-Vergewaltiger Eldridge Cleaver als Präsident entschieden, damals Kopf der Black-Panther-Partei. Cleaver zeigte seine Verachtung für die PFP durch Nichterscheinen und schickte Black-Panther-Handlanger Bobby Seale, um ganz offen über seine miefigen Bewunderer herzuziehen, die masochistischerweise jedes Zeichen von Panther-Spott begrüßten. Niemand widersetzte sich Cleavers Nominierung; da der PL-Block sich enthielt und meine libertären Kollegen es mit frühen Morgenstunden nicht so hatten, stellte sich heraus, dass meine die einzige Stimme gegen Eldridge Cleaver als Präsident war – kein schlechtes Vermächtnis für meine Zeit bei der Neuen Linken. Für die Nominierung für den US-Senat war der altgediente Sozialist und Pazifist David McReynolds der Kandidat der Draperisten, und mich überredete man, gegen ihn als Repräsentant der PL-libertären Opposition anzutreten. Ich stimmte nur deshalb zu, weil ich verdammt gut wusste, dass überhaupt keine Chance bestand, McReynolds zu besiegen.

Ich beneidete McReynolds nicht für seinen Tag an der Sonne. Die Freedom-and-Peace-Partei schickte einen schwarzen Kandidaten ins Rennen um den Senat, und den Black Panthers gefiel es nicht, den weißen McReynolds gegen einen afroamerikanischen Kameraden antreten zu lassen. Die Black Panther hielten McReynolds anscheinend die Waffe auf die Brust und befahlen ihm, seine Kandidatur zurückzuziehen. Was danach geschah, ist nebulös; ich glaube nicht, dass McReynolds zurücktrat, andererseits aber glaube ich nicht, dass einer der beiden es bis zur Abstimmung schaffte – und die Wahl von 1968 stellte sich als Ende der PFP (mit Ausnahme Kaliforniens) sowie der FPP heraus. Ach ja, und später hörte ich, Kamerad Carlos habe sich als Agent der Polizei entpuppt.

Eine Koda: Jahre später begegnete ich McReynolds bei einem Treffen, das vergeblich versuchte, ein paar Leute dem Libertarismus zuzuführen. Er sagte mir immer wieder traurig: „Du hast uns 1968 eine Menge Ärger gemacht, eine Menge Ärger." Ich versuchte, bei dieser kleinen Zusammenkunft höflich zu bleiben, also sagte ich ihm nicht, wie erfreut ich über seinen Tribut war.

Zum Ausklang der 1960er hatte die Neue Linke unglücklicherweise Carl Oglesbys Warnung wahrgemacht und ihr großes libertäres Versprechen aus der Mitte der 60er Jahre fahren gelassen. Instabil und ohne kohärente Ideologie fielen die SDS, als Antwort auf den Leninismus und Stalinismus ihrer Progressive-Labor-Fraktion, selber in diese Glaubenssätze der Alten Linken zurück, obgleich in einer noch radikaleren und aufgebretzelteren Form. Zunehmend von der „Gegenkultur" verführt und vom Anti-Intellektualismus im Allgemeinen, ignorierte die Neue Linke immer stärker die Gelehrsamkeit zugunsten gedankenloser „Aktion", woraufhin die Freien Universitäten zu verstreuten Zentren für Avant-garde-Bewegungstherapeuten und Lehrgänge in Sachen Radioreparatur verblassten.[202] Erziehungssystemische Reformen entwickelten sich zunehmend zum Versuch, alle intellektuellen und erzieherischen Standards zu zerstören und den Inhalt der Kurse durch Plappersitzungen über die „Gefühle" der Studenten zu ersetzen. Schlussendlich – der Gelehrsamkeit beraubt, der Intellektualität und der strategischen Perspektive – brannten sich die Überbleibsel der Neuen Linken selber aus und verschwanden nach der Auflösung der SDS 1969 in einer Orgie sinnloser und unterschiedsloser Gewalt. An der gesamten Bevölkerung Amerikas als hoffnungslos bourgeois verzweifelnd, waren die Reste der SDS desaströserweise zum Schluss gekommen, das gesamte Amerika – Arbeiterklasse, Mittelklasse oder was auch immer – sei der Feind und müsse zerstört werden. Um 1970 war die Neue Linke quasi tot und wurde durch Herrn Nixons Meisterstreich der Aufhebung der Einberufung von ihrem Elend erlöst. Ohne ihre Sorge, eingezogen zu werden, beendeten die studentischen Idealisten ihren Protest – obwohl der Krieg in Vietnam noch einige Jahre weitergehen sollte.

Im Rückblick auf das Experiment der Allianz mit der Neuen Linken wurde außerdem deutlich, dass die Folgen für Libertäre in vielen Fällen desaströs waren; denn isoliert und verstreut, wie diese jungen Libertären waren, sollten die Clarks, die Milchmans und einige aus der Glaser-Kansas-Gruppe bald tatsächlich Linke *werden*; vor allem sollten sie jede Hingabe an den Individualismus, private Eigentumsrechte und die freie Marktwirtschaft aufgeben, die sie überhaupt erst zum Libertarismus und dann zur Allianz mit der Neuen Linken gebracht hatte. Uns wurde klar, dass, wie marxistische Gruppierungen in der Vergangenheit festgestellt hatten, ein Kader ohne Organisation und ohne dauerhaftes Programm „interner Erziehung" und Verstärkung dem Überlaufen und Dahinschmelzen im Laufe der Arbeit mit einem weitaus stärkeren Verbündeten geweiht ist. Die libertären Gruppen mussten als selbstbewusste Bewegung neu aufgebaut werden, der Schwerpunkt musste darauf liegen, den libertären Kader selbst zu füttern, aufrechtzuerhalten und auszudehnen. Nur auf Basis *eines solchen* Kaders konnten wir starke und fruchtbare Allianzen schmieden – ohne Gefahr für die libertäre Bewegung selbst.

In der Zwischenzeit gab der Buckleysche rechte Flügel stufenweise sogar seine theoretische Zuwendung zu libertären Idealen auf. Denn die „National Review" und ihre Mitarbeiter hatten gelernt, was sie für die Goldwater-Lektion hielten; von diesem Punkt an sollte die konservative Bewegung sich von allen „extremistischen“ Elementen trennen, ob in innen- oder außenpolitischen Belangen, und sich in „verantwortlicher“ und „respektabler“ Manier den Sesseln der Macht nähern, nach denen sie sich so viele Jahre gesehnt hatte. Als Papst sowie als Beleidigungskomiker der Bewegung wachte Bill Buckley über die Exkommunikation und Säuberung jedweder Elemente aus dem Konservatismus, die sich als peinlich für sein Streben nach Respektabilität und Macht herausstellen könnten: Libertäre, Bircher, Atheisten, Ultrakatholiken, Randisten, *jeder*, der den Konservatismus in seiner kuscheligen Teilhabe an politischer Herrschaft stören könnte. Deshalb waren um 1968 – mit Ausnahme Frank Meyers, der immer noch an Ronald Reagan festhielt – alle konservativen Zweifel über die Größe und Weisheit von Richard Milhous Nixon praktisch beseitigt; und Bill Buckley wurde von der Nixon-Regierung angemessen entlohnt – mit einem Mitgliedsposten in der „Advisory Commission of the U.S. Information Agency“ (USIA), unserem Propagandaministerium in Übersee. Buckley veranlasste Frank Shakespeare, den konservativen Kopf der USIA, „National Review“-Herausgeber James Burnham anzuheuern, um eine Liste wünschenswerter Bücher zu erstellen, die in den USIA-Bibliotheken anderer Länder geführt werden sollten. Auf Burnhams Liste ragten – Achtung, Überraschung! – die Werke sowohl Burnhams als auch Buckleys hervor, der, schrieb Burnham, „einer der bekanntesten Autoren seiner Generation“ sei.

In einer scharfsinnigen Besprechung eines von Buckleys späteren Büchern bemerkte und beklagte die linksliberale Margot Hentoff den Drall des Konservatismus Richtung Establishment, genau dasjenige Establishment, das sogar die „National Review“ in ihren frühen Jahren anzugreifen pflegte. Oder wie Hentoff darlegte:

> „Was Herrn Buckley geschah – zusammen mit dem Rest von uns – war der Zusammenbruch traditioneller ideologischer Lager, das Verwischen traditioneller Allianzen und Feindschaften. Nicht nur verloren die alten New-Deal- und New-Frontier-Politiken Glaubwürdig-

> keit bei der Linken, sondern die Linke lief dann auch noch mit den konservativen Bannern der Nichtintervention, der Freiheit von Regierungszwängen, eines robusten Individualismus, der Dezentralisierung und in einigen Fällen der Rassentrennung davon. ...
>
> Es scheint, als nehme Herr Buckley das Gewicht von Midlife-Verantwortung wahr, er klingt öfter wie ein resilienter Prinz der Kirche als ein reinigender Geist."

Hentoff schloss, Buckley sei „in Richtung einer eher scheußlichen Art der Mäßigung" gedriftet. „Ihm sind Konsequenzen nun bewusster, da er sich von der Abwesenheit von Macht entfernt, demjenigen Zustand, der seinen bleibenden Charme ausmachte."[203]

Somit und abgesehen von seinem dauerhaften Kriegsdurst ist der existierende (zum Zeitpunkt des Jahres 1971) rechte Flügel kaum noch zu unterscheiden vom konservativen Liberalismus des alten Schlages (und sogar bezüglich des Krieges gibt es nur graduelle Unterschiede). Abgesehen vom Stil gibt es nur noch sehr wenig, was, sagen wir mal, Bill Buckley von Sidney Hook unterscheidet, oder Senator Tower vom früheren Senator Dodd, ungeachtet des mehr in Richtung New Deal tendieren Abstimmungsverhaltens des letzteren. Was falkenhafte Außenpolitik betrifft, zunehmenden Militarismus und einen wuchernden militärisch-industriellen Komplex, das Erdrücken bürgerlicher Freiheiten und die Gewährung unkontrollierter Macht an die Polizei, die Vermehrung exekutiver Macht und Privilegien – kurz, was also die großen Probleme unserer Zeit angeht, stimmen Konservative und Liberale weitestgehend überein. Und selbst ihre scheinbaren Meinungsverschiedenheiten hinsichtlich des Konflikts zwischen dem freien Markt und liberaler Ökonomie sind praktisch verschwunden in der impliziten Akzeptanz des New-Deal-Great-Society-staatskorporatistisch-neomerkantilistischen Konsenses durch Konservative und Liberale. Mit seiner Übernahme des Vorschlags Milton Friedmans und Robert Theobalds eines garantierten Einkommens, durch seinen Kampf, dem SST (Überschalltransport)-Programm und Lockheed aus der Klemme zu helfen, mit seiner Nationalisierung der Automobilindustrie unter dem Hosianna von Konservativen, Liberalen und der Industrie selbst, hat Richard Nixon den Prozess der Integration des rechten Flügels in den Post-New-Deal-Konsens vollendet. Oder wie der marxistische Historiker Eugene D. Genovese es so scharfsinnig formulierte: „Präsident Nixons Liberalismus des rechten Flügels ist das Gegenstück zum Linksliberalismus der Kommunistischen Partei – das bedeutet, jeder bringt Lösungen voran, die innerhalb des etablierten Konsenses liberaler Sozialpolitik liegen."[204]

Und so haben wir es nun mit einem Amerika zu tun, das abwechselnd von kaum unterscheidbaren konservativen und linken Flügeln desselben staatskorporatistischen Systems regiert wird. In den Rängen des Liberalismus gibt es eine wachsende Zahl unzufriedener Leute, denen zunehmend die Tatsache bewusst wird, dass ihr eigenes Glaubensbekenntnis, der Liberalismus, 40 Jahre lang an der Macht war – und was hat er gebracht? Exekutive Bevormundung, endlosen Krieg in Vietnam, Imperialismus in Übersee und Militarismus sowie die Wehrpflicht daheim, intime Partnerschaft zwischen dem Großkapital und dem Regierungs-Leviathan. Eine wachsende Zahl von Liberalen sieht sich diesem entscheidenden Versagen gegenüber und erkennt an, dass der Liberalismus selbst dafür in die Verantwortung zu nehmen ist. Sie beginnen zu sehen, dass Lyndon Johnson absolut richtig lag, wenn er sich auf Franklin Roosevelt gewohnheitsmäßig als „Big Daddy" bezog. Die Vaterschaftsfrage ist also geklärt, und die gesamte Gruppe steht oder fällt gemeinsam.

An wen können sich unzufriedene Liberale dann aber wenden? Nicht an die gegenwärtige Rechte, die ihnen nur mehr vom selben bietet, gewürzt mit mehr hurrapatriotischen und theokratischen Geschmacksstoffen. Nicht an die Linke, die sich selbst verzweifelt und in blindwütiger Gewalt zerstörte. Vielen Liberalen bietet sich der Libertarismus selbst als Unterschlupf an.

Und so wächst der Libertarismus schnell, gedüngt mit Abtrünnigen sowohl des Konservatismus als auch des Liberalismus. Genau wie Konservative und Liberale praktisch in einem

Konsens verschmolzen, um das Establishment zu stützen, ist das, was Amerika jetzt braucht – und was es auch haben *kann* – eine Gegenkoalition in Opposition zum Wohlfahrts- und Kriegsfahrts-Staat. Eine Koalition, die kurzfristige libertäre Ziele wie militanten Widerstand gegen den Vietnamkrieg und den Kalten Krieg im Allgemeinen favorisiert, gegen die Wehrpflicht, den militärisch-industriellen Komplex und die hohen Steuern sowie die beschleunigte Inflation, die der Staat benötigte, um die etatistischen Maßnahmen finanzieren zu können. Es wäre eine Koalition, die sowohl die Sache der bürgerlichen als auch der wirtschaftlichen Freiheit vom Diktat der Regierung fördert. Es wäre, auf vielerlei Art, eine Renaissance einer Koalition zwischen dem Besten der Alten Rechten und der alten Neuen Linken, eine Rückkehr in die glorreichen Tage, als Elemente von *links und rechts* im Schulterschluss zusammenstanden, um der Eroberung der Philippinen zu opponieren und dem amerikanischen Einstieg in beide Weltkriege. Hier wäre eine Koalition, die alle Gruppen in ganz Amerika ansprechen könnte, die Mittelklasse, Arbeiter, Studenten, Liberale und Konservative gleichermaßen. Aber der amerikanische Mittelwesten müsste – zugunsten der Freiheit von hohen Steuern, Inflation und Monopolen – die Idee der persönlichen Freiheit akzeptieren und einen Verlust nationalen Einflusses in Übersee. Und Liberale sowie Linke müssten – um die Kriegsmaschine und das amerikanische Imperium zu demontieren – den bejubelten liberalen Traum der Alten Linken von hohen Steuern und Bundesausgaben für jedes Leckerli auf der Oberfläche des Planeten aufgeben. Die Schwierigkeiten sind groß, aber die Zeichen stehen sehr gut, dass solch eine Koalition gegen das Establishment und den Etatismus entstehen könnte und wird. Big Government und korporatistischer Liberalismus erweisen sich zunehmend als unfähig, mit den Problemen fertigzuwerden, die sie erschufen. Somit ist die objektive Wirklichkeit auf unserer Seite.

Mehr als das: Die Leidenschaft für Gerechtigkeit und moralische Prinzipien, die immer mehr Menschen entflammt, kann sie nur in dieselbe Richtung schicken; Moralität und praktische

Nützlichkeit verschmelzen immer deutlicher für größere Mengen an Menschen in einem großen Ruf: nach der Freiheit für Menschen, für Individuen und freiwillige Gruppen, um ihr eigenes Schicksal auszutüfteln, die Kontrolle über ihr eigenes Leben zu erlangen. Es liegt in unserer Macht, den amerikanischen Traum zurückzuerobern.

Anmerkungen

1 Murray N. Rothbard, „A Strategy for the Right“, in: „The Irrepressible Rothbard“, herausgegeben von Llewellyn H. Rockwell, Jr. (Burlingame, Calif: Center for Libertarian Studies, 2000), S. 4.

2 John Moser, „Principles Without Program: Senator Robert A. Taft and American Foreign Policy“, „ Ohio History“ 108 (1999): 177-92.

3 Richard Cobden, „Commerce is the Great Panacea“, in: „The Political Writings of Richard Cobden“, herausgegeben von F.W. Chesson (London: T. Fisher Unwin, 1903), Band 1, S. 35.

4 Ralph Raico, „American Foreign Policy – The Turning Point, 1898-1919“, in: „The Failure of America's Foreign Wars“, herausgegeben von Richard M. Ebeling und Jacob G. Hornberger (Fairfax, Va: Future of Freedom Foundation, 1996), S. 55-56.

5 John Payne, „Rothbard's Time on the Left“, „Journal of Libertarian Studies“ 19 (Winter, 2005): S. 9.

6 Ebda., S. 14.

7 Kirkpatrick Sale, Beitrag zum runden Tisch, „The American Conservative“ (28. August 2006): S. 28.

8 Carl Oglesby und Richard Shaull, „Containment and Change“ (New York: Macmillan, 1967), S. 166-67.

9 S. 223-24 in diesem Buch.

10 Ebda., S. 224

11 Ein solches Kapitel wurde in Rothbards Unterlagen nicht gefunden – d. Herausgeber.

12 Murray N. Rothbard, „Egalitarianism as a Revolt Against Nature and Other Essays“ (Washington, D.C.: Libertarian Review Press, 1974).

13 Ich hatte meine Sicht auf die Alte Rechte und ihren Nieder gang in „Ramparts“ publiziert, damals das führende Peri-

odikum der Neuen Linken. Murray N. Rothbard, „Confessions of a Right-Wing Liberal“, „Ramparts“ 6, Nr. 11 (15. Juni 1968): S. 48-52.

14 Murray N. Rothbard, „The Transformation of the American Right“, „Continuum“ 2 (Sommer 1964): S. 22-31.

15 „Journal of Libertarian Studies“ 2 (Winter 1978): S. 85-96. Die ursprüngliche Version dieses Artikels war ein Papier, das ich bei einer Sitzung über die Rechte beim jährlichen Treffen der Organisation amerikanischer Historiker im Jahre 1972 ablieferte, organisiert vom brillanten marxistischen Historiker Eugene D. Genovese.

16 Joseph R. Stromberg, „The Cold War and the Transformation of the American Right: The Decline of Right-Wing Liberalism“ (M.A.-Essay, Florida Atlantic University, 1971).

17 Charles H. Hamilton, „Introduction“, in: „Fugitive Writings: Selected Writings of Frank Chodorov“, herausgegeben von Hamilton (Indianapolis, Ind: Liberty Press, 1980), S. 11-30.

18 Justus D. Doenecke, „Not to the Swift: The Old Isolationists in the Cold War Era“ (Lewisburg, Penn.: Bucknell University Press 1979. Vergl. dazu auch Ronald Radosh, „Prophets on the Right: Profiles of Conservative Critics of American Globalism“ (New York: Simon and Schuster, 1975).

19 Eine besonders wertvolle Studie, die vor der Niederschrift des „Betrugs“ erschien, war eine Dissertation über die libertäre Bewegung in den 1950ern von Eckard Vance Toy, Jr, auch wenn sie fast vollständig auf den glücklicherweise umfangreichen Papieren und Korrespondenzen von James W. Clise basiert, einem Industriellen aus Seattle. Toy sticht durch seine Behandlung der Foundation for Economic Education (FEE) hervor sowie der „Spiritual Mobilization“, obwohl er den William Volker Fund vernachlässigt und sich nicht mit Außenpolitik beschäftigt. Eckard Vance Toy, Jr., „Ideology and Conflict in American Ultra-Conservatism, 1945-1960“ (Ph.D. diss., University of Oregon, 1965).

20 Während der 1964er-Kampagne schrieb der respektlose Rechte Noel E. Parmentel, Jr. in seinen „Folk-Songs für

Konservative“:
„Willst du nicht heimkehren, Bill Buckley, willst du nicht heimkehren vom Establishment?“

21 Siehe dazu auch William H. Dawson, „Richard Cobden and Foreign Policy“ (London: George Allen and Unwin, 1926).

22 Randolp Bourne, „Untimely Papers“ (New York: B.W. Huebach, 1919), S. 229-30.

23 Villard an Hutchins Hapgood, 19. Mai 1919. Michael Wreszin, „Oswald Garrison Villard“ (Bloomington: Indiana University Press, 1965), S. 75 und 125-30.

24 Albert Jay Nock, „Our Duty Towards Europe“, „The Freeman“ 7 (8. August 1923): S. 508; zitiert nach Robert M. Crunden, „The Mind and Art of Albert Jay Nock“ (Chicago: Henry Regnery, 1964), S. 77.

25 Alber Jay Nock, „On doing the Right Thing, and Other Essays“ (New York: Harper and Row, 1928).

26 „Smart Set“, Dezember 1919. H.L. Mencken, „A Mencken Chrestomathy“ (New York: Knopf, 1949), S. 145-46. Siehe dazu auch Murray N. Rothbard, „H.L. Mencken: Der erquickliche Libertäre“, „New Individualist Review“ 2, Nr. 2 (Sommer 1962): S. 15-27.

27 „American Mercury“, Februar 1925. Mencken, „Chrestomathy“, S.146-48.

28 „Letters of H.L. Mencken“, herausgegeben von Guy Forgue (New York: Knopf, 1961), S. xiii, 189.

29 Ebda.

30 H.L. Mencken, „What I believe“, „The Forum“ 84 (September 1930): S. 139.

31 H.L. Mencken, „Babbitt as Philosopher“ (Besprechung „Henry Ford“, „Today and Tomorrow“, sowie Ernest J.P. Benn, „The Confession of a Capitalist“), „The American Mercury“ 9 (September 1926): S. 126-27. Siehe auch Mencken, „Capitalism“, „Baltimore Evening Sun“, 14. Januar 1935, erneut abgedruckt in „Chrestomathy“, S. 294.

32 H.L. Mencken, „Breathing Space“, „Baltimore Evening Sun“, 4. August 1924; erneut abgedruckt in H.L. Menk-

ken, „A Carnival of Buncombe“ (Baltimore: Johns Hopkins Press, 1956): S. 83-84.

33 Ebda.

34 H.L. Mencken, „Next Year's Struggle“, „Baltimore Evening Sun“, 11. Juni 1923; erneut abgedruckt in Mencken, „A Carnival of Buncombe“, S. 56-57.

35 Ebda.

36 Albert Jay Nock, „Our Enemy, the State“ (1922; New York: William Morrow, 1935), S. 162 ff.

37 Ebda.

38 Ebda.

39 Diese Idee staatlich geschaffener Klassen entspricht der prä-Marxschen Klassenidee; zwei ihrer frühesten Theoretiker waren französische Individualisten und libertäre Denker der post-napoleonischen Zeit, Charles Comte und Charles Dunoyer. Für den Zeitraum mehrerer Jahre nach der Restauration waren Comte und Dunoyer die Mentoren Graf Saint-Simons, der ihre Klassenanalyse übernahm; die späteren Saint-Simonisten modifizierten sie, um Unternehmer als Klassenausbeuter der Arbeiter einzuschließen, was später von Marx übernommen wurde. Ich bin Professor Leonard Liggio für seine Untersuchungen über Comte und Dunoyer zu Dank verpflichtet. Soweit ich weiß, stammt die einzige Diskussion beider im englischsprachigen Raum, noch dazu eine inadäquate, von Elie Halevy, „The Era of Tyrannics“ (Garden City, N.Y.: Doubleday and Co., 1965), S. 21-60. Gabriel Kolkos Kritik an Marx‘ Theorie des Staates erfolgt aus einer ähnlichen Perspektive. Gabriel Kolko, „The Triumph of Conservatism“ (Glencoe, Ill.: The Free Press, 1963), S. 287 ff.

40 Albert Jay Nock, „Imposter-Terms“, „Atlantic Monthly“ (Februar 1936): S. 161-69.

41 Nock an Ellen Winsor, 22. August 1938. „Letters from Albert Jay Nock“, herausgegeben von F.W. Garrison (Caldwell, Id.: Caxton Printers, 1949), S. 105.

42 Siehe dazu Murray N. Rothbard, „America's Great Depres-

sion" (Princeton, N.J.: D. Van Nostrand Co., 1963), S. 245-51.

43 Robert M. Crunden, „The Mind and Art of Albert Jay Nock" (Chicago: Henry Regnery, 1964), S. 172.

44 Albert Jay Nock, „Journal of Forgotten Days" (Hinsdale, Ill.: Henry Regnery, 1948), S. 33.

45 Ebda., S. 44-45.

46 Crunden, „Mind and Art", S. 164-65.

47 Robert R. LaMonte und H.L. Mencken, „Men versus the Man" (New York: Henry Colt und Co., 1910), S. 73.

48 New York: Harcourt Brace, 1932.

49 Garet Garrett, „The Revolution Was", aus „The People's Pottage" (Caldwell, Id.: Printers, 1953), S. 15.

50 Ebda., S. 16-17.

51 Ebda., S. 72

52 Elizabeth Dilling, „The Roosevelt Red Record and Its Background" (Chicago: Elizabeth Dilling, 1936).

53 Für einen Überblick über die entsetzlichen Umfallereien der Liberalen siehe James J. Martin, „American Liberalism and World Politics", 2 Bände (New York: Devin-Adait, 1964).

54 Clyde R. Miller, „Harry Elmer Barnes' Experience in Journalism", in: „Harry Elmer Barnes: Learned Crusader", herausgegeben von A. Goddard (Colorado Springs, Colo.: Ralph Myles, 1968), S. 702-04.

55 Martin, „American Liberalism and World Politics", S. 1155-56; Michael Wreszin, „Oswald Garrison Villard" (Bloomington: Indiana University Press, 1965), S. 259-63.

56 Albert Jay Nock, „The Amazing Liberal Mind", „American Mercury" 44, Nr. 176 (August 1938): S. 467-72.

57 Zitiert nach Martin, „American Liberalism and World Politics", S. 1278.

58 Siehe Wayne S. Cole, „America First" (Madison: University of Wisconsin Press, 1953), S. 107-10.

59 Tatsächlich war Roosevelts Antrieb, Juden zu retten, minimal, wie man einem kürzlich zu diesem Thema veröffentlichten, revisionistischen Buch Arthur D. Morses entneh-

men kann: „While Six Million Died“ (New York: Random House, 1968).

60 Zitiert nach Wayne S. Cole, „America First: The Battle Against Intervention“, 1940-1941” (Madison: University of Wisconsin Press, 1953), S.144.

61 Lindberghs verwunderte Reaktion auf Kritik an seiner Rede durch mehr politisch gesinnte Isolationisten war charakteristisch:
„John Flynn ... sagt, er stelle den Wahrheitsgehalt dessen, was ich in Des Moines gesagt habe, nicht in Frage, glaubt aber, es sei nicht ratsam gewesen, das jüdische Problem anzusprechen. Es fällt mir schwer, Flynns Einstellung zu verstehen. Er glaubt ebenso wie ich, dass die Juden zu den großen Einflüssen gehörten, die das Land in Richtung Krieg trieben. ... Er ist sehr wohl bereit, im kleinen Kreis und im Privaten darüber zu sprechen. Aber offensichtlich ist es ihm lieber, uns in den Krieg eintreten zu sehen, als öffentlich zu erwähnen, was die Juden tun, egal wie tolerant oder maßvoll.“
Man vergleiche dazu auch seine Notizen zu seinem Gespräch mit Herbert Hoover:
„Hoover sagte mir, er glaube, meine Rede in Des Moines sei ein Fehler gewesen. ... Ich sagte ihm, ich sei überzeugt davon, dass meine Ausführungen sowohl gemäßigt als auch wahrhaftig waren. Er erwiderte, dass ich, wäre ich lange genug in der Politik gewesen, gelernt hätte, Dinge nicht schon deshalb auszusprechen, bloß weil sie wahr sind. (Nun bin ich aber kein Politiker – und genau das ist auch der Grund, warum ich keiner zu sein wünsche.)“ (Charles A. Lindbergh, „The Wartime Journals of Charles A. Lindbergh“ [New York: Harcourt Brace Jovanovich, 1970], S. 541 und S. 546-47).

62 Eine exzellente und detaillierte Darstellung der Massenklage wegen Volksverhetzung findet sich in einem völlig unbeachtet gebliebenen Buch von Maximilian St. George und Lawrence Dennis, „A Trial on Trial“ (National Civil

Rights Committee, 1946). St. George und Dennis waren aufmerksam genug, die Ironie der Tatsache zu erkennen, dass „viele der Beklagten, fanatische Antikommunisten", das Smith-Gesetz von 1940 offen unterstützt hatten, unter dem sie angeklagt wurden. „Die Moral", fügten St. George und der „faschistische" Dennis hinzu,
„ist einer der wichtigsten Punkte dieses Buches: Gesetze, deren Zweck darin besteht, ein bestimmtes Völkchen dingfest zu machen, können ebensogut von ihm verwendet werden, die Urheber und Unterstützer derselben festzunageln. Dies ist nur ein weiteres gutes Argument für bürgerliche Freiheiten und die freie Rede." (Ebda., S. 83).
Eine besonders auffällige Parallele dieser Massenklage wegen Volksverhetzung mit dem Chicagoer Verschwörungsprozess eine Generation später war, dass Richter Eicher, der Verteidigung gegenüber bemerkenswert feindselig eingestellt, Henry H. Klein, einen Anwalt eines der Beklagten, der sich aus dem Verfahren zurückzog, ins Gericht zurückbestellt hatte und ins Gefängis werfen ließ dafür, sich ohne richterliche Erlaubnis zurückgezogen zu haben. Ebda., S. 404.

63 John T. Flynn, „As We Go Marching" (Garden City, N.Y.: Doubleday, Doran und Co., 1944), S. 193-94.

64 Ebda., S. 198.

65 Ebda., S. 201.

66 Ebda., S. 207.

67 Ebda., S. 212.

68 Ebda., S. 212-13.

69 Ebda., S. 213.

70 Ebda., S. 214.

71 Ebda., S. 225-26.

72 Ebda., S. 252-53.

73 Ebda., S. 255, 258.

74 Michael Wreszin, „Oswald Garrison Villard" (Bloomington: Indiana University Press, 1965), S. 271. [Originaltext: „He grew old in an age he condemned/Felt the dissolving

throes/Of a Social Order he loved/And like the Theban seer/ Died in his enemies'day", Anm. d. Ü.]

75 Art Preis, „Labor's Giant Step"(New York: Pioneer Publishers, 1964), S. 221.

76 John Dos Passos, „The Grand Design" (Boston: Houghton Mifflin, 1949), S. 416-18.

77 Frank Chodorov, „The Economics of Society, Government, and State" (New York: Analysis Associates, 1946).

78 Siehe dazu die verehrungsvolle biographische Skizze von Barbara Branden in Nathaniel Branden, „Who Is Ayn Rand?" (New York: Paperback Library, 1964), S. 158ff.

79 (New York: John Day, 1943).

80 Isabel Paterson, „The God of the Machine" (New York: G.P. Putnam's Sons, 1943), S. 240-42.

81 (New York: Harper and Bros., 1943).

82 Bezüglich der Rezeption der „Memoirs", siehe Robert M. Crunden, „The Mind and Art of Albert Jay Nock" (Chicago: Henry Regnery, 1964), S. 189-91; zu Nocks wertschätzender Meinung über die Bücher von Lane und Paterson, siehe „Selected Letters of Albert Jay Nock", herausgegeben von F.J. Nock (Caldwell, Id.: Caxton Printers, 1962), S. 145-51.

83 (New Haven, Conn.: Yale University Press, 1944).

84 (New Haven, Conn.: Yale University Press, 1944).

85 (University of Chicago Press, 1944).

86 Es ist faszinierend, dass Hayeks Analyse der sozialen Demokratie als Totalitarismus und Faschismus im Embryonalstadium derjenigen des englischen Marxisten R. Palme Dutt in den radikalen Tagen vor Aufkommen der „Popular Front"-Bewegung, wenn auch natürlich mit je unterschiedlicher Rhetorik, sehr ähnlich war. Cf. R. Palme Dutt, „Fascism and Social Revolution" (New York: International Publishers, 1934).

87 Bezüglich William Volker siehe Herbert C. Cornuelle, „Mr. Anonymous: The Story of William Volker" (Caldwell, Id.: Caxton Printers, 1951).

88 Frank Chodorov, „Taxation is Robbery" (Chicago: Human

Events Associates, 1947), neu abgedruckt in Chodorov, „Out of Step“ (New York: Devin-Adair, 1962).

89 Chodorov, „Out of Step“, S. 217.

90 Ebda., S. 228-29.

91 Ebda., S. 237, 239.

92 Ebda., S. 2.

93 Frank Chodorov, „One Is a Crowd“ (New York: Devin-Adair, 1952), S. 93-94.

94 Ebda., S. 95.

95 Lysander Spooner, „A Letter to Grover Cleveland, On His False Inaugural Address, the Usurpations and Crimes of Lawmakers and Judges, and the Consequent Poverty, Ignorance and Servitude of the People“ (Boston: Benjamin R. Tucker, 1886). [„Ein Brief an Grover Cleveland bezüglich seiner falschen Antrittsrede, der widerrechtlichen Aneignungen und Verbrechen von Gesetzgebern und Richtern und der daraus folgenden Armut, Ignoranz und Knechtschaft des Volkes“, Anm. d. Ü.]

96 Lysander Spooner, „No Treason“ (Lakrsputz, Colo.: Pine Tree Press, 1966), S. 17.

97 Leonard E. Read, „Students of Liberty“ (Irvington-on-Hudson, N.Y.: Foundation for Economic Education, 1950), S. 14.

98 Reads „On That Day Began Lies“, geschrieben im selben Zeitraum, beginnt ausdrücklich mit einem Zitat Tolstois und ist wie eine Tolstoische Kritik an Organisationen verfasst, die das Bewusstsein individueller Mitglieder unterdrücken oder missachten. Siehe dazu „On That Day Began Lies“, Essays über die Freiheit (Irvington-on-Hudson, N.Y.: Foundation for Economic Education, 1952), Band 1, S. 231-52.

99 Eines dieser Protest-Manuskripte, das zu dieser Zeit unter Libertären zirkulierte, stammte aus der Feder von Mercer Parks. Parks schrieb:

„Die Anwendung von Zwang zur Eintreibung nur widerwillig gezahlter Steuern durch die Behauptung zu verteidigen, die Regierung ‚nehme ja nur ihre ordnungsgemäße Rolle

der Verteidigung ihrer Mitglieder wahr' ... ist unvereinbar mit den veröffentlichten Meinungen von FEE-Mitarbeitern. Zwang ist also nicht länger Zwang, behauptet dieser Essay. Aber Zwang ist immer Zwang, wenn er sich der Gewalt bedient, um jemanden zu einer unfreiwilligen Handlung zu zwingen. Es spielt keine Rolle, ob die Steuer gerecht oder ungerecht ist, denn solange sie einer unwilligen Person durch Gewalt oder Androhung derselben durch die Regierung abgenommen wird, wird sie – auch wenn es nur ein Cent wäre – durch Zwangsanwendung sichergestellt." (Mercer H. Parks, "In Support of Limited Government" [unveröffentlichtes Manuskript, 5. März 1955].)
Es ist eine traurige Anmerkung hinsichtlich der Größe und des Einflusses von Anarchokapitalisten zu dieser Zeit, dass Kritiken wie die von Parks aufgrund eines Mangels an Absatzwegen außerhalb der FEE zur Publizierung libertärer Schriften nicht veröffentlicht werden konnten.

100 (Boston: Beacon Press, 1953).

101 Ein anderes von Etatisten in Geiselhaft genommenes Wort war „Monopol". Vom 17. durch das 19. Jahrhundert bedeutete „Monopol" einfach eine Bewilligung exklusiver Privilegien durch den Staat, um ein Produkt herzustellen oder zu verkaufen. Am Ende des 19. Jahrhunderts hatte das Wort jedenfalls eine Transformation in sein Gegenteil durchlaufen und bedeutete nun stattdessen die Festsetzung eines Preises auf dem freien Markt, der auf irgendeine Art „zu hoch" war.

102 Für eine revisionistische Darstellung von Henry Wallace als Internationalist siehe Leonard Liggio und Ronald Radosh, „Henry A. Wallace and the Open Door", in „Cold War Critics", herausgegeben von Thomas Paterson (Chicago: Quadrangle, 1971), S. 76-113.

103 „Congressional Record", 80. Kongress, Erste Sitzung, 18. März 1947, S. 2217.

104 „Congressional Record", 80. Kongress, Erste Sitzung, 28. März 1947, S. 2831-32. Vergl. dazu vor allem Leonard P. Liggio, „Why the Futile Crusade?", „Left and Right" 1, Nr.

1 (Frühling 1965): 43-44.

105 „Congressional Record“, 80. Kongress, Erste Sitzung, 6. Juni 1947, S. 6562-63. Zitiert nach Liggio, „Why the Futile Crusade?“, S.45-46.

106 Ebda., S. 46-47.

107 Robert A. Taft, „A Foreign Policy for Americans“ (New York: Doubleday & Co., 1951), S. 89-90, 113. Zitiert nach Liggio, „Why the Futile Crusade?“, S. 49-50.

108 Robert A. Taft, „Hang On to Formosa: Hold Until Peace Treaty with Japan Is Signed“, „Vital Speeches“ 16, Nr. 8 (1. Februar 1950): 236-37. Zitiert nach Liggio, „Why the Futile Crusade?“, S. 52.

109 Tang Tsou, „America’s Failure in China, 1941-50“ (Chicago: University of Chicago Press, 1963), S. 537-38, zitiert nach Liggio, „Why the Futile Crusade?“, S. 53.

110 „The Hoover Line Grows“, „New Republic“ 124 (15. Januar 1951): S. 7. Zitiert nach Liggio, „Why the Futile Crusade?“, S. 57.

111 Liggio, „Why the Futile Crusade?“, S. 57.

112 „Congressional Record“, 82. Kongress, Erste Sitzung, 5. Januar 1951, S. 55.

113 McGeorge Bundy, „The Private World of Robert Taft“, „The Reporter“, 11. Dezember 1951. Bundy, „Appeasement, Provocation, and Policy“, „The Reporter“, 9. Januar 1951. Siehe Liggio, “Why the Futile Crusade?”, S. 57-60.

114 Joseph P. Kennedy, „Present Policy is Politically and Morally Bankrupt“, „Vital Speeches“ 17, Nr. 6 (1. Januar 1951). S. 170-73.

115 Herbert Hoover, „Our National Policies in This Crisis“, ebda., S. 165-67.

116 „Hoover’s Folly“, „Nation“ 171, Nr. 27 (30. Dezember 1950), S. 688; „Korea: Will China Fight the UN?“, „New Republic“ 123 (20. November 1950), S. 5-6; „Can We Save World Peace?“, „New Republic“ 124 (1. Januar 1951), S. 5 und 15. Januar 1951, S. 7. Zitiert nach Liggio, „Why the Futile Crusade?“, S. 56.

117 (New York: Devin-Adair, 1947).

118 Anmerkung des Übersetzers: Mit „Führer der Nationen“ (im Originaltext heißt es „Ruler of Nations“) spielt McKinley auf die „göttliche Mission“ der Vereinigten Staaten an, also auf die „Auserwähltheit“ der USA durch Gott beziehungsweise die sogenannte „anglo-amerikanische Mission“.

119 George Morgenstern, „The Past Marches On“, „Human Events“ (22. April 1953).

120 Garet Garrett, „The People's Pottage“ (Caldwell, Id.: Caxton Printers, 1952), S. 122-23.

121 Ebda., S. 129.

122 Ebda., S. 139.

123 Ebda., S. 140-41.

124 Ebda., S. 148-49.

125 Ebda., S. 150, 155.

126 Ebda., S. 155-57.

127 Ebda., S. 158-59.

128 Ebda., S. 173-74.

129 Leonard F. Read, „Conscience on the Battlefield“ (Irvington-on-Hudson, N.Y.: Foundation for Economic Education, 1951), S. 8-11. Es ist bezeichnend für den Verfall der älteren libertären Bewegung und der FEE, dass Reads Pamphlet den „Essays on Liberty“ der FEE nie hinzugefügt wurde und zügig aus den Auflagen verschwand.

130 F.A. Harper, „In Search of Peace“ (Irvington-on-Hudson, N.Y.: Foundation for Economic Education, 1951), S. 3, 23-25, neu aufgelegt vom Institute for Humane Studies, 1971.

131 Dean Russell, „The Conscription Idea“, „Ideas on Liberty“ (Mai 1955), S. 42.

132 Die einzige Reaktion meines liberalen Freundes bestand darin, sich darüber zu wundern, warum ich ihm einen Brief geschrieben hatte, der klang wie die Presseerklärung „irgendeiner Geschäftsorganisation“.

133 Interessanterweise stellte sich jedes einzelne der köstlichen Exposés Peglers über Franklin und Eleanor Roosevelt, die soviel Schock und Horror unter Liberalen der damaligen

Zeit auslösten, nun als richtig heraus – auch wenn Pegler für seinen pionierhaften Journalismus natürlich nie entsprechend gewürdigt wurde.

134 Für das einzige mir bekannte Beispiel einer anerkennenden Einstellung eines Historikers der Neuen Linken gegenüber rechtem Enthüllungsjournalismus siehe G. William Domhoff, „The Higher Circles: The Governing Class in America" (New York: Random House, 1970), S. 281-308.

135 Eine wertvolle Zusammenfassung der Arbeit des Komitees findet sich in einem Buch seines Chefsyndikus René A. Wormser, „Foundations: Their Power and Influence" (New York: Devin-Adait, 1958). Einige von Wormsers Kapitelüberschriften sind lehrreich: „Politik in den Sozialwissenschaften", „Der Ausschluss des Dissidenten", „Stiftungsgestützter Szientismus", „Die ‚Sozialingenieure' und die ‚Faktenfindungsmanie'", „Massenforschung – Integration und Konformität". Wormser berichtet, dass es den Stiftungen gelang, das Komitee dazu zu zwingen, zwei besonders kenntnisreichen Mitarbeitern in der Frühphase der Untersuchung zu kündigen. Beide waren libertär orientierte Männer: mein Freund George B. DeHuszar, der den Leuten von der „Chicago Tribune" nahestand; und der Wiener Wirtschaftswissenschaftler Dr. Karl Ettinger, ein Freund von Ludwig von Mises. Ettingers unvollendete Studien hätten Muster der Spendenvergabe von Stiftungen an Colleges untersucht, außerdem eine Erhebung über die Kontrolle akademischer Zeitschriften als Machtinstrument und ihre Beziehungen zu den Stiftungen angefertigt sowie eine Studie der Verzahnungen zwischen den Stiftungen, Forschungsinstituten und der Regierung. Für das volle Aroma des Reece-Komitees siehe die „Hearings Before the Special Committee to Investigate Tax Exempt Foundations and Comparable Organizations" [„Anhörungen vor dem Spezialkomitee zur Untersuchung steuerbefreiter Stiftungen und vergleichbarer Organisationen", Anm. d. Ü.], Repräsentantenhaus, 83. Kongress, zweite Sitzung, Teile 1 und 2 (Washington, D.C.: U.S. Govern-

ment Printing Office, 1954). Für eine konservative Kritik des Szientismus dieser Zeit siehe Albert H. Hobbs, „Social Problems and Scientism" (Pittsburg: Stackpole Co., 1953).

136 „Hearings", S. 1188.

137 Ebda., S. 1191. Siehe dazu auch die Anmerkungen des Harvard-Soziologen Carle C. Zimmerman, ebda., S. 1193-94.

138 (New York: Devin-Adair, 1950).

139 Zu dieser privaten „Kommission" gehörten liberale Intellektuelle wie Zechariah Chafee, Jr., William E. Hocking, Harold Lasswell, Reinhold Niebuhr, George Schuster, Robert Redfield, Charles A. Merriam und Archibald MacLeish sowie die Unternehmer Beardsley Ruml und Berater John Dickinson.

140 Hughes, „Prejudice and the Press", S. 5.

141 Chesly Manly, „The Twenty-Year Revolution: From Roosevelt to Eisenhower" (Chicago: Henry Regnery Company, 1954), S. 20-21.

142 Der Stempel der Dulles-Familie auf amerikanischer Außenpolitik schloss John Fosters Bruder Allen ein, der die CIA leitete, sowie seine Schwester Eleanor, die im Asien-Büro des State Department saß.

143 Robert A. Taft, „United States Foreign Policy: Forget United Nations in Korea and Far East", „Vital Speeches" 19, Nr. 17 (15. Juni 1953), S. 530-31. Siehe dazu auch Leonard P. Liggio, „Why the Futile Crusade?", „Left and Right" 1, Nr. 1 (Frühling 1965), S. 60-62.

144 Bernard B. Fall, „The Two Viet-Nams" (New York: Frederick A. Praeger, 1963), S. 227-28. Siehe dazu auch Liggio, „Why the Futile Crusade?", S. 62.

145 (New York: Harper and Bros., 1954).

146 Louis Bromfield, „A New Pattern for a Tired World" (New York: Harper and Bros., 1954), S. 49-55.

147 Ebda., S. 60-63.

148 Ebda., S. 75.

149 Garet Garrett, „The Suicidal Impulse", „Faith and Freedom" 5, Nr. 8 (April 1954), S. 6.

150 Ernest T. Weir, „Leaving Emotions Out of Our Foreign Policy“, ebda., S. 8.

151 William Henry Chamberlin, „America's Second Crusade“ (Chicago: Henry Regnery, 1950).

152 William Henry Chamberlin, „Appeasement on the Right“, „New Leader“ (17. Mai 1954).

153 Ebda., S. 21; Brief von Audrey Herbert und Antwort von Chamberlin, ebda., 21. Juni 1954, S. 29. Soweit ich weiß, kam das polnische Lob nie. Was die demoralisierte und blutende häusliche Linke betraf, erschien eine der wenigen Anerkennungen der anti-imperialistischen Rechten im „New York Compass“ vom 2. Januar 1952, sekundiert vom „National Guardian“ vom 9. Januar 1953, die beide einen exzellenten Artikel Garet Garretts im „Wall Street Journal“ lobten. Garrett hatte die parteiübergreifende imperialistische Außenpolitik angegriffen und sämtliche Präsidentschaftskandidaten für ihre Unterstützung derselben geschmäht, inklusive Taft.

154 Frank Chodorov, „The Return of 1940?“, „Freeman“ (September 1954), S. 81.

155 Frank Chodorov, „A War to Communize America“, „Freeman“ (November 1954), S. 171.

156 Ebda., S. 172.

157 Ebda., S. 174.

158 Ebda., S. 173.

159 Die Idee der Namensänderung kam im Herbst 1960 durch Bill Buckley auf, aber Chodorov akzeptierte sie nie. Es brauchte bis fast zum Todeszeitpunkt Chodorovs, dass Milione den Bruch zu vollziehen bereit war, wodurch eine weitere Übernahme durch die Buckleysche Neue Rechte Symbolwert gewann. George H. Nash, „The Conservative Intellectual Movement in America Since 1945“ (New York: Basic Books, 1976), S. 390.

160 Felix Morley, „For the Record“ (South Bend, Ind.: Regnery Gateway, 1979), S. 430. In einer eher schärferen und weniger milden Schilderung des Bruches, geschrieben für die

Jubliäums-Ausgabe zur Feier des 30-jährigen Bestehens der „Human Events“, schrieb Morley, Hanighen habe begonnen, ihn als „weich gegenüber dem Kommunismus“ anzusehen. Felix Morley, „The Early Days of Human Events“, *Human Events* (27. April 1974), S. 26, 28, 31. Zitiert nach Nash, „Conservative Intellectual Movement“, S. 124-25.

161 Morley, „For the Record“, S. 437. Morley zollt der Tatsache Tribut, dass Regnery trotz seiner Kritik sein Buch mit Freuden veröffentlichte.

162 Bezüglich der Auseinandersetzung um den Bricker-Verfassungszusatz siehe Frank E. Holman, „Story of the ‚Bricker‘ Amendment (The First Phase)“ (New York: Committee for Constitutional Government, 1954). Holman, früherer Präsident der „American Bar Association“, war einer der führenden Köpfe derjenigen Kräfte, die sich für den Zusatz aussprachen. Die Anhänge des Buches enthielten Pro-Bricker-Stimmen von altgedienten Individualisten und Isolationisten wie Samuel Pettingill, Clarence Manion, Garet Garrett und Frank Chodorov.

163 Für eine erhellende Diskussion über den Mystizismus, der „Spiritual Mobilization“ in den späten 1950ern beerdigt hatte, siehe Eckard Vance Toy, Jr., „Ideology and Conflict in American Ultraconservatism, 1945-1960“ (Ph.D. diss., University of Oregon, 1965), S. 156-90.

164 Don Levine sollte eigentlich Ko-Herausgeber werden, wurde aber hinausgeworfen, bevor das Projekt begann, weil er Geldgeber des „Freeman“ dadurch verärgert hatte, Merwin K. Hart in „Plain Talk“ als „antisemitisch“ (lies: antizionistisch) anzugreifen.

165 Sein berühmtester Beitrag als Ghostwriter war McCarthys berühmter Angriff auf den Leumund General George Marshalls – ein Angriff, der bezeichnenderweise während des Zweiten Weltkriegs begann und somit absichtsvoll Marshalls schwarze Flecken in Sachen Pearl Harbor ignorierte.

166 Zu dieser lehrreichen Episode siehe John Steinke und James Weinstein, „McCarthy and the Liberals“, aus „For a New

America: Essays in History and Politics from Studies on the Left, 1959-1967", herausgegeben von James Weinstein und David Eakins (New York: Random House, 1970), S. 180-93.

167 Ebda., S. 180.

168 Es ist genau diese Art Analyse, die viele scharfsinnige Mitglieder der Neuen Linken in den letzten Jahren der George-Wallace-Bewegung zutrieb. Denn obwohl das Wallace-*Programm* fragwürdig sein mag, erntete er mit seiner *Analyse* des Establishments und seiner Anzapfung der mittelständischen Stimmungslage, um sie gegen die sie unterdrückende herrschende Elite zu verwenden, beträchtliche Sympathien der Neuen Linken.

169 Daniel Bell, Herausgeber, „The New American Right" (New York: Criterion Books, 1955). Das Buch wurde acht Jahre später überarbeitet, neue Kapitel aus dem Blickwinkel der frühen 1960er Jahre wurden hinzugefügt. Daniel Bell, Herausgeber, „The New American Right: Expanded and Updated" (Garden City, N.Y.: Doubleday Anchor, 1963). Aus einer späteren Perspektive wird klar, dass es sich dabei um ein proto-neokonservatives Buch handelte; Bell, Glazer und Lipset wurden in den 1970ern und 80ern bekannte Neocons.

170 Peter Viereck, „Revolt Against the Elite", „New American Right", herausgegeben von Bell, S. 97-98, 116.

171 William F. Buckley, Jr., „A Young Republican's View", „Commenweal" 55, no. 16 (25. Januar 1952), S. 391-93.

172 Siehe dazu George H. Nash, „The Conservative Intellectual Movement in America Since 1945" (New York: Basic Books, 1976), S. 127; sowie Samuel Francis, „Beatiful Losers: the Failure of American Conservatism", „Chronicles" (Mai 1991), S. 16.

173 Siehe Nash, „Conservative Intellectual Movement", S. 372.

174 Frank Chodorov, „Trailing the Trend", „analysis" 6, Nr. 6 (April 1950), S. 3. Zitiert nach Hamilton, „Introduction", S. 25.

175 Frank Chodorov, „The Spy-Hunt“, „analysis“ 4, Nr. 11 (September 1948), S. 1-2. Neu abgedruckt in Chodorov, „Out of Step“ (New York: Devin-Adait, 1962), S. 181-83.

176 Frank Chodorov, „How to Curb the Commies“, „analysis“ 5, Nr. 7 (Mai 1949), S. 2.

177 Auch Kirk sollte anderen führenden Köpfen der „National Review“ ein Jahrzehnt später in den Katholizismus folgen.

178 Brief an „National Review“ 2, Nr. 20 (6. Oktober 1956), S. 23. Zitiert nach Hamilton, „Introduction“, S. 29.

179 Kirk selbst erreichte nie wieder den Erfolg von „The Conservative Mind“. Seine späteren Kolumnen in der „National Review“ beschränkten sich größtenteils auf Angriffe gegen die Torheiten progressiver Erziehung. Der Fairness halber sollte Nashs Arbeit erwähnt werden, die enthüllte, dass Kirk während des Zweiten Weltkriegs tatsächlich ein Isolationist der Alten Rechten gewesen war; sein Wechsel zum Neuen Konservatismus in den frühen 1950ern bleibt eine Art Mysterium. Nash, „Conservative Intellectual Movement“, S. 70-76.

180 Harry Elmer Barnes, „Hiroshima: Assault on a Beaten Foe“, „National Review“ 5, Nr. 19 (10. Mai 1958), S. 441-43. Siehe Murray N. Rothbard, „Harry Elmer Barnes as Revisionist of the Cold War“, in „Harry Elmer Barnes: Learned Crusader“, herausgegeben von A. Goddard (Colorado Springs, Colo.: Ralph Myles, 1968), S. 314-38.

181 Siehe dazu die Briefe aus den späten 1950ern von Roland W. („Rollie“) Holmes sowie Dr. Paul Poirot vom FEE-Stab in Toy, „Ideology Conflict“, S. 206-207.

182 Zu Buckleys Ablehnung des Artikels von Flynn siehe Ronald Radosh, „Prophets on the Right: Profiles of Conservative Critics of American Globalism“ (New York: Simon and Schuster, 1979), S. 272-73; sowie Radosh, „Preface“, in John T. Flynn, „As We Go Marching“ (New York: Free Life Editions, 1973), S. xiv-xv.

183 Felix Morley, „Freedom and Federalism“ (Chicago: Henry Regnery, 1959), vor allem die Kapitel „Democracy and Em-

pire“, „Nationalization through Foreign Policy“ und „The Need for an Enemy“.

184 Zufälligerweise ist aus einem der Köpfe der Liga, dem Ökonomen Art Carol, in den letzten Jahren ein Laissez-faire-Libertärer geworden, der nun die libertäre Bewegung an der Universität von Hawaii führt.

185 Bezüglich Nixon war die „National Review“ gespalten; die eher pragmatischen und opportunistischen Leute, so wie Buckley, Rusher und Burnham, sprachen sich leidenschaftlich für Nixon aus, als die Nominierung gesichert war; aber die mehr Prinzipientreuen, so wie Meyer und Bozell, zögerten stets.

186 Ronald Hamowy, „‚National Review‘: Criticism and Reply“, „New Individualist Review“ 1, Nr. 3 (November 1961), S. 6-7.

187 William F. Buckley, Jr., „Three Drafts of an Answer to Mr. Hamowy“, ebda., S. 9.

188 Ich nahm auf meiner Suche nach einer linken Friedensbewegung zu dieser Zeit sogar an einem Treffen von SANE teil, weigerte mich aber, beizutreten, da ich es wegen seiner Gemäßigtheit ablehnte und wegen Konzentration auf wichtige, aber oberflächliche Themen wie Atomtests sowie seine entsetzliche Rotstempelei. Es war mir klar, dass SANE sich nicht wirklich in Opposition zum Kalten Krieg befand und sicher auch nicht zum amerikanischen Imperialismus. Natürlich hatte ich zu dieser Zeit sogar freiwillige Rotlackiererei aufgegeben; denn wenn die Kommunisten gegen Atomwaffen und Atomkrieg sind, warum sich dann nicht mit ihnen und allen anderen zusammenschließen, um diesen Übeln zu begegnen? Da die Neue Rechte diese Maßnahmen begrüßte, war sie nicht ein noch größerer Feind als die Kommunisten?

189 Hamowy, „‚National Review‘: Criticism and Reply“.

190 Es gab einen ruckartigen Versuch, den Volker Fund auf der neuen ideologischen Basis wiederzubeleben, aber der Präsident war von der neuen Tendenz abgestoßen oder veräng-

stigt, woraufhin der Fonds sämtliche Aktivitäten einstellte. Wegen der publizistischen Verpflichtungen wurde die hervorragende Bücherreihe des Volker Fund bei Van Nostrand bis zum Jahre 1964 fortgeführt.

191 Die Knowland-Verbindung spiegelte vermutlich den Einfluss von Alfred Kohlberg wider, China-Lobbyist und ein enger Freund des Magazins.

192 Die Situation in Jalta schloss osteuropäisches Territorium mit ein, das zu kontrollieren uns nicht zustand; wir billigten die monströse Vereinbarung natürlich nicht, anti-kommunistische Kriegsgefangene, die von den Deutschen festgehalten wurden, gegen ihren Willen in den sowjetischen Block zurückzuschicken, noch unterstützten wir die Massenvertreibung von Deutschen aus Polen oder der Tschechoslowakei.

193 Das relevante Spektrum wird sich in Übereinstimmung mit den wichtigen Themen, die in unterschiedlichen geschichtlichen Situationen zur Diskussion stehen, natürlich ändern. Deshalb – obwohl sich beide bezüglich der Frage des Etatismus und der Zentralregierung im ideologischen Spektrum nahe sind – steht der Individualist auf dem gegenüberliegenden Pol des linksgerichteten Bakunin-Kropotkin-Anarchisten hinsichtlich solcher Themen wie Egalitarismus und Privateigentum.

194 Für eine klar umrissene Geschichte der Zapata-Revolution, die zufällig ihre libertären Ziele klar machte, siehe John Womack, Jr., „Zapata and the Mexican Revolution" (New York: Knopf, 1969).

195 Unter den Rechten war es wieder der furchtlose Felix Morley, der, praktisch allein und unbeachtet, die Goldwater-Bewegung in deutlichen Worten in die Nähe der Frühzeit der Nazi-Bewegung rückte, wie er sie in Deutschland beobachtet hatte.

196 Murray N. Rothbard, „The Transformation of the American Right", „Continuum" 2 (Sommer 1964), S. 220-31.

197 Siehe Paul Goodman, „People or Personnel" (New York:

Random House, 1965).

198 Ronald Hamowy, „Left and Right Meet", „The New Republic" 154, Nr. 11 (12. März 1966), neu abgedruckt in „Thoughts of the Young Radicals" (New York: New Republic, 1966), S. 81-88.

199 Siehe „„SDS': The New Turn", „Left and Right" (Winter 1967).

200 Carl Oglesby und Richard Shaull, „Containment and Change" (New York: Macmillan, 1967), S. 166-67.

201 Ein erinnerungswürdiger Moment auf einer der PFP-Versammlungen war, als der normalerweise phlegmatische Leonard Liggio auf einen Stuhl sprang, um den provokanten Gesang „Carlos raus! Carlos raus!" anzustimmen.

202 Ein anderer kompletter Reinfall war das neulinke Ideal der „partizipatorischen Demokratie". Es *klang* gut: Im attraktiven Kontrast zum „zwingenden" System der Mehrheitsherrschaft konnte die Demokratie der Teilhabe Entscheidungen nur zustimmen durch Überzeugung und ungeteilten Konsens. Wahlen wurden als Verletzung von Minderheitenrechten betrachtet. Ich erinnere mich lebhaft an die „Vorstandstreffen" der Freien Universität von New York, an der gleichberechtigte Stimmen vom Personal, dem unbezahlten Lehrkörper und den Studenten gleichermaßen abgegeben wurden. Da jede Entscheidung, egal wie trivial, durch einstimmigen Beschluss getroffen werden musste, war das Ergebnis, dass sich die Treffen hinzogen, unentschlossen und endlos, um *das Leben selbst* zu werden. Diejenigen von uns, die das Treffen abends verließen, um nach Hause zu gehen, wurden beschuldigt, es „verraten" zu haben. Es ist keine Überraschung, dass die Freie Universität nach ein paar Jahren in sich zusammenfiel.

203 Margot Hentoff, „Unbuckled", „New York Review of Books", 3. Dezember 1970, S. 19.

204 Eugene D. Genovese, „The Fortunes of the Left", „National Review" 22, Nr. 47 (1. Dezember 1970), S. 1269.

eigentüm

Eigentum

und Recht

und Freiheit

lich frei